S0-DUU-790

LE THÉÂTRE D'AUDIBERTI
ET LE BAROQUE

THÉÂTRE D'AUJOURD'HUI

Collection publiée sous la direction de
PAUL VERNOIS

———————————————— 1 ————————————————

PQ
2601
U346
Z 69

Jeanyves GUERIN

LE
THÉÂTRE D'AUDIBERTI
ET LE BAROQUE

Préface de JEAN CASSOU

ÉDITIONS KLINCKSIECK
11, rue de Lille, Paris VIIᵉ
1976

Sur la couverture : L'Autocrate du Cavalier seul (Dessin d'Audiberti, coll. privée, Gilbert Guérard).

La loi du 11 mars 1957 n'autorisant, aux termes des alinéas 2 et 3 de l'article 41, d'une part que les « copies ou reproductions strictement réservées à l'usage privé du copiste et non destinées à une utilisation collective » et, d'autre part, que les analyses et les courtes citations dans un but d'exemple et d'illustration, « toute représentation ou reproduction intégrale, ou partielle, faite sans le consentement de l'auteur ou de ses ayants-droit ou ayants-cause, est illicite » (alinéa 1er de l'article 40). Cette représentation ou reproduction par quelque procédé que ce soit, constituerait donc une contrefaçon sanctionnée par les articles 425 et suivants du Code Pénal.

ISBN 2.252.01859.3

© Editions Klincksieck, 1976

Il m'est agréable de remercier tous ceux qui ont bien voulu m'apporter leur aide, et tout particulièrement Mmes Dominique Aury, Jacqueline Ferroni-Audiberti, Madeleine Hage, Carla Joppolo, Monique Kuntz, Monique Pantel et Mmes Jacqueline Paulhan et Marie-Louise Ponty-Audiberti qui m'ont autorisé à reproduire des extraits de la correspondance d'Audiberti à Jean Paulhan ; M. et Mme Camille Bryen ; MM. Jean Duvignaud, Michel Giroud, Edmond Humeau, Claude Lévi-Strauss, Claude Nougaro et Jean-Jacques Roubine.

M. Jean Cassou, MM. les professeurs Michel Décaudin et Louis Forestier m'ont prodigué le secours inestimable de leur expérience, de leurs conseils et de leurs encouragements. Qu'ils trouvent ici le témoignage de ma reconnaissance déférente.

Le terme de *baroque* ne nous est, à nous Français, nullement familier. L'emploie-t-on pour désigner la période historique qui va de la fin de la Renaissance italienne jusqu'à certaines expressions plastiques de l'Amérique latine du XVIIIe siècle, nous opposons à ce tableau d'une civilisation universelle notre XVIIe siècle à nous, que, selon d'invétérées traditions scolaires nous appelons Siècle de Louis XIV, Grand Siècle, Siècle classique. Ce qu'il peut y avoir de baroque en lui nous échappe ; tout au plus y relevons-nous une mode ridicule, celle de la préciosité qui n'a été que le fait d'un milieu restreint, celui de quelques salons et de quelques petits marquis, et nous ne saurions imaginer que ces façons d'expression qui nous semblent artificielles aient pu être ailleurs, par exemple en Espagne, naturelles, spontanées, populaires. « Gongorisme, afféterie, mauvais goût », lisait-on encore dans les éditions lycéennes de ma jeunesse, en note de bas de page à une métaphore de Corneille par trop singulière. Ceci malgré Théophile Gautier qui, sensible aux affinités du romantisme avec les beautés du style Louis XIII, avait découvert et exalté les *Grotesques*. Mais notre doctrine du classicisme avait tout embrouillé et nous ne pouvions concevoir l'homogénéité d'un mouvement de sentiments et d'idées qui aurait embrassé la contre-réforme, la fondation et l'expansion de la Compagnie de Jésus, la découverte et la conquête de l'Amérique, l'empire espagnol, la mystique, la politique moderne, toutes sortes d'événements esthétiques, politiques, économiques, sociaux de l'Europe et du Nouveau Continent. Certes on s'est rattrapé, on s'est mis de nos jours, en France, à user et abuser à cœur joie de ce terme de baroque, mais par contagion et par étude et à force de lire l'énorme bibliographie consacrée au sujet dans les pays de langue allemande, en Espagne, en Italie. De même n'est-ce point sans peine que nous avons admis le baroque non plus comme terme d'histoire, définissant une réalité particulière du temps et de l'espace, mais comme notion générale, comme concept, comme catégorie ainsi qu'on emploie les termes *classique*, *réaliste* ou *romantique*. Sous les deux espèces le terme est donc entré dans nos manières de penser, de sentir et d'écrire, mais en nous venant de l'extérieur et en bousculant un système de vieilles habitudes mentales.

J'ai, par chance, eu très tôt la curiosité des historiens germaniques qui avaient défini le baroque. J'ai découvert, parcouru Prague en compagnie de mon inoubliable ami, Mgr Cibulka, historien d'art du plus grand mérite, mort dans le deuil de sa patrie. Mais surtout, grâce à mes ascendances espagnoles, j'ai, dès mon enfance, connu comme choses entièrement et naturellement miennes, celles-là qu'on nomme baroques sans penser à mal, voire penser à rien, de même qu'on ne pense à rien, qu'on ne met rien en question lorsqu'on parle de n'importe quoi qui va de soi. Mon amitié avec Eugenio d'Ors, esprit merveilleusement *ingénieux*, et qui n'évoquait jamais une idée ou une forme sans l'animer de mille surprenantes significations, relations et analogies, m'avait entraîné à dépasser l'acception historico-géographique du baroque pour le concevoir dans toute sa richesse conceptuelle. Cette amitié avec Eugenio d'Ors a été un de mes grands plaisirs intellectuels par sa vivacité, sa dialectique, ses coquettes contradictions, — car, si lucide exégète du baroque qu'il fût, d'Ors en était, idéologiquement, l'adversaire. Elle a duré jusqu'à une certaine date de l'histoire de son pays, et du mien. De l'histoire du monde et de nos deux carrières.

A prendre ainsi le baroque, à y voir non seulement un chapitre de l'histoire des civilisations, mais toute une façon d'être, on ne saurait manquer de reconnaître à certains esprits, à certains tempéraments la marque baroque. Ils auront été des baroques sans le savoir. Ils ne connaissaient ni le mot ni la chose, ou bien ils les ont rencontrées sur le tard et dans les confusions que nous avons dites. Hugo est un baroque. D'ailleurs on a assez noté les rapports du baroque et du romantisme. L'un et l'autre ont fleuri dans les mêmes climats, les Allemagnes, l'Espagne, Venise. Audiberti était d'un de ces pays-là. Je dirai même qu'il était de ce pays-là. Du pays baroque. A proprement parler, c'est-à-dire selon l'état civil et l'ethnie, il était latin, méditerranéen. Latin, méditerranéen de genre baroque, de type baroque.

Ma première rencontre avec lui date de la publication de son premier livre, en 1930, il y a quarante-cinq ans, près d'un demi-siècle. Je tenais alors la chronique de poésie dans les *Nouvelles littéraires*. Une plaquette, visiblement tirée à compte d'auteur, et portant un nom d'auteur inconnu et un titre bizarre, retint mon attention. Je me pris à la lire, sans y entendre grand-chose, mais avec le sentiment qu'il s'y passait quelque chose. Le rythme, la sonorité, la solennelle violence de cette prosodie rigoureusement classique s'imposèrent à moi. Cela était obscur, mais d'une obscurité péremptoire. J'écrivis à l'auteur à l'adresse de la maison d'édition, en le priant de venir me voir, car je voulais en savoir plus long, et déjà je me sentais décidé à lui consacrer mon prochain article. Là-dessus je reçus un billet de mon ami Valéry Larbaud qui me disait quelque chose comme ceci : dans le tas des plaquettes que vous recevez, il en est une que je viens de recevoir et que je vous engage à ne pas rejeter tout de suite au rebut. Cela s'appelle *L'Empire et la Trappe*, d'un certain Audiberti que je ne connais pas... Puis Larbaud me disait combien le ton de cette plaquette l'avait frappé. Assurément il y avait là du neuf et de l'authentique. L'avis d'un si expert amateur de lecture — ce vice impuni — me confirmait dans ma première impression. Et lorsqu'Audiberti vint chez moi et que je me trouvai en présence de ce robuste garçon à la tête romaine, à la voix chaude, très légèrement voilée, ce qui la rendait plus convaincante, je me sentis immédiatement pris pour lui d'une irrésistible sympathie et nous fûmes dès cet instant les meilleurs amis du monde. Le mystère de sa poésie s'éclairait, son hermétique rhétorique s'incarnait en une puissance orale et visible. C'est là tout le secret de l'éloquence baroque : elle n'est pas que texte intellectuellement communicable, elle est véritablement oratoire, véritablement faite pour l'oreille, et aussi mouvement fait pour la vue. La comédie de la main souligne la résonance de l'énoncé : exemple, ce geste qu'Audiberti décrit je ne sais plus où et par lequel les cinq doigts se rejoignent tout près du menton de l'interlocuteur comme un poing mal fermé qui ne veut pas frapper, seulement expliquer et persuader, mais avec quelle véhémence ! Il n'a pas été besoin qu'Audiberti, lors de notre première entrevue, ait fait ce geste : de suite son univers m'est apparu, et le titre de son volume de vers prenait signification. C'est tout simple : il offre à la destinée de l'homme méditerranéen épris de dialectique et de sophistique un choix fondamental : ou bien la puissance de la solitude et du désert, ou bien celle de la possession et de la domination. Deux fins possibles, les deux seules valables. Antithétiques, mais également dignes d'exciter la passion de l'homme méditerranéen, de répondre à sa fierté et à sa soif d'effort, d'aventure et de conquête.

De si déterminées, lumineuses ambitions se manifestent d'abord dans le domaine du langage. Le langage est le premier générateur de tous les possibles — souvent simultanés et contradictoires — de la pensée et de l'action. Cette multiplicité est enivrante, dût son volubile excès se résorber finalement en lui-même et aboutir au néant. Mais quel feu ! L'auteur de la présente étude sur Audiberti observe que celui-ci suspend son engagement dans ces possibles de la pensée et de l'action au moment que pensée et action vont prendre forme expresse de décision. Mais peut-être ce suspens n'est-il point arrêt, recul du jugement, mais en soi une sorte de jugement, un jugement triste et désabusé. Non pas un refus, chez Audiberti, de pousser plus loin sa philosophie, mais l'expression même de sa philosophie. Expression polysémique, polyphonique. Tenons-nous en donc à notre tour à ce suspens qui est expression, qui est langage. Au langage d'Audiberti, à son génie langagier. Il y a là de quoi suffire à nous combler. J'en ai été d'autant plus allègrement comblé que ce langage se justifiait de la prestigieuse et irréfutable présence du plus vital, du plus humain des compagnons. Combien est admirable, chez lui, poète en prose, prosateur en vers, le perpétuel jeu verbal ! Admirable, étourdissant, inépuisable en suggestions, en surprises, en cocasseries, et emporté par un mouvement dont il est impossible de douter qu'il ne s'accorde à tous les rythmes du cosmos.

Evidemment la tentation était grande de rapprocher cette dynamique, cet art d'Audiberti de diverses réalisations capitales de notre époque, comme le surréalisme. Sur ce point l'ouvrage de Jeanyves Guérin nous apporte de précieux éclaircissements. Il est tout à fait normal d'ailleurs qu'un art comme celui d'Audiberti, *écho sonore* de la réalité universelle, soit aussi plein de rencontres avec tout ce qui se produisait de plus saillant et audacieux dans le foisonnement spirituel contemporain. Comme on vient de le dire à la suite des analyses de Jeanyves Guérin, il constatait toutes les éventuelles positions morales, politiques, sociales, religieuses de l'époque, mais ne se fixait à aucune. De même son art a-t-il des harmoniques où se reconnaissent les souffles les plus vifs de la musique de cette époque inventive en merveilles. Mais c'est son souffle à lui, et ce sont ses merveilles et émerveillements propres qu'il faut, avant tout, considérer. Il a joué son jeu, et s'il le jouait avec d'autres, c'était avec ceux qui voulaient jouer avec lui, tel ce très curieux — au double sens de singulier et de généreusement avide de singularités — Camille Bryen, l'homme le mieux fait pour entraîner en de vertigineux caprices verbaux et plastiques le besoin de dialogues d'Audiberti. Et somme toute, s'il y a une réalité culturelle avec laquelle l'extraordinaire pouvoir imaginatif d'Audiberti coïncide intégralement, c'est cet univers que l'on a appelé le baroque.

J'ai dit que, pour nous, c'était un univers à apprendre. Jeanyves Guérin s'est donné la peine de l'apprendre. Encore ne parlé-je de peine qu'à cause de la richesse et de la complexité de la matière et des difficultés qu'elle soulève, mais je n'entends rien de pénible en cette peine. Il s'agit tout simplement d'un gros travail, mais ce travail procure à qui l'entreprend une joie et un enthousiasme infinis. Infinis comme tout ce qui est du baroque. Ayant ainsi accompli un voyage aussi complet que possible dans tous les aspects du baroque, Jeanyves Guérin s'est aperçu que tous ces aspects se retrouvaient dans tous les aspects de l'œuvre d'Audiberti. Et avec le plus d'éclat dans cette partie de son œuvre qu'est son théâtre. Aussi bien le baroque lui-même est-il essentiellement théâtre. L'art baroque est un art qui se met en scène et en action scénique. Un art qui est monstrance et démonstration de lui-même. Par lui l'architecture, la peinture, la sculpture, la musique, le langage font ostentation de tous leurs pouvoirs. Ils mettent en œuvre toutes leurs vertus pour atteindre au degré suprême de la virtuosité. Mais c'est que le monde dont ils entendent donner une figure, une *représentation* est déjà en lui-même théâtre : c'est, selon un terme cher à ce siècle, « le grand théâtre du monde ». Shakespeare et les Elisabéthains, Lope de Vega et Calderon font drame et comédie d'une réalité déjà toute théâtralisée. C'est pourquoi leurs pièces ont de si grandes dimensions, sont si vastes, produisent un tel remuement de sentiments et d'événements disparates. Alors pourquoi ne pas reconnaître, comme nous y engage avec tant de perspicacité critique Jeanyves Guérin, que les pièces d'Audiberti sont du même répertoire ? Sous une forme tout à fait XXe siècle l'esprit baroque les agite. C'est que cet esprit, si l'on en a fait la désignation d'un siècle particulier de l'histoire, d'un certain âge de l'histoire, est aussi notion esthétique générale et peut se reproduire dans les temps et les lieux les plus divers.

Dans son théâtre, Audiberti impose sa fantaisie à toutes sortes de personnages, de conjonctures, de motifs aussi éloignés les uns des autres que des uns les autres le sont les astres du firmament. Ces astres, nous savons bien que des lois les mènent, et pourtant, nous fiant, pauvres que nous sommes, aux apparences, nous préférons croire qu'ils sont là et font ça par hasard. Les formes du baroque, formes en trompe-l'œil, en trompe-le-cœur, en trompe-la-raison, perpétuelles métamorphoses, ne sont jamais plus à leur aise que dans l'art du spectacle, cet art par lequel les passions, les absurdités de la vie réelle, déjà découvertes, déjà sélectionnées, mises en relief, sont transposées à un plus haut niveau encore de l'imaginaire, à un surcroît, une surenchère, une extrême outrance du tragique et du bouffon. Ainsi est-ce dans le théâtre, expression parfaite du baroque, qu'Audiberti est le plus lui-même. Là il peut épanouir son goût du changement, de l'hétéroclite, du mélange des genres, de tous les mélanges, son protéisme, son donjuanisme, et sans doute aussi laisser entrevoir la funèbre conclusion d'une si exaltante débauche de puissance créatrice. De telles ultimes petites réflexions mélancoliques, qui viennent au moment où le rideau tombe, étaient sans doute virtuelles dans la splendeur de la fête.

Mais on ne saurait épuiser tout ce que donne à penser une chose aussi riche de secrets et de mystères que le baroque. Elle a sollicité la curiosité de Jeanyves Guérin, et lui a inspiré un excellent ouvrage de critique passionnée : c'est la forme la plus convenable à l'étude d'un tel sujet. Et cette étude doit d'autant plus passionner, à son tour, le lecteur qu'elle se complète, de la façon la plus profonde et heureuse, de l'étude de ce grand baroque d'aujourd'hui que fut Audiberti. Ainsi cet ouvrage, en toutes ses parties, en toutes ses articulations, en toutes ses relations organiques internes, palpite-t-il de vie. Rien ne pouvait plus adéquatement servir l'œuvre du poète dont ses amis continuent de voir le geste et d'entendre la parole.

JEAN CASSOU.

CHAPITRE PREMIER

AUDIBERTI LE BAROQUE ET LA CRITIQUE

« Audiberti est un exemple typique, ou pour s'exprimer comme lui, prototypique d'auteur baroque » (1) écrivait Paul Surer. De fait, quand la critique s'attache au poète antibois, cette qualification semble aller de soi. Un journaliste des *Lettres françaises* interrogeant Jacques Baratier sur sa collaboration avec Audiberti, en vient à évoquer tout naturellement « le fameux « baroque » de l'auteur » (2). Ce qui semble aller de soi doit inciter à la circonspection préalable. Du jour où il a dérivé des arts de la pierre, le Barockbegriff de Wölfflin a perdu en rigueur ce qu'il gagnait en extension. Quel écrivain, quel artiste contemporain ne s'est jamais vu baptiser baroque ? Une équivalence approximative, une analogie hâtive, une équivoque nominaliste suffisent souvent à amener un étiquetage catégorique. C'est pourquoi avant toute chose on commencera par examiner quelques jugements formulés par divers critiques, sans bien entendu prétendre à une exhaustivité aussi impossible qu'inutile, en tenant si possible compte des contextes, en discernant les connotations laudatives ou péjoratives, en évaluant comment se distribuent dans le temps de l'histoire littéraire et dans ses divers champs idéologico-culturels lesdits jugements. Une étude sémantique du vocabulaire critique renvoie à des influences culturelles et à des impératifs professionnels. On distinguera donc les assertions de la critique hebdomadaire ou « au soir le soir », fatalement sujettes à la persuasion des mots-témoins et aux engouements de la mode, et celles des essayistes et des universitaires plus soucieux de cohésion notionnelle.

La critique feuilletoniste française n'est guère avare du mot « baroque » quand elle doit rendre compte d'une œuvre d'Audiberti.

(1) Paul Surer : *Cinquante ans de théâtre*, p. 292.
(2) Jacques Baratier : « Il faut faire des films muets inspirés par des poètes. » *Les Lettres françaises*, nº 922 (15.11.1962), p. 2.

Avant 1955, l'emploi en est cependant assez rare. Marcel Arland conclut ainsi son compte rendu d'*Abraxas* : « Ce baroque, cet extravagant, ce romantique est passionnément réaliste » (3). L'hésitation témoigne d'un scrupule louable comme de la malléabilité du vocabulaire critique. A cette époque les premières études de Raymond Lebègue et d'Alan Boase n'ont pas encore paru et la littérature a tenu peu de place à la décade de Pontigny où Eugenio d'Ors révéla le baroque aux intellectuels français. La tradition critique est dualiste et aime opposer au classicisme ce que tour à tour elle appelle le romantisme et le baroque. Le premier est soucieux de mesure, d'équilibre, d'harmonie, le second privilégie l'inspiration, la déraison, le mouvement. L'œuvre d'Audiberti dérange les habitudes, elle n'entre pas dans les cadres reçus, elle est manifestement réfractaire à l'ordre classique. Pourquoi ne l'appellerait-on pas, faute de mieux, baroque ? Un peu plus tard, à propos de *L'Ouvre-Boîte*, Edmond Humeau parlera dans *Arts* d'un « baroquisme plus surréaliste que jamais », tandis que Guy Dumur écrira : « Le génie d'Audiberti est baroque et romantique » (4). Dans tous les cas, l'auteur, sans émettre de jugement de valeur, s'efforce de réduire l'originalité déroutante d'une production qu'il ne sait comment classer. Le baroque tient lieu d'étiquette informative.

Tant qu'il s'agit des romans, les références demeurent relativement rares. Arland parle ainsi de l'auteur d'*Urujac* : « Visionnaire obsédé de la réalité, ses images les plus violentes et les plus baroques sont celles qui restituent le monde le plus ferme » et voit ensuite en *Marie Dubois* un « monument baroque » (5). Pour Mathieu Galey, rendant compte dans *Arts* du roman *Les tombeaux ferment mal*, c'est l'homme Audiberti qui serait un « monument baroque ». La notion de roman baroque ou de baroque romanesque est, il est vrai, par force des plus vagues, faute d'équivalents autres que *l'Astrée* dans la littérature française du XVIIᵉ siècle. Certains se tournent vers le nouveau roman, et notamment Robbe-Grillet, qui aime à élever des architectures de miroirs et de reflets, ou Claude Simon qui donne au *Vent* le sous-titre *Tentative de restitution d'un retable baroque*, avec le risque de réduire le baroque à des recherches formelles et à en dissoudre la thématique traditionnelle. De toute façon la réflexion sur la question demeure embryonnaire.

C'est bien entendu la critique dramatique qui emploie le plus généreusement le qualificatif baroque. Gilles Sandier ainsi fait du *Cavalier seul* « une grande œuvre baroque », puis une « baroque cathédrale lyrique et bouffonne » et de son auteur un « baroque

(3) Marcel Arland : « Audiberti : Abraxas ». *N.R.F.*, n° 303 (1.11.1938), p. 1038.
(4) Guy Dumur : « Le mal court ». *Théâtre populaire*, n° 17 (1.3.1956), p. 66.
(5) Marcel Arland : « Chronique des romans ». *N.R.F.*, n° 330 (1.8.1941), p. 216 ; « Au bout de l'aventure ». *Arts*, n° 387 (21-27.11.1952).

maître de forges » dont l'œuvre, cela va de soi, est douée d'une « exubérance baroque ». Toute sa production n'est cependant pas touchée par la grâce puisque la même critique oppose la « splendeur baroque » des meilleures pièces à la médiocrité boulevardière des vaudevilles, *L'Effet Glapion* par exemple ou *La Brigitta* (6). Ici le baroque connote nettement l'idée d'avant-garde, de rupture avec le théâtre traditionnel ou de consommation. On pense aussitôt à l'opinion de Mandiargues, surréaliste épris du baroque. « Nettoyé de son inspiration réactionnaire, le baroque est de tous les temps et d'un grand nombre de peuples et de pays ; il comprend beaucoup d'écoles et de manières artistiques, beaucoup de modes d'expression individuelle et collective (...). Finalement, en nous refusant à la signification spirituelle que voulut lui prêter le XVIIᵉ siècle, le baroque peut être considéré comme un mouvement de l'art vers l'outrance et la liberté qui sont dans la nature » (7). C'est, après Eugenio d'Ors, évacuer un peu vite l'idéologie et l'histoire.

« Ce qui porte Audiberti, écrit Pierre Marcabru dans *Arts*, c'est l'irrésistible courant du baroque et que nulle digue n'arrêta. » *La Fourmi dans le corps*, qui suscita ce jugement, provoque une touchante unanimité des critiques. Georges Lerminier, dans *Le Parisien libéré*, parle de « conte galant et baroque » puis, après réflexion, rapproche dans *La Gazette de Lausanne* l'auteur de Gassendi, Cyrano de Bergerac et Bussy-Rabutin. Max Favalelli s'amuse dans *Paris-presse* du « canevas baroque » de la pièce et Bertrand Poirot-Delpech, du *Monde*, remarque l'amour du poète pour la « métaphore baroque ». *La Fourmi dans le corps* se passant vers 1675, il semble que ce soit son historicité autant que la désinvolture du dramaturge qui inspirent la critique. *Le Cavalier seul*, en revanche, est censé se dérouler au XIᵉ siècle ; pourtant, à son propos, les mêmes expressions resurgissent. Jean Dutourd, dans *France-Soir*, en fait une « œuvre superbe, baroque, pleine de génie et de pustules » et Claude Sarraute dans *Le Monde* une « pièce ambiguë et baroque ». Gilbert Guilleminault écrit dans *L'Aurore* : « Il y a là des chefs-d'œuvre baroques et des dessins compliqués, absurdes, monstrueux ». Henry Rabine, de *La Croix*, s'inquiète du « baroquisme suraigu » d'Audiberti ; Gérard Guillot, aux *Lettres françaises*, aime « l'abondance baroque de la pièce », Paul Morelle, dans *Libération*, parle d'un « Golgotha du baroque ». Marc Bernard, dans *Les Nouvelles littéraires*, fait pièce à ses confrères. Son argumentation tranchée mérite un arrêt. « Avec quelque recul, écrit-il, notre époque apparaîtra comme l'une des plus baroques qui aient jamais été ; toutes les valeurs classiques (...) clarté, effort pour trouver un langage commun entre les hommes, sont tenus pour secondaires, sinon pour méprisables. La profondeur

---

(6) Gilles Sandier : *Théâtre et combat*, pp. 32, 33 et 36.
(7) André Pieyre de Mandiargues : *Troisième Belvédère*, p. 92.

naît de l'obscurité et non pas des *Pensées* de Pascal ou du *Discours sur la méthode*, comme nous l'avons cru sottement. Ce qui passionne certains, c'est le balbutiement, le halètement, l'invertébré, l'enchevétré. En ce sens *Le Cavalier seul* touche à la perfection ». Le critique assimile donc le baroque à la contorsion, à la gratuité et à la déraison. L'ancienne dichotomie est décidément vivace.

A sa création, en 1948, nul n'avait songé à voir dans *La Fête noire* une pièce baroque. Quand Georges Vitaly la reprend en 1966, H. Rabine y constate une « profusion baroque », Eric Westphal, dans *Réforme*, y admire une « envolée lyrique, baroque, étrange », Jean Paget affirme dans *Combat* : « Le surréalisme rejoint le baroque ». Robert Abirached écrit plus finement dans *Le Nouvel Observateur* que l'œuvre est un « conte » qui exige une « somptuosité baroque ». En d'autres lieux, en d'autres temps, d'aucuns auraient sans doute parlé de rococo. *L'Effet Glapion*, en 1959, avait provoqué une même convergence de jugements. Jean-Jacques Gautier, dans *Le Figaro*, en fait une « étrange farce féérique et baroque » ; Bertrand Poirot-Delpech y voit un « carnaval d'hypothèses baroques », de « pensées baroques » rectifie Claude Olivier, dans *Les Lettres françaises*, reprenant une formule d'Audiberti lui-même dans le programme de la pièce. Dans ces derniers cas, les critiques associent volontiers les idées de baroque et d'étrangeté sans intention péjorative conformément au sens que lui transmet la tradition lexicale attestée depuis l'édition de 1740 du Dictionnaire de l'Académie française. La fantaisie qui se déchaîne, ironique dans *La Fête noire* et burlesque dans *L'Effet Glapion*, appelle donc le mot « baroque » sans référence à aucun style. Déjà Marc Beigbeder écrivait, en 1953, des *Naturels du Bordelais* dans *Les Lettres françaises* : « Audiberti est un assez sensationnel (sic) poète baroque (...). En tout cas, le baroque, si baroque qu'il y a, a bien du charme ». Jean Follain est plus précis quand il affirme : « Il impose un baroque qui ne saurait se satisfaire de l'échelle humaine et fait allègrement justice d'un prétendu sérieux propre à nos augures » (8).

L'éventail des noms et des publications cités montre que les options politiques et les préférences de goût interviennent peu et que la critique, sauf exceptions, se fait de l'art baroque une idée vague et mouvante. Le parallèle historico-littéraire alterne avec l'appréciation commode, qu'elle soit enthousiaste, hostile ou mitigée. Le mot baroque peut à la limite ne plus rien signifier de précis ; ainsi quand Jean Gandrey-Réty écrit dans *Les Lettres françaises* : « La princesse Alarica et son entourage ruissellent de baroque », qu'apprend-il du *Mal court* à ses lecteurs ? On remarquera enfin d'une part que *La Mégère apprivoisée*, en 1957, amène une seule réfé-

(8) Jean Follain : « Les Enfants naturels ». *La Table ronde*, nᵒˢ 103-104 (juillet-août 1956), p. 278.

rence au baroque — sous la plume de Bernard Dort dans *Théâtre populaire* —, ce qui semble indiquer que la critique ne baroquise pas spontanément Shakespeare, de l'autre que Jacques Lemarchand qui, vingt ans durant, sauva l'honneur de cette critique emploie rarement à propos d'Audiberti — deux références, en 1966, concernent *La Fête noire* — le terme dont ses confrères usent sans parcimonie.

Les études littéraires qui tiennent plus compte de l'état des recherches révèlent, à peine modifiées, les mêmes constantes. Quand il faut en quelques lignes donner un aperçu de l'œuvre d'Audiberti, le recours au baroque semble aller de soi, le raccourci appelant l'étiquette informative. Ainsi lit-on dans *La Littérature française* d'Adam, Lerminier et Morot-Sir : « Aux antipodes de la démarche de Ponge se situent le baroque et le lyrisme d'Audiberti » dont les pièces, plus loin, se voient attribuer un « naturalisme de facture baroque » (9). Bernard Gros fait de l'auteur un « dramaturge baroque » et Gaëtan Picon un « narrateur baroque, intarissable, éblouissant » (10). Leur opinion est corroborée par Alfred Simon dans l'article Audiberti de la *Grande Encyclopédie* de Larousse et Philippe Van Tieghem dans son *Dictionnaire des littératures*. Les manuels scolaires développent les mêmes idées. Henri Lemaitre voit dans l'œuvre du poète liberté, décoration et foisonnement, partant « l'apogée du baroque » et ajoute : « Il porte le baroque au-delà de lui-même » (11). Michel Autrand parle d'un « univers baroque qui pourrait rappeler Rabelais et Shakespeare » (12). D'autres auteurs sont moins généraux. Geneviève Serreau savoure « l'atmosphère baroque de *Quoat-Quoat* » (13). P. Surer voit en Audiberti un « baroque penseur », c'est-à-dire, précise-t-il, un non-conformiste comme il y en eut au XVIIᵉ siècle (14). André Pieyre de Mandiargues compare le poète de *Race des hommes* à du Bartas, Gongora et Marino (15). Dominique Fernandez écrit de son côté : « Audiberti gonfle le langage dans une explosion baroque de sons pittoresques et bizarres » (16). Enfin Michel Giroud, auteur de deux monographies, se fait l'écho de tous ces jugements dans la première. Il présente ainsi *Abraxas* : « Œuvre baroque par excellence par ses

(9) Georges-Emmanuel Clancier et Georges Lerminier in *La Littérature française* (Larousse), pp. 359 et 360.
(10) Bernard Gros : *La Littérature du symbolisme au nouveau roman*, p. 25 ; Gaëtan Picon in *Histoire des Littératures* (Pléiade), t. III, p. 1332.
(11) Henri Lemaitre in *Littératures de notre temps* (Casterman), t. I, p. 29.
(12) Michel Autrand in *La Littérature en France depuis 1945* (Bordas), p. 511.
(13) Geneviève Serreau : *Histoire du "nouveau théâtre"*, p. 28.
(14) Paul Surer : *Op. cit.*, p. 293.
(15) André Pieyre de Mandiargues : *Op. cit.*, p. 252.
(16) Dominique Fernandez : « Audiberti l'intolérant ». *L'Arc*, n° 9 (janvier 1960), p. 52.

changements, ses métamorphoses, sa magie, par la prolifération langagière ; c'est un tourbillon de mots, de phrases, d'idées, qui donnent le vertige ; tous les tons s'y mêlent : réaliste et grossier, burlesque et bouffon, sérieux et philosophique ». Il isole dans la totalité de la production audibertienne le « thème baroque et romantique par excellence de l'évasion dans l'espace et de la métamorphose ». La poésie lui semble relever du « grand style baroque » : « c'est une des manières d'Audiberti ; la phrase se déroule par groupes symétriques ; une grandeur oratoire sourd de cette éloquence digne du grand siècle ». Michel Giroud hésite cependant devant l'originalité irréductible de l'œuvre : « Il est impossible de classer hâtivement Audiberti, classique et baroque, transparent et ténébreux, épique et réaliste, grotesque et tendre ; son œuvre reflète le monde, obscur, nœud de questions, concentré de souffrance et de mal mais où souffle une voix tendre qui cherche une issue ; œuvre abondante mais concentrée, compacte et dilatée, sèche et lyrique, abrupte et douce » (17).

Dans l'ouvrage que le même auteur consacre, en 1973, à Audiberti poète, la référence au baroque a complètement disparu. On verrait là volontiers un signe des temps, si, la même année, la publication du sixième cahier de la revue *Baroque* ne contenait pas deux communications qui, d'une certaine manière, officialisent la consécration d'Audiberti comme écrivain baroque. Jean Follain, d'abord, présente l'homme dont il fut un des amis et brosse sa vision angoissée, manichéenne, désabusée de l'humanité, de l'histoire, de la femme et de la science ; il introduit alors la notion de baroque. « Le baroque d'Audiberti dans les caractéristiques de ses formes, ce baroque aux plis nombreux, à pointes coruscantes, enveloppe un tragique douloureux parfois tapi, menaçant. Sa métrique, sa syntaxe restent pourtant le plus souvent classiques. Personne n'a fait montre d'un déroulement si peu réglé sous une forme consacrée. Audiberti prouve les ressources que peut encore offrir en poésie un usage de la métrique traditionnelle. Le baroque du dire audibertien participe de l'insolite et du fantastique. Il se répand aussi bien en effets comiques à travers lesquels passe au fin fond un tragique ». Et Follain poursuit : « Le baroque langagier d'Audiberti se résout par une large extension de l'espace usuel du langage, par les torsions infligées aux structures verbales, par la nécessité d'un encombrement verbal étonnamment maîtrisé (...). Le baroque apparaît un manteau chamarré à vifs reflets recouvrant et drapant cette personnelle douleur ». Bref, il aurait une fonction de catharsis : le maniement voluptueux des signifiants camoufle et exorcise l'angoisse née des signifiés. On remarquera que Follain, poète avant tout, passe rapide-

(17) Michel Giroud : *Audiberti* (Ed. Universitaires), pp. 57, 41, 59 et 55. *Cf* aussi pp. 68, 69, 73 et 77.

ment sur l'œuvre dramatique, signalant surtout *La Fourmi dans le corps* : « La truculence du baroque audibertien dont la majorité du public n'aperçoit pas les profondeurs, suscite sifflets et quolibets. La scène se passe en 1670 » (18).

Jean-Marie Auzias, lui, s'attache principalement à un théâtre que, par contraste avec celui de Claudel, il juge « plus proche du drame Elisabéthain que de l'auto-da-fé » et qu'il compare au baroque viennois, également obsédé par la mort, et à sa « folie de verticalité ». Il écrit aussi : « Le modèle de l'écrivain, c'est le baroque enchanteur Tasso, dont le nom et l'œuvre hantent l'univers audibertien ». D'une étude touffue on retiendra encore plusieurs affirmations nettes : « L'espace dramatique est toujours en l'œuvre audibertienne la contre-marque d'un espace réel — et la vie y est un songe ainsi que dans le théâtre baroque de la grande époque, celle de Calderon, des Elisabéthains, ou du premier Corneille (...). Audiberti sûrement par son langage et par ses personnages, par son espace et par ses histoires qui sont du temps cristallisé, fait revivre dans son théâtre l'univers baroque, celui du grand théâtre du monde ». Dans cette fête du rêve, du désir exaspéré et du mouvement, Auzias décèle « la voix du baroque provençal traduite en français ». Ainsi s'expliquerait l'incompréhension tenace d'une critique « cartésienne », « malherbienne et vaugelée » qui loue *Le mal court*, la moins « occitane » de ses pièces, sans entrevoir « le baroquisme de cette pièce classique qui est faite pour un petit décor de la Sans-Souci de Potsdam ». « C'est qu'elle n'est pas, notre critique, préparée à ces brusques arrêts, ces freinages sur place, ces départs dans un sens contraire, ces sortes de pétrifications, ces passages soudains à la dimension verticale, ces ascensions ou ces chutes par lesquels se transforment, s'immobilisent en quelque définitif envol les héros audibertiens. La logique des personnages déconcerte l'esprit étroit du français cultivé qui ne voit qu'incohérence là où, bien au contraire, triomphe la cohésion baroque d'une architecture en perpétuelle fuite » (19). Cette dernière affirmation ne convainc qu'à demi dans la mesure où elle postule un monolithisme de la critique qui n'a jamais existé dans la période considérée. Certes Marc Bernard, Jean-Michel Renaitour, Robert Kemp, pour ne citer qu'eux, se sont montrés le plus souvent insensibles au baroque de l'auteur ; mais d'autres, Robert Abirached, Guy Dumur, Bertrand Poirot-Delpech en ont proclamé l'excellence. On conviendra aisément que le théâtre d'Audiberti n'a pas été reçu comme provençal ou occitan ; il a connu ses plus grands succès dans la capitale et il a fallu attendre 1970 et même après pour qu'on le joue dans les

(18) Jean Follain : « Le baroque douloureux d'Audiberti ». *Baroque,* n° VI, (1973), pp. 7-12.
(19) Jean-Marie Auzias : « Le retour du baroque chez Audiberti ». *Ibid.* pp. 13-17.

provinces du sud. L'ami de René Nelli et Claude Nougaro n'a pas été prophète en son pays. Il reste que le texte d'Auzias pose plusieurs jalons intéressants.

Que conclure de ce panorama critique ? La multiplicité des auteurs cités, la diversité de leurs origines et de leurs options tant idéologiques que scientifiques inviterait à entériner leurs assertions. Pourtant on doit constater que cette unanimité est au fond un peu factice. Tantôt il s'agit de l'écrivain, ou de l'homme, tantôt de sa vision du monde, de l'univers de ses pièces, tantôt de son écriture et de son langage. Rares sont ceux qui à la fois rapprochent Audiberti des grands baroques du XVIIᵉ siècle et lient le baroquisme de sa Weltanschauung et de son style. C'est le cas de Henry Amer dans une étude remarquable (20) que l'auteur salue dans un billet à Jean Paulhan : « Quelle joie pour moi ce bon article de M. Henri Amer ». Faute de faire du baroque un concept historico-stylistique au contenu strict, les critiques se contentent de l'utiliser comme une étiquette approximative, élogieuse ou réprobatrice. Enfin quelques-uns semblent hésiter entre plusieurs Audiberti dont un seul serait baroque ; outre Michel Giroud déjà cité, on peut mentionner encore Alain Bosquet qui, dans *Ange aux entrailles*, isole « le mystique, le baroque et l'émerveillé « (21). D'autres auteurs, on l'a vu, balancent entre baroque, romantisme et classicisme, ce qui est souvent une manière de faire osciller l'œuvre d'Audiberti entre la tradition et l'avant-garde. L'imprécision de la notion autorise les récupérations les plus diverses. On peut à ce propos citer l'opinion de Pierre Charpentrat, le plus brillant mytho-claste qu'ait suscité la vogue du baroque autour de 1960 : « Audiberti est baroque, personne n'y peut rien, et il s'en trouve, lui, expliqué et justifié aux yeux même de la critique conservatrice, comme par une malformation congénitale » (22). On se contentera, pour l'instant, d'enregistrer cette discordance ironique dans l'harmonie du concert unanime.

La production théâtrale d'Audiberti donne une impression d'éclatement. Eclatement dans les sujets, les structures, les tons, les styles. La déclarer baroque, ce n'est pas la classer dans une rubrique, l'enfermer dans un chapitre de l'histoire littéraire contemporaine ; ce doit être rendre raison des contrastes et faire apparaître la dynamique d'une unité cachée. Le baroque, cependant, n'est pas une formule, même magique, mais un bilan. A cette condition, l'usage d'un concept controversé ouvre la voie, malgré tout, à une analyse réfléchie de l'œuvre.

(20) Henry Amer : « Audiberti romancier de l'incarnation ». *La nouvelle N.R.F.*, n° 46 et 47 (1.10-1.11.1956), pp. 685-693, 883-890.
(21) Alain Bosquet : « Audiberti burlesque et mystique ». *N.R.F.*, n° 136 (1.4.1964), p. 675.
(22) Pierre Charpentrat : *Le Mirage baroque*, p. 116.

CHAPITRE II

DU BAROQUE LITTERAIRE

« Dans l'histoire littéraire proprement dite, la notion de baroque paraît apporter plus de confusion que de clarification (...). La notion de baroque reste confuse parce que tantôt elle s'en tient à des critères formels et stylistiques, tantôt elle s'efforce de rattacher ces critères à des réalités sociales et historiques aussi différentes que la contre-réforme, les guerres de religion et le scepticisme des grands seigneurs de la première partie du XVIIᵉ siècle. L'élasticité et la variété des critères formels permettent d'appeler baroque aussi bien la violence passionnée et l'indignation sociale des *Tragiques* que la méditation sur la mort des poésies religieuses du début du XVIIᵉ siècle ou le chatoiement pittoresque et sensuel des descriptions d'un Saint-Amant » (1). La sévérité de ce jugement se comprend aisément : dès qu'ont été connus en France — tardivement — les travaux de Wölfflin, Weisbach, Croce, etc., la critique littéraire s'est saisi et a fait un usage immodéré d'un concept dont elle n'avait pas préalablement fixé le contenu. Les historiens eux-mêmes ne s'accordent ni sur la périodisation ni sur l'aire géographique de la civilisation baroque. La question se complique encore quand certains auteurs — Eugenio d'Ors, René Huyghe, André Pieyre de Mandiargues — font du baroque un éon, c'est-à-dire une constante métahistorique. Le baroque existerait dans toutes les sociétés, à toutes les époques. Le concept alors se dissout dans la généralité et l'abstraction. Certes il existe des éléments baroques épars, latents, erratiques — thèmes, mythes, idées, figures, formes... — dont le baroque fait sa matière mais dont il n'a pas le monopole. Ils ne convergent, se combinent, précipitent que lorsque l'environnement historique y est favorable, ici et là autour de 1600, au XXᵉ siècle peut-être.

(1) Henri Weber : *La Création poétique au XVIᵉ siècle en France de Maurice Scève à Agrippa d'Aubigné*, pp. 746-747.

L'âge baroque, pour user d'une synecdoque commode, se situe entre la Renaissance, période d'effervescence intellectuelle et d'essor économique et l'époque des monarchies absolues et de la stabilisation culturelle classique. L'homme se sait appelé à devenir le maître et possesseur d'une création que Dieu lui abandonne pour qu'il la parachève. Les horizons géographiques et astronomiques se sont dilatés, la science moderne est née, l'or d'Amérique amène l'émergence d'un capitalisme financier, les grands courants commerciaux s'infléchissent vers le nord-ouest de l'Europe. La bourgeoisie se découvre comme élite dirigeante tandis que l'aristocratie se replie sur les valeurs traditionnelles de la terre et des armes. Les structures féodales et cléricales de la société ancienne vacillent. La chrétienté occidentale se divise en deux camps dont l'affrontement impitoyable épuise l'Europe et menace le message de la foi. Alors la dernière génération des humanistes, effrayée par les conséquences ultimes de son entreprise et désabusée dans son espoir optimiste d'un nouvel âge d'or, cherche un refuge résigné dans le hâvre sûr des traditions que contestaient les premiers réformateurs et se décide à faire prévaloir les forces d'organisation politique, à créer l'Etat moderne. Désormais la raison naissante, le progrès continué et la science confirmée se mettront au service des monarques absolus et s'abriteront sous le manteau éblouissant d'une religion qui s'est rénovée. L'Europe ancienne s'accorde un sursis, ralentit un cours de l'Histoire qu'elle ne peut remonter et compte sur la fête artistique pour dissimuler les réalités trop amères, tout en conservant la mémoire de la crise qui a durement ébranlé ses structures.

La littérature de cette période présente une grande diversité et d'esprit et de formes devant laquelle la critique prend vite conscience de sa propre faillibilité, de l'imperfection de ses outils et de la fragilité de ses résultats. L'environnement social, comme dans toute époque troublée, est trop ondoyant pour être partout ressenti de manière égale et imprimer une marque uniforme à toutes les créations. La génération de Malherbe n'est pas plus homogène que celle de La Fontaine. Le président De Brosses confondait dans une même gloire les poussinistes et les rubénistes que l'on oppose aujourd'hui. La ligne de démarcation entre le baroque et le classicisme, deux ménechmes devenus frères ennemis disait Hautecœur, passe à l'intérieur même des œuvres. Jacques Guicharnaud repère des éléments baroques dans *Tartuffe*, Thierry Maulnier, Leo Spitzer et Philip Butler en découvrent jusque dans le théâtre du très-classique Racine. La notion de baroque est donc fuyante, efflorescente, protéiforme. Il est malaisé de l'enfermer dans une définition discursive. Aussi se bornera-t-on à esquisser ici un schéma général souple et susceptible d'être, chemin faisant, complété et remanié. Un concept n'est ni une essence pure ni même une étiquette, mais un instrument, une relation fonctionnelle dirait un philosophe, dont l'extension et la compréhension dépendent de l'usage qu'on en veut faire.

Il faut écarter dès l'abord les qualifications négatives et péjoratives, telles qu'outrance, licence, désordre, irrégularité... ou vagues et abstraites, ainsi mouvement, dynamisme, gratuité, irrationalité qui renvoient trop simplement à l'idée d'anticlassique. Le fait littéraire ouvre deux voies. D'une part ses objets sont des textes qui possèdent leurs lois propres, celles de la grammaire et de la syntaxe, leur matériau, le vocabulaire, et leurs modes d'organisation spécifique, le vers, la phrase, la scène par exemple. Une approche purement formelle peut appréhender et démonter une organisation rhétorique et dramaturgique, puis cerner son originalité par rapport à d'autres organisations. Mais toute forme textuelle est aussi prégnante de significations que le discours critique est à même d'élucider. Le style, ou si on préfère ce terme, la poétique d'une œuvre n'est pas affaire de technique, mais de vision. Ecrire, c'est exprimer une aperception personnelle du monde ambiant et non se servir d'un outil neutre, inerte. Les structures formelles du texte littéraire sont sous-tendues par la Weltanschauung de son auteur. De la même vision procèdent aussi les matériaux culturels, historiques, philosophiques, c'est-à-dire le contenu intrinsèque de l'œuvre que l'étude critique regroupe en motifs récurrents, thèmes obsédants et mythes typiques. C'est la cohérence préréflexive de la forme et du contenu qui rend opératoire le concept. « The most promising way of arriving at a more closely fitting description of the baroque is to aim at analyses which would correlate stylistic and ideological criteria. » (2)

La vision du monde de l'écrivain baroque se ressent de deux chocs. Son savoir s'est élargi et d'une certaine manière laïcisé dans la mesure où la science s'affranchit de la théologie sans encore s'opposer à elle. Il s'est ausi fragmenté, compartimenté, relativisant l'idée même de vérité. L'édifice catholique, en tant que monolithe, a donc été tiraillé par un double mouvement d'éclatement et de révision qui propage l'inquiétude et le doute. Avec lui se désagrège en effet la seule et dernière explication systématique et totalisante du monde. Or à peine l'humanisme a-t-il jeté les fondements d'une nouvelle cosmologie, esquissé les lois de l'exploration cognitive que déjà les conflits temporels tarissent son inspiration optimiste. Le nouvel ordre cosmique, moral et spirituel vacille, recherche désespérément son équilibre, son unité. Dans le cosmos unifié et statique du Moyen Age, dans l'univers heureux de la première Renaissance, chaque chose est individualisée, différenciée, reconnaissable, à la place où le Créateur l'a installée. La volonté de Dieu explique tout. Il existe des valeurs stables, des références incontestables dans les

(2) René Wellek : *Concepts of criticism*, p. 108.

domaines de la religion, de la philosophie et de la morale. Que s'effrite cet ordre cohérent et l'idée même de réel devient problématique. Toute appréhension du monde, de la nature et de l'homme devient incertaine, fugace, variable, parce que l'être est polymorphe, effervescent, ambivalent. La conscience atteint autre chose que ce qu'elle vise. Le même se révèle l'autre, l'autre revient au même. Toute identité est différentielle, toute différence ressemblance fortuite. Le moi s'échappe ; autrui ne peut savoir qui je suis, je me découvre contradictoire et celui-là que je voulais connaître ne sera jamais que l'image extérieure, pur reflet, que je me fais de lui : définitive altérité, inaccessible intériorité. Il est vain de vouloir pénétrer au-delà des comportements sociaux, simples rôles. La philosophie baroque retrouve les intuitions d'Héraclite qui nourrissent une ontologie du devenir et de la métamorphose. « Le monde, écrit Montaigne, n'est qu'une branloire pérenne (...). Je ne peints pas l'être. Je peints le passage. » Les artistes suggèrent plastiquement ce mobilisme universel. « Le baroque n'offre nulle part achèvement, apaisement ou quiétude de l'être, mais apporte toujours l'inquiétude du devenir, la tension de l'instabilité. Il en résulte une impression de mouvement » (3). Et Wölfflin poursuit : « Ce que son art veut exprimer, ce n'est pas l'être parfait, mais un devenir en mouvement. C'est pour cette raison que la structure formelle devient plus lâche. » (4)

La loi du « change » régit donc le cosmos des philosophes, mais aussi des poètes. Agrippa d'Aubigné s'ingénie à décrire le monde comme complexe et mouvant. Imbrie Buffum parle ainsi des *Tragiques :* « The poem might be compared rather to a moving pictures than to a still photograph ; whenever possible, objects are presented to us not in fixity and repose, but in motion and transformation » (5). Jusqu'au jugement dernier, le monde sera incessamment et contradictoirement recréé par la succession des germinations, détériorations et destructions. L'agitation désordonnée est la condition normale d'un monde vicié par le péché originel et voué au change jusqu'à l'anéantissement de la matière charnelle et naturelle. On devine ce qui sépare d'Aubigné de Montaigne. Le premier a une horreur mystique du monde et ne consent à la métamorphose que parce que le dogme chrétien lui enjoint d'accepter son lot de mortel pécheur, mais il ne cesse d'aspirer à l'Etre et à l'Un divin. Le second au contraire se complaît dans l'immanence et le devenir, cède aux séductions du change et accepte sans déchirement l'existence telle qu'elle est. « Pour moy donc j'ayme la vie et la cultive

(3) Wölfflin : *Renaissance et Baroque*, p. 143.
(4) *Ibid.*, p. 159.
(5) Imbrie Buffum : *Agrippa d'Aubigné's Les Tragiques. A study of baroque style*, p. 124.

telle qu'il a pleu à Dieu nous l'octroyer. » D'Aubigné constate aussi les variations, les contrastes et les illusions du monde, il y voit la marque de la finitude humaine et la sanction du péché, mais ne peut s'empêcher d'éprouver un vif plaisir d'artiste devant les tourniquets de la réalité et de l'apparence. Statique, la geôle de l'Etre fascinerait moins son prisonnier. Le poète contrecarre le croyant qui aspire à une existence délivrée du change, à une vérité inaltérable qu'il n'atteindra pas ici-bas.

Le désenchantement amène Montaigne et la foi d'Aubigné à s'abstenir de réordonner la complexité mobile du monde. « Le monde baroque, écrit Philip Butler, n'est pas un enchaînement de causes et d'effets, une série d'événements prévisibles ou du moins explicables ; il est une collection de faits décousus, hétéroclites, anarchiques, dans laquelle les caprices arbitraires et les libres interventions d'êtres surnaturels sont acceptés d'autant plus volontiers que la notion de loi naturelle n'est que faiblement perçue ; il est une suite de contingences dans laquelle la Providence peut, quand elle veut, instaurer un ordre moral » (6). Les auteurs de la contre-réforme se précipiteront par la brèche et proclameront : « Deus escreve dirceito por linhas tortas ». Une vision théologique de l'histoire anime le théâtre de Calderon, pour qui les hommes sont des acteurs auxquels l'Auteur du monde distribue des rôles et des costumes. A la fin de la représentation quand survient la mort, chacun cesse de mener sa vie de fiction pour comparaître au Tribunal suprême ; seuls les élus seront autorisés à s'asseoir au banquet de la vie éternelle. Au terme de l'histoire régnera sur un monde, auparavant agité, la mélodie paisible des cieux, triomphera l'ordre divin, simple, unique et clair. Jusque là, la société humaine connaîtra, avec pour seule alliée la Loi de Grâce, les tensions et convulsions que la providence lui inflige comme autant d'épreuves. Les événements — par exemple *Le Schisme d'Angleterre* — relayés par l'allégorie — ainsi *La deuxième Epouse et le triomphe de la mort* — sont donc déchiffrés comme symboles théologiques et non reçus comme phénomènes politiques ou sociaux. L'aventure douloureuse de la création voit le Mal et le Bien s'affronter sous les espèces d'un conflit entre la vie et la mort, la vérité et l'illusion, la vraie foi et l'hérésie, l'Espagne et la France. Le théâtre de Calderon est donc résolument engagé dans le sens d'une propagande à la fois catholique et dynastique.

La foi d'Agrippa d'Aubigné n'est pas désincarnée mais ancrée dans le vécu temporel du poète, dont *Les Tragiques* véhiculent l'espérance, les haines et l'indignation. Satire sociale, pamphlet politique et chronique guerrière, l'œuvre est une arme de combat. Faut-il alors faire correspondre le baroque avec un art de propa-

(6) Philip Butler : *Classique et baroque dans l'œuvre de Racine*, p. 73.

gande, comme le pense H. Weber et comme y incitent les arts plastiques ? Ce serait une simplification abusive. Car au fanatisme politico-religieux du poète huguenot s'oppose le relativisme pragmatique et la tolérance humaniste de Montaigne. Certes ce dernier sait s'engager : il dénonce, dans ses *Essais,* le colonialisme de l'Espagne très-chrétienne et la bulle qui lui livre l'ouest de l'Amérique latine, il fustige le génocide des Incas et l'Inquisition. Il exerce aussi, et avec courage, des fonctions civiques dans une période troublée, même s'il prend ses distances critiques vis-à-vis de la comédie politique. Au fond les deux auteurs représentent l'avers et l'envers d'une même médaille. D'une vision similaire du monde ils tirent des conséquences divergentes. L'un se fait le propagandiste ardent d'un credo austère qui l'amène à entrer dans les luttes politiques et militaires de son temps ; l'autre est une non-conformiste ironique qui sait descendre de sa tour d'ivoire et violenter son scepticisme conservateur. La Weltanschauung baroque nourrit deux comportements plus complémentaires que contradictoires.

Le penseur baroque se méfie de l'abstraction intellectuelle, il préfère l'image au concept, l'exemple concret à l'aphorisme, l'autobiographie à la théorie. Le chrétien donne de même une expression réaliste de sa foi ; il personnifie son intuition mystique au moyen d'allégories et de visions. D'Aubigné représente le paradis comme un espace matériel où la félicité des élus s'exprime en une volupté non éthérée. « La recherche de la précision concrète, le goût de l'image charnelle, du détail macabre, enfin le jeu sur la double valeur abstraite et concrète d'un même mot peuvent être considérés comme des éléments de caractère baroque » (7). On décèle dans les récits de Montaigne le même souci de présentation pittoresque et dramatique, une mise en forme des dialogues, une attention aux détails spectaculaires et visuels, aux mouvements et aux couleurs, bref un sens de la théâtralité.

Nulle époque n'a autant aimé le spectacle scénique que celle du Bernin et de Rubens. De Montaigne à Pascal, les penseurs assimilent le monde à un théâtre. Corneille écrit *L'Illusion comique* et Calderon *Le grand Théâtre du monde.* Leur expérience de la société enseigne aux auteurs et aux artistes baroques que les relations interindividuelles sont un jeu subtil d'ostentation et de dissimulation. Chacun entend se faire prendre pour ce qu'il n'est pas, aime à donner le change en se travestissant, en portant un masque. L'homme civilisé est un acteur auquel le Créateur, la société ou sa propre folie affectent un rôle. La pièce jouée est la réalité. Il est pourtant d'autres raisons à la passion baroque du théâtre. La scène est le lieu quasiment magique où la réalité est ce qu'on veut qu'elle soit

(7) Henri Weber : *Op. cit.,* p. 686.

dans le moment où un auteur et des comédiens veulent qu'elle soit. L'oscillation entre l'être et le paraître qui irrite une intelligence désorientée cesse avec la création d'un univers autonome et clos sur lui-même. Il n'est rien de plus sérieux que le jeu conscient de lui-même. L'art de la Contre-Réforme et les monarchies absolues l'ont compris qui mettent à leur service les techniques d'illusion qui constituent l'essence même de la théâtralité.

La scène est un miroir merveilleux où le spectateur se regarde vivre, jouer sa vie ; mais le monde, dans son apparence trompeuse, est une autre scène et ce n'est qu'en s'y reflétant que l'homme découvre sa réalité vraie. La plupart des grands héros baroques sont des comédiens, de bonne ou de mauvaise foi. D'un côté, Saint-Genest, de l'autre Don Juan. Entre eux, le Cid et Dorante. Les dramaturges mettent le théâtre en abyme et installent une scène sur la scène ; alors l'oscillation reprend plus fascinante que jamais. Les thèmes convergents de l'inconstance, du déguisement, de la métamorphose, du theatrum mundi et du théâtre sur le théâtre se cristallisent dans quelques mythes dont le retour inlassable assène l'idéologie baroque à des public choisis. Protée l'homme-caméléon et Circé la déesse des métamorphoses règnent sur un monde qui échappe sans cesse à lui-même et dont tire la leçon pour son compte Don Juan, l'inconstant, l'homme du jeu et de la simulation. Les grands auteurs baroques ont tous, un jour ou l'autre, accommodé à leur manière ces grands mythes symboliques, qu'il s'agisse de Lope de Vega, de Tirso de Molina, de Calderon ou de Molière. Une foule de poètes, sans grade ni génie, les ont aidés à populariser ce qui représente pour le XXe siècle l'héritage le plus vivace de l'âge baroque.

Les dramaturges baroques, en lecteurs de Sénèque, valorisent les éléments spectaculaires du jeu théâtral. Rotrou, Hardy, Shakespeare déjà, notamment avec *Titus Andronicus*, Kyd, l'auteur de *La Tragédie espagnole*, entrecroisent les intrigues, outrent les situations, imaginent les événements les plus horribles ou les plus extraordinaires : crimes atroces, supplices raffinés, apparitions fantastiques, sarabandes de grotesques. Tout est mis en œuvre pour étonner ou impressionner le spectateur qu'il faut arracher à lui-même. D'où le recours aux ressorts scéniques les plus efficaces, le quiproquo, le coup de théâtre, le travesti, le deus ex machina et l'appel à un déploiement décoratif somptueux, à des artifices techniques toujours plus sophistiqués, à une multitude de figurants. Quand les conflits religieux cèdent la place aux querelles politiques, quand les esprits se rassurent, quand aussi le génie fait défaut ou s'édulcore, alors l'histoire s'irréalise sur scène en une mythologie prétexte à arabesques chorégraphiques. L'Opéra naît, spectacle total où la part de la littérarité est infime et comme résiduelle. Les régisseurs donnent libre cours à leur ingéniosité dans l'espace

borné des boîtes scéniques. Les auteurs cherchent la virtuosité
pour elle-même et s'attachent à mettre en valeur les qualités de
leurs interprètes. Ceux-ci font miroiter leurs costumes brillants sur
le fond des décors luxueux. Toute une société contemple son propre
théâtre désocialisé dans l'image embellie et mystifiée des héros et
des dieux de l'ancien temps. On serait tenté de conclure à l'impasse
du théâtre baroque s'il n'était pas réapparu triomphalement dans
une nouvelle jeunesse en plein xxᵉ siècle. Claudel prolonge Calderon,
Vauthier renouvelle Shakespeare, Ghelderode retrouve les grands
Elisabethains.

Le jeu théâtral — architecture de miroirs et microcosme du
réel — permet, on l'a vu, à un auteur d'édifier sur la scène un univers
d'apparences qui intègrent le merveilleux et la déraison que lui
refusent un monde qui se désacralise. Celui-ci est transformé, épuré
et mystifié pour les besoins d'une démonstration ou d'un divertissement. La scission entre l'être et le réel, la philosophie néo-héraclitéenne de l'évanescence, la suractivation du jeu et de l'artifice, le
goût de l'outrance et de la déformation appellent une nouvelle
utilisation du langage auquel les écrivains réservent le même
rôle qu'au huis-clos théâtral : par des conventions renouvelées
conférer un semblant d'unité à un monde en constante mobilité et
en même temps convaincre chacun qu'un ordre caché préside à
l'effervescence du réel. « Le langage, écrit J. Rousset, n'est pas le
père du monde, il en est, dans la mesure où il est langage d'art,
l'équivalent supérieur (...). La réalité parlée est plus réelle que la
réalité du monde, l'art a pris la place de la nature » (8). Le poète
intercale entre le macrocosme extérieur et son microcosme intérieur
un prisme qui en donne une réfraction ingénieuse. La double fonction unifiante et recréatrice (ou surcréatrice) du verbe recoupe la
Weltanschauung baroque et éclaire l'expressionnisme de sa poétique.
Les énumérations minutieuses, les descriptions sensuelles, les fioritures gratuites veulent épuiser la richesse du réel ou, à défaut, lui
substituer un double, plus complet, voire plus élaboré. Le poète
s'abandonne au chatoiement des apparences qu'il veut fixer ; l'acte
de décrire oblitère l'objet de la description. « C'est l'objet spectacle
qu'il s'agit de rendre par l'ingéniosité des images qui permettent
de jouer sur les différents aspects du monde matériel et de les
métamorphoser l'un dans l'autre. » (9)

Si le langage est donc un miroir enchanté aux sortilèges duquel
se complait le poète, Gongora ou Marino, il est avant tout un beau
miroir surprenant. La poétique du baroque, comme sa dramaturgie,
se fonde sur une recherche de l'étonnement, de l'effet. Qui veut
plaire et éventuellement persuader doit stupéfier. Si les poètes

---

(8) Jean Rousset : *L'Intérieur et l'extérieur*, p. 113.
(9) Henri Weber : *Op. cit.*, p. 687.

raffinent sur l'expression verbale, c'est qu'ils y transportent et transposent leurs inquiétudes, leurs déceptions et leurs espoirs spirituels. « L'univers baroque, écrit Gérard Genette, est ce sophisme pathétique où le tourment de la vision se résout et s'achève en bonheur de l'expression » (10). Les choses répugnent à livrer leur identité, mais les poètes sont opiniâtres et tout devient possible quand la fonction imaginante renouvelle le code du langage. La jonglerie verbale, les procédés itératifs, les néologismes, le délire logomachique, les figures expressives sont autant de moyens de bousculer le lecteur pour forcer sa conviction et, en même temps, lui faire admirer les prestiges de la surélaboration stylistique. Le langage, d'ordinaire simple instrument de communication, se libère et s'enivre de lui-même lorsqu'un auteur baroque se saisit de lui : « ... les mots et les idées s'y organisent selon des lignes de force biologiques ou cosmiques, s'y développent par bourgeonnement ou par épanouissement, en suivant les méandres aquatiques d'un flux d'idées ou les règles centrifuges d'une spirale ou d'un tourbillon. La composition se réfère à un ordre biologique plus qu'à un ordre rationnel. » (11)

On a souvent remarqué le goût baroque de la décoration sans toujours en saisir la fonction. La façade d'une église baroque n'en annonce pas les dispositions intérieures, c'est un frontispice seulement destiné à retenir l'attention du passant. Quand on pénètre, par exemple à Saint-Pierre de Rome, on est stupéfait par le luxe de l'ornementation. Le Bernin a plaqué contre les parois un décor polychrome de stuc, de bronze, de marbre et d'or et peuplé l'immense espace de la basilique de statues gigantesques, d'un mobilier liturgique démesuré et du célèbre baldaquin qui se dresse à la croisée. La surabondance de la décoration, la somptuosité des matériaux, le ruissellement de la lumière sur les couleurs à la fois animent l'espace et estompent les articulations structurelles. « Le baroque, écrit J. Rousset, introduit dans la relation décor-fonction une proportion particulière qui peut aboutir à un renversement des rapports habituels : au lieu de traduire la structure, la façade se libère pour se vouer à ses fonctions propres ; au lieu de s'attacher à mettre en valeur les vérités organiques, le décor se prend à vivre pour lui-même » (12). Mais s'il occulte ses structures, le baroque se garde d'en faire l'économie. Sous le luxe des fioritures, l'œil averti discerne des cheminements linéaires et des angles impeccables. Rien de plus concerté, de mieux réglé que cet art dont le suprême raffinement consiste à feindre l'inorganisation.

(10) Gérard Genette : *Figures*, t. I, p. 20.
(11) Claude-Gilbert Dubois : *Le Baroque. Profondeurs de l'apparence*, p. 28.
(12) Jean Rousset : *La Littérature française de l'âge baroque*, p. 169.

Les textes baroques présentent les mêmes caractéristiques. « La décoration se superpose en fait à la structure plutôt qu'elle ne la remplace. La rhétorique baroque met en œuvre toutes les possibilités décoratives du langage : accumulations, redondances, hyperboles expriment la volonté de donner à chaque élément son maximum de volume ; métonymies, métaphores, périphrases jouent le même rôle que les spirales et les volutes dans l'organisation des volumes architecturaux ; asyndètes, anacoluthes évoquent à leur manière l'esthétique de la rupture et l'invitation constante à la surprise qui caractérisent l'architecture » (13). L'écriture baroque est un carrousel de jeux de mots, de pointes précieuses, de raccourcis saisissants. Les poètes affectionnent les figures véhémentes qui ont pour fonction d'exprimer la discordance qui est dans le monde voire de suggérer que l'être est irréductible au dire. Cette poétique acrobatique est loin d'être gratuite et immotivée. Elle redouble la conception spectaculaire du monde qu'on a signalée plus haut.

L'esprit baroque est à la fois avide d'unité et fasciné par le désordre. Son goût de la mobilité n'exclut pas une aspiration à l'organisation. Le monde lui apparaît comme un jeu de contraires appariés (antagonistic polar forces écrit Leo Spitzer) : le bien et le mal, l'ombre et la lumière, la mort et la vie, Dieu et Satan, etc. « La pensée baroque ne semble capable d'appréhender l'être qu'après l'avoir préalablement décomposé en deux substances irréductibles et violemment opposées » (14). Le dualisme ontologique ne signifie pas scission radicale et immobilisation définitive ; il s'instaure au contraire une circulation permanente, un va-et-vient dynamogène entre les extrêmes. Ne sont véritablement manichéens que les fanatiques politiques et religieux. La nuit du poète est lumineuse et la clarté obscure. Le mort-vivant est un personnage typique du théâtre baroque qui proclame que la mort est opération de vie dans le processus naturel et dans le plan de la providence. Avec Giordano Bruno, le discours cosmologique vient corroborer les intuitions des lyriques : dans les espaces sidéraux comme ici-bas, les contraires peuvent coexister en dépit de toute logique. La coincidentia oppositorum de Nicolas de Cuse est la loi de l'ontologie comme de la poétique baroques, « L'antithèse n'est plus un simple procédé de style, mais la forme inévitable de l'expression et comme le moule naturel de la pensée » (14). L'antagonisme des signifiants suggère la dichotomie universelle dont par le fait même il appelle l'anéantissement. La dialectique foudroyante de l'oxymore, la figure baroque par excellence, accuse les contrastes pour mieux les réduire par un glissement instantané de la dénotation à la connotation. La transgression du code qu'elle instaure démultiplie les virtualités

(13) Claude-Gilbert Dubois : *Op. cit.*, p. 61.
(14) Philip Butler : *Op. cit.*, p. 44.

expressives et impressives d'un langage dont elle libère l'inconscient caché. Pour les mêmes raisons, le poète baroque privilégie la métaphore. Comme l'écrit C.-G. Dubois, « la métaphore joue le rôle du masque et du miroir : elle désigne, mais obliquement ; elle occulte, mais laisse passer le sens » (15). Les productions textuelles baroques s'adressent donc à un public capable d'affectivité et d'imagination, à un public curieux mais aussi cultivé.

L'équilibre entre le besoin de persuader et l'envie de plaire se rompt vite au détriment du premier à mesure que, le souvenir de la crise s'estompant, l'ordre politico-religieux s'étant rétabli, l'art se fait moins militant et suit les goûts du public au lieu d'en modeler les convictions. L'emphase et la sophistication guettent alors les créateurs. Une pente fatale fait glisser le baroque, dès son apogée, vers l'artifice pur et la complaisance formaliste. « On décèle toujours dans l'architecture du Bernin un besoin de susciter la difficulté pour avoir le plaisir de la vaincre, la satisfaction du virtuose qui tient à montrer toutes ses ressources, et c'est en cela qu'il est baroque et le maître du baroque » (16). Le verve poétique tourne vite à la verbosité, la jonglerie à la boursouflure quand l'inspiration se réduit à l'ingéniosité. Le discours s'enferme en lui-même, le poète cherche moins à parler juste qu'à faire des figures justes, il se contemple parlant et attend que son lecteur le contemple et applaudisse. D'apologétique l'art baroque est alors devenu narcissique. Il en meurt.

L'écrivain baroque se sent mal à l'aise dans les structures traditionnelles. Ou bien il parvient à s'y insérer au prix d'un violent effort sur lui-même, respecte les impératifs organisationnels des genres, mais en bouleverse les contenus ; le poète ainsi adopte volontiers la forme close et contraignante du sonnet, se plie à la gymnastique des strophes, rimes, césures, etc., mais en fait le véhicule de paradoxes mystiques, de sentiments paroxystiques et de subtilités psychologiques. Ou bien il néglige volontairement les règles qui paralyseraient son invention : le dramaturge préclassique ignore les frontières génériques, les unités de lieu, de temps et d'action, les exigences de la vraisemblance et de la bienséance. A la luxuriance débridée du théâtre élisabéthain s'oppose donc l'esthétisme plus raffiné sinon plus exigeant de Marino, Gongora et La Céppède. Le baroque porte à leur paroxysme les tendances les plus diverses.

Résumons-nous. Ce qui autorise la critique à considérer une œuvre comme baroque, ce n'est ni la prolifération des métaphores ni le mythe de Don Juan, éléments qu'il reçoit ou lègue, mais la

(15) Claude-Gilbert Dubois : *Op. cit.*, p. 115.
(16) Victor-Lucien Tapié : *Baroque et classicisme*, p. 102.

convergence d'une vision, même non théorisée, d'une thématique et d'une poétique. Les éléments les plus significatifs de la synthèse sont la conception néo-héraclitéenne du monde comme un ensemble fragile d'apparences mouvantes, la dissociation de l'être et du réel, le sentiment que rien ici-bas n'a de logique autre que les décrets de la Providence, une éthique pessimiste ou réaliste fondée sur l'ostentation et la dissimulation, une foi en l'homme conciliée avec la croyance en Dieu, l'exaltation de la théâtralité, un intérêt pour les formes visuelles, le goût de la décoration, une poétique de l'étonnement, l'amour des figures véhémentes ou raffinées, une certaine liberté vis-à-vis des lois compositionnelles. Si le baroque s'attache au réel, non sans tendresse parfois, c'est pour l'abolir en lui substituant un simulacre enrichi et épuré, un théâtre d'images et de mots, où il infuse son inventivité visionnaire. L'abandon aux sortilèges de l'inspiration n'implique pas la renonciation aux prérogatives de l'intelligence. De même qu'une église du Bernin et la peinture de Rubens sont animées par une géométrie rigoureuse, de même l'écriture baroque témoigne d'une haute conscience de ses procédés. Le baroque est un art à la fois intellectualiste, clos sur les produits artificiels de sa virtuosité créatrice, et sensualiste, fasciné par la complexité chatoyante du réel. Art de crise, reflétant un vertige cosmologique, un malaise spirituel et la pression d'un ordre menacé, il équilibre précairement l'angoisse et la joie, la conviction et la désinvolture, la virtuosité et l'organisation.

CHAPITRE III

AUDIBERTI FACE AU BAROQUE

« Je n'ai jamais cherché, à aucun degré, à provoquer l'étonnement ou à susciter l'irritation en inventant du baroque », déclarait Audiberti peu avant sa mort (1). Mais Alain Bosquet rapporte qu'il eut ce dialogue avec lui en 1963 : « Je suis un poète très sérieux. — Vous voulez dire grave. — Plus que cela : mystique. — Il vous arrive bien d'écrire des choses baroques, non ? — Faut rigoler, pour faire passer le reste... » (2). La confrontation de ces deux assertions, qui d'ailleurs ne visent pas spécialement son théâtre, est intéressante. Dans la première, l'auteur, deux ans après le scandale causé par *La Fourmi dans le corps* au Théâtre Français, se défend sur les antennes de la R.T.F. d'avoir voulu se moquer du public, lui qui vient de faire une brillante carrière sur la rive droite avec *L'Effet Glapion* et *Pomme Pomme Pomme*. Dans la seconde, il admet que l'on peut trouver dans son œuvre des éléments inutiles, ostentatoires, extravagants, mais qu'il juge nécessaires pour qu'elle soit reçue. « Le jeu baroque, écrit Jean Rousset, n'est pas innocent, il cache la gravité » (3). On aboutit donc à cette première approximation : le baroque audibertien serait une concession au public mais ne résulterait pas d'une volonté méditée de provocation. Mais qu'entend l'auteur par baroque ? Rares sont les textes où le mot apparaît dans une œuvre pourtant immense.

On ne le rencontre qu'une fois dans l'œuvre théâtrale. Il est question dans *La Mégère apprivoisée* d'un « père baroque et postiche » (4). Vincenzio Bentivoli s'est déguisé en Pédant pour sur-

(1) *Entretiens avec Georges Charbonnier*, p. 90.
(2) Alain Bosquet : « *Trois Audiberti* ». *N.R.F.*, n° 156 (1.12.1965), p. 1215.
(3) Jean Rousset : *L'Intérieur et l'extérieur*, p. 74.
(4) *La Mégère apprivoisée*, p. 215.

veiller son turbulent fils. « Baroque » connote donc les idées d'artifice, de fausseté et de trompe-l'œil conformément à l'ordre sémantique. On cueille ailleurs quelques autres références. Dans *Le Retour du divin*, on lit ceci : « Tout était beau, tout était précieux. Mais, aussi, baroque, élémentaire, aisément superflu » (5). Dans ce contexte, « baroque » semble redoubler « superflu », mais aussi s'opposer de façon moins pertinente à « luxe ». Dans *L'Abhumanisme*, le fusil de chasse est dit « sosie baroque du lebel » (6). Le contexte, peu clair, implique sans doute une idée de gratuité : le lebel est une arme de guerre et le fusil de chasse une arme de sport. On trouve une citation curieuse dans *Dimanche m'attend* : « Huysmans ajuste avec une somptueuse dextérité de très inoxydables vocables au service d'une baroquerie occultiste de haute teneur, reliée à Mallarmé par la coruscance la plus étudiée » (7). La phrase appelle plusieurs remarques. D'abord Eugenio d'Ors a rattaché le « décadent » Huysmans au *barocchus finisecularis*, mais rien ne prouve qu'Audiberti ait lu *Du Baroque* (8). La « coruscance » de Mallarmé étonne encore plus. Si l'idée de « somptueuse dextérité » ne contredit pas, bien au contraire, celle de baroque, on peut néanmoins douter de la cohérence sémantique de l'ensemble. L'écrivain donne un sens flou aux concepts qui ne lui sont pas familiers.

Ecrivant ou écriveur, Audiberti se sert parfois du mot « baroque ». Ainsi lit-on dans sa présentation de *La Hobereaute* : « ... juvéniles images d'autrefois, promptes à se faire jour hors du coffre baroque où l'adolescence lyrique entretient ses trésors » (9). On peut voir là un équivalent recherché soit de décoré soit d'enchanté, selon qu'on le rapproche de trésors ou de lyrique. A la même époque, Audiberti écrit dans la *N.R.F.* : « ... Un thème de ce genre, je parviendrais tout juste à revêtir son exposé d'un baroque martèlement » (10), ce qui renvoie à l'entretien avec Alain Bosquet. Un sujet grave ou banal peut être traité fantaisistement ou dans un langage échevelé, en sorte que, de même que dans un édifice baroque la façade dissimule la structure véritable, de même les fioritures discursives travestissent, voire transfigurent, la platitude du contenu thématique. Plus rigoureuse car se rapportant à un fait de style est l'acception du néologisme « baroquerie » que l'on trouve dans un texte ultérieur : « A maintes reprises, tel vocable, surprenant, « Arromango », « négrophile », choisi pour sa sonorité propre et

(5) *Le Retour du divin*, p. 104.
(6) *L'Abhumanisme*, p. 63.
(7) *Dimanche m'attend*, p. 131.
(8) Eugenio d'Ors : *Du Baroque*, p. 146.
(9) « Avec La Hobereaute j'ai voulu faire revivre les cartes peintes du Moyen-Age ». *Arts*, n° 689, 24-30. 1958, p. 8.
(10) « Rouge ». *N.R.F.*, n° 96, 1.12.1960, p. 1001.

comme hétérogène à la strophe qui l'inclut, propose sa baroquerie
où le poète aimerait que l'on devinât la trouvaille d'un sortilège,
la présence d'un objet plus que d'un mot, quelque chose comme
un « quimbois » verbal suspendu par le fantôme de Baudelaire dans
un temple verlainien » (11). Dans cette préface à un recueil de son
disciple et ami Pierre Osenat, Audiberti assimile le baroque stylistique à un effet de dissonance, gratuit, inattendu. Par la même
occasion, il rappelle sa conception du verbe-objet que l'on étudiera
plus loin. Signalons qu'à la même époque il écrit encore : « En
tant que vocable, l'« abhumanisme » attendait ce qu'il contiendrait.
Vêtement dans la vitrine, il passait pour « baroque », arbitraire et
touchant désir d'originalité coûte que coûte » (12). Enfin, une seule
fois, l'auteur a qualifié de baroque une de ses œuvres ; en 1961, il
parle du « récit baroque » de *La Poupée* (13). Récit baroque, c'est-à-
dire histoire peu soucieuse de plausibilité.

Toutes ces citations montrent qu'Audiberti suit en fait la même
évolution que la critique feuilletoniste. Avant 1950, le mot « baroque » est quasiment étranger à son vocabulaire personnel. Après
cette date, il l'utilise à l'occasion surtout dans des textes alimentaires, rédigés à la hâte. On peut distinguer plusieurs acceptions,
relativement rigoureuses ou tout à fait laxistes, qui se ramènent
tant bien que mal à l'idée d'une dissonance recherchée et spectaculaire ou impressionnante. On notera aussi que, dans *Dimanche
m'attend* par exemple, l'auteur emploie plusieurs fois des succédanés
approximatifs du mot « baroque », « gongorant », « fioriture »,
« maniériste » (14). Est-il d'ailleurs indispensable que soit écrit ou
prononcé le mot ? L'obsession nominaliste, fétichisme du mot juste,
s'éclipse souvent dans l'œuvre d'Audiberti.

Deux textes méritent un plus long arrêt. Le premier est le
Molière de 1954 où l'auteur disserte un peu de tout et même du
dramaturge. Le « préambule au vif » (du sujet) décrit le « film
royal » d'une fête à Versailles : flot de plumes, dorures, argenteries,
joailleries, foisonnement de matières précieuses et éblouissantes.
Devant « l'éphémère splendeur », les « magies italiennes », « les
merveilles et les métamorphoses », « les prodiges », accumulés, il
ne peut s'empêcher d'évoquer Pan et l'âge d'or (15). Après ce premier morceau de bravoure, l'auteur s'attarde et virevolte dans le
jardin du XVIIᵉ siècle français. Veut-il évoquer le baroquisme des
poètes précieux, il effleure des idées éculées en une dizaine de lignes

(11) Préface à Pierre Osenat : *Passage des vivants*, p. 4.
(12) « Bellone ». *N.R.F.*, n° 120, 1.12.1962, p. 1124.
(13) « Mes premiers pas dans l'usine à rêves ». *Le nouveau Candide*, n° 20,
14.9.1961, p. 14.
(14) *Dimanche m'attend*, pp. 84, 120, 139, 175...
(15) *Molière*, p. 19, sqq.

contorsionnées : « ... Cependant le verbe, généreux cheval de Hugo, glacial diamant de Mallarmé, sous Louis XIV, tentait de se produire dans sa dimension cabalistique avouée, divine frénésie, obsession d'analogies. Ceux qui se réclamaient de lui, comment s'appelaient-ils ? Cotin, Voiture, Ménage, de Pure, d'Aubignac. Par la rime, la métaphore, entre des objets éloignés ils s'efforçaient d'établir des relations irrationnelles et saugrenues, dont la ganse énigmatique avait peut-être une chance de coïncider avec la devinette générale dans quoi nous baignons. Ils rêvaient de formuler l'universelle unité par les voies d'une rhétorique alambiquée à dessein, mais leur rêve est trop sec. Le Saint-Esprit ne descend pas sur eux, mais le bel esprit » (16). Après avoir rapidement passé sur *Dom Juan*, pourtant pièce de souche baroque, — mais la première étude de Jean Rousset sur le mythe est postérieure —, Audiberti retrouve la fête versaillaise par le biais de *Psyché*, pièce à la reprise de laquelle il vient de s'enthousiasmer (17), puis glisse vers les arts de la pierre : « Torelli, Vigarani, les Bibbiena sont les géants du trompe-l'œil, mais d'un trompe-l'œil qui prend sans cesse plus d'altitude, de pénétrable profondeur. Prophètes de la perspective, aérostiers du triomphe allégorique, illusionnistes géomètres, ils font surgir sur les plateaux truqués des villes complètes avec leurs jardins et leurs forteresses, leurs escaliers de marbre, leurs darses pleines de vaisseaux, des légions d'arcs et de chapiteaux, toute une structure architecturale dont l'unité de timbre exprime la magnificence d'une glaciale perfection, celle d'un paradis de marbre où les humains n'auraient accès par les yeux que dans les temples de la musique et de la comédie. Mais de ce monde architectural, grandiose et fictif, la poussée intrinsèque était si forte qu'il finit par s'incarner dans la réalité de la pierre sous les auspices de la religion invinciblement liée au mystère théâtral. A Rome, dans la surnaturelle colonnade du Bernin. A Paris, dans le lyrisme *baroque* de l'église Saint-Sulpice bâtie par l'illustre maquettiste d'opéra Servandoni » (18). Saint-Sulpice amène une nouvelle digression : « A l'intérieur de cette montagne carrée de balustrades corinthiennes, Pigalle (...) sculpta des rochers avec leurs crabes et leurs algues, supportant en guise de bénitiers d'énormes coquillages (...). Ainsi, dans la vaste et sereine lumière de cette mer dévouée au culte de la raison esthétique, cette rocaille marine atteste à merveille le style théâtral, obsédé de grottes et de vagues, qu'on appela le baroque, c'est-à-dire perruque » (19). Audiberti semble confondre, en tout cas

---

(16) *Ibid.*, p. 52.
(17) « Nous avons aussi notre couronnement : celui de Psyché ». *Arts*, n° 416 (19-25.6.1953), p. 4.
(18) *Molière*, p. 112.
(19) *Ibid.*, p. 113.

mettre en strict parallèle, le Bernin, maître du Haut-Baroque romain et Servandoni, représentant du rococo ou spätbarock français. Rocailles et coquillages ne sont qu'un élément de la décoration exubérante chère aux artistes du Seicento ; Audiberti n'y voit aucunement une déviation raffinée ou une dégénérescence du grand Art au contact de l'esprit français. Avec le même enthousiasme, il décrira le théâtre de Lyon, « exquis, moelleux, drapé, précieux, ancien, théâtre musée, théâtre décor, rococo vestige satiné, féerique, de l'époque où de tels coquillages tarabiscotés hébergeaient un permanent opéra de fauteuils, de tapis, de tableaux et de plafonds » (20). Le poète délaissera le mot baroque dans son *Molière*, pourtant on le devine toujours prêt à jaillir. Après avoir narré l'intrigue et brossé le décor de Psyché, n'écrit-il pas : « Exaspérant cette prodigieuse prodigalité visuelle, Servandoni, trente ans plus tard, devait organiser, en ces mêmes Tuileries, des spectacles qui furent très connus. Leur élément primordial avoué n'était plus le texte, supprimé, ni les chants, mais le décor, le décor seul. Un pas de plus, c'était le cinéma » (21).

Le livre fut commandé à Audiberti par Jean Duvignaud, son ami de longue date. L'auteur travailla sur une documentation rassemblée par un normalien et centrée sur les fêtes de la cour de France. Jean-Marie Auzias fait de *Molière* « une petite merveille de baroquisme structural » (22). Sans être aussi lyrique, on peut noter une certaine convergence avec les recherches de l'époque. Audiberti se fait du baroque une idée simplifiée, il aime sa théâtralité exaspérée, ses aspects clinquants, sa virtuosité technicienne. Maint historien de la critique aurait pu contresigner ses thèses. Sa sympathie intellectuelle et sa nostalgie ne l'amènent pas à se poser des questions d'ordre historique ou idéologique. En quoi *Molière* contraste nettement avec les autres ouvrages plutôt engagés parus dans la même collection, le *Corneille* marxiste de Dort, par exemple, ou le *Strindberg* d'Adamov. La culture artistique d'Audiberti reste rudimentaire, l'auteur ne semble connaître du baroque que ce qu'il en a hâtivement lu en bibliothèque. Enfin, il n'hésite pas à recourir à des anachronismes stimulants pour communiquer son plaisir aux fêtes baroques. Ainsi, quand il les rapproche du cinéma, annonce-t-il une idée qui séduit la critique contemporaine. J. Duvignaud, justement, note : « Le cinéma investit le monde comme l'avait tenté la scène close » (23). Friands de fastes, de truquages, de gestes excessifs, d'illusion, les cinéastes hollywoodiens qu'aime Audiberti retrouvent la tradition spectaculaire du baroque.

(20) *Dimanche m'attend*, p. 175.
(21) *Molière*, p. 116.
(22) Jean-Marie Auzias : *Clefs pour le structuralisme*, p. 186.
(23) Jean Duvignaud : *Sociologie du théâtre*, p. 543.

Un point soulève l'attention. La référence à Saint-Sulpice revient régulièrement dans l'œuvre d'Audiberti, surtout après 1950, quand lui-même habite le sixième arrondissement. Il lui rend de ferventes visites dont témoignent *Les Jardins et les fleuves* et *Dimanche m'attend*, entre autres. Les allusions sont plus rares dans son théâtre. *Boutique fermée* et une partie de *La Brigitta* se passent à son ombre. L'auteur admire les dimensions et l'exubérante décoration de l'église, « nef majestueuse de géométrie artistique, lucide fleur de l'antibyzantisme, rococo néanmoins, par ses bénitiers en coquilles d'huîtres géantes de la Mer Rouge, jadis régalées par le sultan turc et placées par le sculpteur Pigalle sur un socle de poulpes et de crabes ciselés » (24). Sans crainte de se répéter, il aime que se concilient dans Saint-Sulpice la rigueur géométrique et la fioriture ornementale, mais ne voit pas là une marque de baroque. La même fascination pour les formes chantournées lui fait décrire dans *Dimanche m'attend* la « cathédrale gongorante et dorée » de Nice où triomphent « le marbre, le torsadé, le rengorgé, le velours, l'encadré, le drapé, le mouluré, l'embalustré, le latin », soit une fête architecturale, puis « les cavalcades d'un surréalisme ahurissant » du carnaval niçois (25).

Le second texte date de 1960 et s'intitule *Court Coup d'œil sur le baroque* (26). Il a été écrit à la hâte et porte la trace de lectures récentes. Audiberti s'y livre d'abord à de copieuses élucubrations étymologiques, prétextes à facéties langagières, puis semble surenchérir, ou parodier, les divagations orsiennes en découvrant du baroque dans un mandrill du Jardin des plantes. Puis, soudain sérieux, il se tourne vers le « baroque civilisé », architectural : « Caprice et tumulte sont de toutes les époques. Mais il se fixa, le baroque, dans une production que les historiens définissent à partir de la Renaissance. Alors, se rebroussant contre la raideur schématisée d'un gothique lui-même gargouilleur à ses heures, l'exubérance empruntée à la toison madréporique des formes dans les trois règnes rampa sur le casque et autour du porche. » Pour satisfaire, dit-il, à l'usage, Audiberti mentionne alors Bernin et Borromini, « ténors du canon baroque, si celui-ci consiste à dérouler, à multiplier dans une emphase goûtée pour sa virtuosité la plausibilité logique des espaces dans l'architecture et des modelés dans la sculpture ». Chez ces artistes, le souci du décoratif l'aurait emporté sur l'élan de foi animant les anciens imagiers. Après un parallèle désinvolte entre Saint-Sulpice et la Transverbération de sainte Thérèse, l'auteur exprime l'idée que la dramatisation baroque représente une

(24) *Dimanche m'attend*, p. 15.
(25) *Ibid.*, pp. 84-85.
(26) « Court coup d'œil sur le baroque ». *Baroque et cinéma. Les Etudes cinématographiques*, nᵒˢ 1-2, (s. d.), pp. 5-11.

« nostalgie de déguiser l'humain ». Suit un nouvel excursus délirant où voisinent pêle-mêle Saint-Pierre de Rome et le Modern' Style, les concepts esthético-techniques et des images d'un lyrisme flamboyant. Et Audiberti aborde la littérature. « Classiques par tempérament dans leur fibre rationnelle, seigneuriale et versaillaise, les baroquins ont pour idée fixe de masquer leur tenace et vigilant humanisme par diverses excroissances, jadis la perruque, baroque jusque dans l'étymologie, aujourd'hui la magie et l'homosexualité. » La corrélation et la synchronie du classicisme et du baroque français ne constituent pas des idées neuves puisqu'en 1957 a paru *Baroque et classicisme*, de V.-L. Tapié, qui reprend certaines analyses de Hautecœur et Germain Bazin. Audiberti a pu faire lire ce livre à Hélène Lavaysse, sa secrétaire. En tout cas s'éclairent ses préférences. Son évidente sympathie pour l'art baroque n'implique aucun anticlassicisme.

Chemin faisant, l'auteur note ensuite les affinités du baroque et du surréalisme. S'il faudra bien un jour se demander pourquoi le baroque fascine les surréalistes, la contribution d'Audiberti à la question sera des plus minces. Finalement, il se demande qui est baroque. Claudel, prototype reconnu du baroque moderne, est récusé comme croyant trop, ou trop peu, à ses « borborygmiques bondieuseries », ce qui est pour le moins curieux et signifie qu'Audiberti ne lie pas l'idéologie de Claudel à la Contre-Réforme. Par contre, A. Pieyre de Mandiargues, Ingmar Bergman et Leonor Fini sont chaleureusement salués comme baroques. De ces trois noms, seul le deuxième pourrait surprendre, encore que l'auteur, cinéphile averti, songe peut-être à *L'Œil du diable* où le cinéaste traite de Don Juan fort somptueusement. Il accepte pour lui-même l'étiquette, façon ironique d'entériner le consensus des critiques, et la partage volontiers avec son ami Olivier Larronde et, plus contestablement, Mallarmé, modèle tant vénéré dont il affirme prolonger l'hermétisme, la préciosité gratuite et la volonté de percer le secret du monde. Dans son œuvre — est-ce un effet de son amitié avec Henri Mondor ? — et dans ses *Entretiens avec Georges Charbonnier*, Audiberti se réfère souvent à Mallarmé dont il admire le respect scrupuleux des formes fixes et l'ambition d'enfermer dans les mots le monde des choses. Mais ferveur et rigueur s'excluent manifestement

Que conclure de ces deux textes sinon que l'auteur utilise avec de moins en moins de réticences la notion de baroque au point d'en qualifier sa propre œuvre ? Il hésite cependant entre la conception métahistorique (d'Ors, Huyghe, Cassou) et la conception historique (Tapié, Francastel) et s'il admet et pratique l'application la plus laxiste du Barockbegriff, il n'a pas de celui-ci une idée bien nette. On croit discerner dans ces extraits un écho assourdi des controverses contemporaines entre spécialistes et vulgarisateurs.

S'y étale aussi l'érudition un peu voyante d'un autodidacte complexé par les intellectuels qu'il côtoie et désireux de prouver sa culture, mais transparaît néanmoins un indéniable intérêt pour les formes visuelles et un univers que l'on peut qualifier de baroque. En tout état de cause, Audiberti nous y apprend beaucoup plus sur lui-même, ses goûts, ses préoccupations, que sur le sujet qu'il était censé traiter.

Nous voici maintenant conduits à interroger les relations de l'auteur avec les écrivains et les artistes de son temps. Deux peintres semblent avoir eu quelque influence sur son œuvre. Le premier est le co-auteur de *L'Ouvre-Boîte*, Camille Bryen, que la critique classe parfois aux côtés de Pollock, Hartung, Atlan et Fautrier, parmi les tenants d'un art informel « néo-baroque » (27). Ce Nantais de Montparnasse fut l'ami d'Artaud, de Duchamp, de Crevel et de Picabia, mais n'adhéra explicitement à aucun groupe. Tout au plus se déclare-t-il « anarchiste et plutôt mystique », « animé par une nostalgie de Dada, ces chevaliers de la table rase, mais aussi d'un ésotérisme, une non-figuration métaphysique » (28). Audiberti le connut avant guerre alors qu'il publiait des plaquettes de vers échevelées et confidentielles comme *Opoponax*. Le peintre retient l'attention : il se situe sur le versant abstrait et informel du surréa-lisme duquel il a gardé le souci de bouleverser les conventions et de pulvériser les idées admises ainsi que la large part laissée au hasard et aux automatismes. Mais son abstraction est lyrique, crispée. Bryen s'émerveille de la diversité multiforme du réel, de l'infinité des possibles ; il ne se contente pas d'organiser des éléments purs de forme, sans les interpréter, sans leur conférer d'intelligibilité perceptible prédéterminée. C'est au spectateur de repérer, d'inventorier, de reconstituer, comme dans les planches de Rorschach, des bribes de réel. « Le mérite du peintre Camille Bryen, écrit Audiberti, surtout dans ses dessins, est d'entrevoir sans relâche un va-et-vient entre les deux pôles de la palette. Ses ouvrages comparaissent d'emblée liés à ce fameux subconscient où se rejoindraient tous les collecteurs de l'entraille inhumaine. On croit qu'il s'agit de traçage humoral et de colin-maillard somnambulique. Mais, prodige ! de ces coordonnées au premier abord inexplicables (...) émergent bientôt des spectacles narratifs, des scènes, des architectures, le port de Macao plein de jonques, les embrassements d'un rhizome et d'un lézard, un dépôt de mitrailleuses dernier modèle sur le quai de Hong-Kong, le portrait de Gutenberg et de Lally-Tollendal. » (29)

Dans la peinture de Bryen comme des artistes « informels », les signes sont disposés en constellations proliférantes dont les rela-

---

(27) Philippe Minguet : *Le Propos de l'art*, pp. 58-60.
(28) Jean Grenier : *Entretiens avec des peintres non-figuratifs*, pp. 40 et 41.
(29) *L'Abhumanisme*, p. 73.

tions ne sont pas univoquement prédéfinies. Appel étant fait à la collaboration active du spectateur qui déchiffre et les formes et leur sens éventuel, le « sujet » d'une œuvre devient le support de continuelles métamorphoses selon que ce spectateur établit entre les signes telle ou telle relation structurante, privilégie une interprétation plutôt qu'une autre tout aussi possible. Le désordre des signes, la désintégration des contours, l'éclatement des figures font triompher l'indistinct, l'inorganisé, l'indéterminé. La signification suggestive de la configuration picturale est ambiguë et révocable. Les barbouillages effervescents, les graffitis fulgurants de l'artiste « abhumaniste » où Audiberti voit la conciliation d'une « fantaisie sans contrainte » et d'une « précision de tracé géométrique » (30) méritent-ils l'appellation de baroque ? Audiberti ne s'y est jamais hasardé. De fait, si l'on veut rester rigoureux, on ne peut baroquiser l'abstrait. Avant le XVIIᵉ siècle, les artistes représentent la mobilité des êtres et des choses au moyen d'un trait net ; Rubens et Tintoret laissent vibrer les formes, estompent les contours, mais ne les suppriment pas. L'ambiguïté et l'imprécision sont, chez eux, toutes relatives comme chez tous les figuratifs, impressionnistes inclus. Quand un artiste veut se libérer des images reçues, du « déjà vu » et se refuse à prendre dans le monde des modèles, quand il se met à inventer des formes pures de toute détermination distinctive, il n'en devient pas pour autant baroque. La notion de mouvement n'a d'ailleurs pas les mêmes contenu et signification chez les artistes du Seicento et chez un Bryen qui a assimilé les acquis futuristes — la démultiplication des contours — et cubistes — la décomposition des formes perçues. Quand Audiberti écrit de sa peinture : « ... Elle a ceci pour elle qu'elle bouge vraiment. Elle bouge de tous les appels de l'espace, du côté du passé, du côté de l'avenir » et parle de « création continue », sa terminologie divagante (31) manque par trop de rigueur. Certes, Bryen n'est pas totalement étranger à l'esprit du baroque, mais pour l'admettre aux côtés de Zadkine et d'Iscan, il faut faire preuve d'un laisser-aller nominaliste incompatible avec des méthodes positives.

Le second est Leonor Fini, rencontrée en 1950. Comme Cocteau, Genet, Mandiargues, Audiberti fut de ses proches et admira son œuvre. Il se fait peindre par elle et commente ses Sabbats ; l'artiste, de son côté, exécute les décors du *Mal court*, de *La Mégère apprivoisée* et de *La Fête noire*. A dire vrai, il n'est guère de point commun entre Bryen le non-figuratif facétieux et Leonor Fini « l'enchanteresse » hallucinée sinon des refus. La peintre s'émerveille, elle aussi, de la richesse foisonnante du réel, mais si elle réorganise les relations entre les êtres et les choses, c'est en figura-

(30) *L'Ouvre-Boîte*, p. 22.
(31) *Ibid.*, p. 33.

tive et avec ce goût profond de l'étonnement qui caractérise le grand art baroque. Sa fantaisie, son imagination délirante constatent ou mettent en place des agencements inhabituels. Le fantastique commence au cœur du perçu. A l'aide d'objets familiers, on peut composer un univers transfiguré où l'observé et l'imaginé s'admettent comme formant une chaîne continue. Le réalisme minutieux de Leonor Fini, respectueux des formes, débouche sur une vision surnaturaliste sensible aux mutations de l'être et à toutes les facettes changeantes du possible. Audiberti a bien vu comme régnait dans cette œuvre « l'obsession de la métamorphose » (32), mais il ne l'a pas explicitement rapportée à la vision ni à la thématique baroques. Ecrivant « Elle se laisse prendre en pleine école buissonnière d'arbres morts, photographiant d'une griffe exercée l'instant où l'homme et l'algue se désempêtrent l'un de l'autre et celui que choisit la dryade pour faire craquer l'écorce » (33), il ne songe pas à la célèbre Dafné du Bernin, mais ajoute : « Le surréalisme recoupe les plus anciennes pistes magiciennes. » Pour Leonor Fini, l'univers est un carnaval sauvage, grouillant de virtualités monstrueuses qu'elle amène au grand jour sous la forme de sorcières, d'ogresses, de stryges, de sphinges. La création esthétique lui permet de sonder et de connaître la profondeur secrète des choses et Audiberti, qui s'est toujours passionné pour les alchimistes et les initiés, a aimé la suivre sur cette voie.

Si l'imagination de Leonor Fini est d'une rare exubérance, la maîtrise de son art, la qualité de ses exécutions sont tout aussi étonnantes. Chez elle, le goût baroque de la maraviglia s'allie à un souci de perfection formelle. « Chacun de ses cadres concentre une volonté d'achèvement. » (34) La netteté toute classique du dessin fascine Audiberti qui, à ce sujet, évoque Grünewald et Raphaël. Les noms de Cranach et Bronzino seraient sans doute mieux venus. Qu'importe : ce que l'auteur apprécie dans l'art de Leonor Fini, c'est la précision du trait, l'impeccabilité des volumes, le fait que tout est possible du moment qu'est sauvegardée la balance des structures formelles. D'autant que la personnalité baroque de l'artiste le séduit, son goût savant de l'extravagance, son sens théâtral de la parade. Par la fastueuse et glaciale bizarrerie de ses compositions, Leonor Fini représente à merveille, entre Dali et Magritte, les tendances baroquisantes de la peinture surréaliste contemporaine. Il est heureux qu'Audiberti l'ait connue et reconnue.

Il est souvent question de littérature dans Les Enfants naturels, La nouvelle Origine, Dimanche m'attend et les chroniques d'Audiberti. Mais les auteurs les plus souvent cités, Hugo, Baudelaire,

---

(32) « Leonor Fini contre le dernier cri ». Arts, n° 509, 30.3-5.4.1955, p. 1.
(33) « Leonor Fini ». La Table ronde, n° 37, janvier 1951, p. 166.
(34) Ibid., p. 167.

Mallarmé, Zola, Drieu, Paulhan, etc., sont étrangers au baroque. Claudel, déjà mentionné, lui, appartient sans conteste à la constellation des baroques contemporains, mais l'homme déplaît souverainement à Audiberti, encore qu'il ait rendu compte avec chaleur des représentations de *Christophe Colomb* par Jean-Louis Barrault (35) sans d'ailleurs se référer au baroque. Michel de Ghelderode, autre prince du baroque, n'a le droit qu'à d'insipides banalités dans *Molière* (36). Mais pour un Claudel, malgré tout reconnu, que d'écrivains foncièrement antibaroques se voient décerner des éloges démesurés ! Audiberti critique est éclectique et rarement clairvoyant. A l'inverse, son influence s'étend sur plusieurs créateurs que l'on peut qualifier de baroquisants, qu'ils aient été de ses amis ou aient seulement admiré son œuvre, ainsi René de Obaldia, Mandiargues, déjà cité, Pierre Osenat et surtout Claude Nougaro, peut-être son véritable héritier spirituel. Audiberti voyait en lui la réincarnation contemporaine de Victor Hugo, mais il n'est pas indifférent que Félix Castan ait associé les deux amis aux secondes journées internationales d'étude du baroque.

Depuis sa plus tendre enfance, Audiberti fréquentait assidûment les salles de cinéma. Entre 1941 et 1943, il tint la rubrique cinématographique de *Comoedia* ; on le retrouve, après la guerre, chroniqueur à *84*, à *La Nouvelle N.R.F.*, à *Arts* et surtout aux *Cahiers du cinéma* où, de 1953 à 1956, il donne des « billets » d'une grande originalité d'inspiration et de ton. Il fut l'ami de Jacques Baratier qui réalisa *La Poupée* et de François Truffaut dans l'univers duquel sa personnalité s'inscrit avec une discrète mais étonnante continuité. Or, entre le cinéma et le baroque, on discerne des affinités évidentes. Les travellings, les découpages morcelés, les contreplongées, les plans déformants saisissent le réel dans toute sa diversité changeante. Le septième art tend au spectacle baroque par son goût de l'artifice, des truquages et de la magnificence. Quand avec Fellini, Sternberg ou Cocteau il retrouve les grands thèmes du baroque, il cède à une pente naturelle. Certes Audiberti manque là aussi d'esprit critique et s'enthousiasme souvent pour des films de troisième zone. Ce qu'il écrit de *La Strada* et d'*Il Bidone* déçoit un peu, mais il lui sera pardonné pour avoir salué comme il convenait *Lola Montès*.

La critique — citons Georges Sadoul, Claude Beylie, Georges Annenkov, Philippe Colin, les spécialistes d'Ophüls — se plaît à voir en *Lola Montès* le film baroque par excellence. « Je cède au stupéfiant vertige du chef d'œuvre », écrit d'emblée Audiberti dans son compte

---

(35) « Colomb, Claudel, Barrault : Trinité de la gloire ». *Arts*, n° 432, 8-14.10.1953, p. 4.

(36) *Molière*, p. 68-69. Citons pourtant ceci : « Il se veut guignol, mais il est Claudel ».

rendu des *Cahiers du cinéma* (37). Plus tard il évoquera *Psyché* et *Christophe Colomb* à son sujet (38). Dans « Entrée de secours », deux éléments sont remarquables, l'utilisation du vocabulaire connotant d'ordinaire les schémas baroques et la comparaison avec les fêtes baroques. Audiberti écrit ainsi : « Tout se passe en reflets qui s'acceptent, qui s'imposent comme tels et qui se renvoient dans d'autres reflets. Dans les vapeurs du cirque, l'illusion, la prestidigitation, la magie et la poésie offrent, en bouleversante sincérité, les bouillonnements et les miroitements d'une matière première. Mais quels efforts, mais quel travail pour aboutir à cette reconstitution géologique de l'inconstance visionnaire ! Sans cesse l'espace, peuplé d'êtres bizarres, se dilate, se contracte, se rétrécit, s'approfondit au gré d'un pétrissage souverain où notre ahurissement enchanté reconnaît un système métrique voisin de celui du songe et du souvenir, mais avec plus de gouffre et davantage de détails ». Ophüls, poursuit l'auteur, veut « nous administrer l'irréel dans sa propre irréalité d'irréel, consciente et consentie ». Voici maintenant pour le second point : « Lola Montès est du grand siècle. Non seulement parce que ses fastes complexes évoquent ceux des plaisirs de l'île enchantée, qui s'étendirent sur une semaine et à quoi les machines prirent une part considérable, mais parce que, dépourvue de parois dans sa perspective hallucinée, Lola Montès n'accuse pas d'avantage de limites dans sa durée historique ». Et Audiberti de conclure : « Lola Montès atteste une folle sagesse, une liberté surveillée avec amour. Les millions à la base et tous les parrainages analogiques qu'on voudra n'empêchent pas qu'elle surgit comme une fleur énorme, inattendue ». Il ne manque à cet article lucide et souvent cité que le mot « baroque ».

De la relative convergence de ces divers indices, il ne faut certes pas exagérer l'importance — quand *Arts* demande à Audiberti de présenter son « musée imaginaire », il mentionne Botticelli, Goya et Doré, mais ni Puget ni le Bernin, ni même Gaudi ou Zadkine (39). Pour lui, les « seigneurs du trompe-l'œil » se nomment Meissonnier, Boucher et Fragonard (40), non Pozzo ou Pierre de Cortone. En matière d'art tant classique que moderne, la culture du poète est lacunaire et rudimentaire, sans commune mesure avec celle de Claudel écrivant *L'œil écoute* et s'attardant longuement au Rijksmuseum et au Prado, ou de Ghelderode obsédé par la peinture

(37) « Billet XV : Entrée de secours ». *Cahiers du cinéma*, n° 52, février 1956, pp. 24-27.

(38) « Avec « Bravados », la « Vallée de la poudre » et « Cow-boy », rien de nouveau dans les plaines mythologiques ». *Arts*, n° 692, 15-21.10.1958, p. 10.

(39) « Merveilles du musée imaginaire : Botticelli, Doré, Goya ». *Arts*, n° 497 (5-11.1.1955), pp. 1 et 11.

(40) Véronique. *Clair de terre*, n° 3 (1946), p. 78.

flamande. Bien qu'ayant beaucoup voyagé, en journaliste et en touriste, Audiberti connaît très mal, indirectement en tout cas, les hauts lieux et grandes œuvres du baroque, n'étant pas comme les deux auteurs cités plus haut homme à hanter les musées. Quand on cueille dans son œuvre une mention de Rubens ou de Tiepolo, elle ne prête guère à conséquence (41). Chez un autre créateur, on l'aurait regretté. D'ailleurs, la vogue du baroque est si récente en France...

(41) *La Nâ*, p. 32 (Rubens) ; *Le Victorieux*, p. 13 (Rubens) ; *L'Opéra du monde*, p. 131 (Rubens) ; *Les médecins ne sont pas des plombiers*, p. 146 (Rubens) ; *Cent jours*, p. 89 (Rubens) et p. 234 (Tiepolo) ; *Le Maître de Milan*, p. 61 (Tiepolo)...

Chapitre IV

LA RELIGION D'AUDIBERTI

On ne peut comprendre l'architecture du Bernin, la peinture de Rubens ou le théâtre de Calderon si l'on fait abstraction de la métaphysique et de la liturgie du catholicisme car l'intention apologétique y est manifeste. Après plusieurs décennies de convulsions, la chrétienté aspire à l'équilibre et à la paix. Rome qui a abandonné la chimère d'une croisade anti-protestante, en contrepartie, réaffirme avec sévérité d'abord, puis faste, les vérités dogmatiques contestées. La Contre-Réforme accorde la plus grande importance aux représentations du dogme, aux processions populaires, à la dévotion mariale, au culte des saints, à la vénération des reliques. Elle rehausse le magistère sacerdotal et confirme la hiérarchie ecclésiastique. Les Jésuites donnent aussi au catholicisme post-tridentin un ton volontiers moderniste, en absorbant, en intégrant l'Humanisme de la Renaissance. L'homme et le monde sont admirables parce que façonnés à son image par le Tout-Puissant à la connaissance duquel ils permettent de s'élever. Glorieusement absent du monde, Dieu respire dans le visible et régit le cours de l'Histoire. Toute incompatibilité est suspendue entre le spirituel et le passionnel, le sacré et le théâtral. L'image ne fait pas obstacle à la Contemplation, l'art introduit aux mystères de la Foi. D'où une sentimentalisation et une dramatisation, à long terme dangereuses, de la religion chrétienne et par contact une promotion dans la vie sociale des valeurs triomphales liées par ailleurs au progrès du système étatique. L'intention missionnaire préside donc à l'art baroque.

Pourtant si on considère plus particulièrement le théâtre de la première partie du XVIIᵉ siècle, on doit constater que toute la production n'est pas placée sous la régie spirituelle de l'Eglise. Même les Jésuites choisissent parfois des sujets profanes empruntés à la mythologie ancienne et ne dédaignent pas les allégories morales inspirées par l'icono-symbolologie de Cesare Ripa. De plus des tragédies à sujets religieux comme *Polyeucte* ou *Saint-Genest* peuvent difficilement passer pour des pièces « didactiques » ou « engagées ». On risque alors d'enlever au baroque les œuvres essentielles de la période et de lui réserver les seules pièces de vulgarisation hagiographique. Or, il existe un théâtre historique, voire politique, qui relève de la même anthropologie culturelle par le biais de l'humanisme moliniste. Ce théâtre qui met en scène des personnages profanes s'infléchit dans le sens d'un pur divertissement au contact des fêtes aristocratiques et royales. Il faut donc rompre l'assimilation mécanique entre baroque et propagande. Tout art confessionnel n'est pas baroque ; toute œuvre baroque n'est pas directement engagée dans le combat de la foi.

L'impact du catholicisme sur les mentalités s'est régulièrement affaibli jusqu'à nos jours en même temps que se diluait le pouvoir temporel de l'Eglise. La laïcisation de la société, l'érosion des croyances traditionnelles interdisent l'apparition d'un grand théâtre baroque. L'œuvre de Claudel fait exception. *Le Soulier de Satin*, « prototype de la pièce baroque » (1) est tout nourri de la théologie tridentine : Dieu y est tout, qui a donné mission à l'homme de parachever son admirable Création en y diffusant l'Evangile. Mais ce cosmique romancero du catholicisme conquérant où passent les ombres de Calderon et du Tintoret semble trop anachronique pour inspirer les contemporains du poète, même chrétiens. Audiberti est manifestement fasciné par l'ordonnance somptueuse de la basilique claudélienne, il mentionne souvent au long de son œuvre l'auteur, figure éminente de la *N.R.F.* dans l'entre-deux guerres, mais il avoue volontiers ne guère priser l'homme, philistin trop sûr de lui, ni sa vision du monde où chaque chose est mise à sa place par le créateur (2).

Dans le théâtre d'Audiberti, rares sont les occasions où peut s'exprimer un credo catholique inspiré de celui défini au concile de Trente. Toute métaphysique religieuse est absente de la plupart de ses pièces. Quelques bribes peuvent néanmoins être cueillies ici et là. Le deuxième acte de *La Fête noire* met en scène un pèlerinage populaire que l'auteur réfère explicitement aux pompes du « catholicisme espagnol » (3) et où se retrouvent deux composantes fondamentales de la religion baroque, la fête et le spectacle. *Molière* a révélé, on s'en souvient, un Audiberti sensible aux fastes et au clin-

---

(1) Marie-Louise Tricaud : *Claudel et le baroque*, p. 53 ; cf. Vaclav Cerny : « Le Baroquisme du Soulier de Satin ». *Revue de littérature comparée*, n° 4 (oct.-déc. 1970), pp. 472-498 ; Pierre Brunel : *Le Soulier de Satin devant la critique*, ch. IV, « Une cathédrale baroque ».

(2) *Entretiens avec Georges Charbonnier*, p. 12 ; *Dimanche m'attend*, pp. 232 sqq., « A propos de Claudel ». Les Lettres françaises, n° 756 15-21.1.1959), p. 1.

(3) *La Fête noire*. Théâtre, t. II, p. 42.

quant visuel. Or les pardons, les semaines saintes et les processions rituelles sont autant de manifestations à la fois grandioses et populaires qu'encourageaient les jésuites, les missionnaires de la Contre-Réforme et la hiérarchie catholique au XVIIᵉ siècle et qui, en pays latin, ont subsisté jusqu'à aujourd'hui. Ainsi se constitue une religion ritualiste, multitudiniste, fondée sur l'oraison et l'intercession, donc sur l'omnipotence du Dieu providentiel. Le personnage de Monseigneur de Morvellon, splendide exemple de prélat courtisan, semble sortir d'une toile de Hogarth (on pense par exemple au portrait de l'archevêque Herring). Le physique et le costume de ce « poisson-évêque » (4) correspondent point pour point au modèle du personnage baroque selon Wölfflin : corps massif, mouvements embarrassés, habits bruissants (5). Quant à sa rhétorique ampoulée, elle condense les grands thèmes de la prédication post-tridentine :

> « Bientôt, peut-être, par un merveilleux effet des dispositions de la Providence et en l'honneur d'une certaine géométrie dramatique, le monstre pantelant rendra-t-il sous les coups redoublés des valeureux chasseurs le dernier de ses néfastes soupirs, à l'instant même où l'ardeur de nos gémissements et de nos implorations viendra juste d'atteindre son degré le plus haut (...). Ne portez-vous de respect pas plus à la foi généreuse de nos braves pèlerins qu'à la courageuse fatigue des hommes de guerre ? Le cœur léger essayerez-vous de les frustrer, les uns et les autres, du légitime contentement de voir leurs efforts récompensés par la Providence, mais seulement après qu'il leur fût donné de les développer dans toute leur ferveur, dans toute leur ampleur ? (...) Mais qu'un tel excès vous portât à rompre l'agréable ordonnance de cette journée, votre âme chrétienne et catholique le regretterait bientôt. Et si le Bon Dieu, dans la perfection de sa raison et de sa bonté a décidé, ou semble avoir décidé, que le fléau qu'il administre à ses enfants, dans ce pays, s'abattrait sur ce tertre (...) et si tout le monde, et moi là-dessus, sommes d'accord, vous n'allez pas éloigner de nous, par des paroles imprudentes, ce fléau pour lequel ce peuple a déjà tant fait ? » (6)

Donc le Créateur est tout-bon et tout-puissant et la communauté croyante peut collaborer à ses desseins que lui révèle la sainte Eglise par la bouche de ses prélats. Dieu a ses raisons que la déraison du peuple n'a pas à connaître directement. Du grand élan mystique et missionnaire que fut à ses débuts la réforme catholique, il ne reste, une fois évacuée l'angoisse originaire, qu'un finalisme providentiel sécurisant, un conservatisme rigide et répressif. Toute la mise en scène du pèlerinage est à l'unisson du sermon onctueux de Mgr de Morvellon ; elle définit une religion démagogique et euphorisante qui prêche l'ordre moral, recommande la soumission aux lois et n'hésite pas à se compromettre avec les autorités profanes ad

(4) *Cent Jours*, p. 200.
(5) Wölfflin : *Renaissance et baroque*, p. 175.
(6) *La Fête noire. Op. cit.*, pp. 57-58.

majorem gloriam dei. Peut-être est-il opportun de rappeler que la pièce d'Audiberti paraît en librairie dès 1945, sous le titre de *La Bête noire*. Le régime du maréchal Pétain, le cléricalisme de la propagande officielle, le zèle conformiste de la hiérarchie catholique ont réactualisé les excès les plus stupides de la Contre-réforme, conférant au tableau présenté par l'auteur une acuité ironique de témoignage historique. Le rituel théâtral de la procession, les redondances édifiantes du prélat, les hymnes désuets sont l'autre face d'un système totalitaire impitoyable appuyé sur un appareil policier perfectionné.

Un écho atténué de ce christianisme sirupeux se trouve dans *Opéra parlé*. Le prieur de Mont-Wimer, « homme majestueux et magnifique » (7) précise Audiberti, règne sur un curieux monastère plus proche de Thélème que de la Trappe. Selon lui, chaque événement terrestre se justifie par un décret de la providence divine. Lotvy terrorise-t-il le peuple chrétien, « c'est au Seigneur éternel qu'il devra payer sa dépense. Peut-être est-il de ceux que le ciel prête au siècle pour que le siècle soit tracassé » (8). L'indulgent et débonnaire religieux juge bon et beau en soi le livre de la Création. Quant à l'Eglise, elle doit prendre acte libéralement de l'événement. « L'homme pressent et la femme consent. L'Eglise se borne à constater leur volonté. Nous ne sommes pas ici au ciel » (9). Certes il faut tenir compte du contexte. Les paroles iréniques du prieur contrastent avec la lourde grossièreté du baron Massacre venu se plaindre et du pillage de son château et de son infortune conjugale, et qui, récent converti, est de surcroît le protecteur des églises locales. L'actualité de l'époque a aussi multiplié ce genre de situations. Le rapprochement s'impose donc avec *La Fête noire* et ce que l'on sait du catholicisme de l'âge baroque.

Au premier acte du *Cavalier seul*, le prêtre affirme, dans le même sens, à ses paroissiens languedociens : « Sans la fête, la foi n'est rien. La fête, la cérémonie, c'est par là que notre sainte religion diffère de la philosophie » (10). De fait, il n'est pas de mystère religieux dans une pure abstraction intellectuelle. En tant que philosophie, le christianisme se distingue mal parfois de doctrines comme le néo-platonisme oriental. La philosophie et même la théologie sont affaires de spéculation individuelle tandis que la religion rassemble par des mythes et dans des rites les collectivités croyantes. Les historiens du baroque ont montré d'ailleurs que, pour endiguer l'avance du protestantisme et du naturalisme padouan, l'Eglise catholique a consciemment christianisé les traditions populaires issues des temps immémoriaux et adapté sa liturgie aux masses rurales, tout en se

(7) *Opéra parlé*. Théâtre, t. III, p. 153.
(8) *Ibid.*, p. 163.
(9) *Ibid.*, p. 166.
(10) *Le Cavalier seul*, p. 21.

conciliant les élites dirigeantes par son modernisme esthétique.
« Jamais, écrit Marcel Reymond, on n'a dit plus clairement aux
hommes : « Vous êtes tous frères et si l'égalité ne règne pas parmi
« vous à toutes les heures de la vie, elle règnera au moins dès que
« vous aurez soulevé la portière de cette église et pénétré dans ce
« sanctuaire où toutes les richesses vous sont offertes et où vous
« trouverez, vous les plus pauvres des hommes, des trésors et des
« fêtes artistiques qui, jusqu'alors n'étaient réservées qu'aux princes
« de la terre. » (11). En tant que phénomène sociologique, la cérémonie liturgique baroque comble un besoin d'évasion périodique,
quand elle donne aux fidèles la vision annonciatrice de leur félicité
dans l'au-delà.

Il y a donc là plusieurs traits indiscutablement baroques, mais
dont l'importance et la signification sont somme toute fort limitées.
D'abord ils font exception dans le théâtre d'Audiberti, ce qui restreint
singulièrement leur portée à celle d'un témoignage sociologique, voire
de tableaux pittoresques. De plus, dans les trois cas les personnages
d'Alice, de la Hobereaute et de Mirtus incarnent le sursaut de
l'esprit libre face aux impostures euphorisantes du clergé. Plus
généralement, les prêtres et même les pontifes sont maltraités dans
mainte œuvre d'Audiberti, ce qui a amené la critique a parler de
l'anticléricalisme de l'auteur. Celui-ci avait pourtant devancé toutes
les interprétations polémiques possibles en répondant par la bouche
de Mirtus :

> « La Mère — Tu n'aimes pas les prêtres ?
> Mirtus — Je n'aime ni n'aime pas. » (2)

D'un personnage de *Marie Dubois*, Audiberti écrit : « Ganoff avait
grandi dans les jupons noirs, blancs et même bénédictins de notre
sainte mère-grand l'Eglise. Il parlait de l'Eglise sans cesse sans qu'il
fût possible de comprendre s'il était pour ou contre. Ni pour ni
contre, mais avec » (13). La formule, séduisante, correspond sans
doute à la position d'un homme sur qui pesa l'influence de sa mère,
une femme très pieuse, et dont l'éducation se fit dans un collège
religieux.

« Il préférait les églises à Dieu » (14), affirme Jacques Baratier.
Incontestable est la baroque prédilection d'Audiberti pour les sanc-
tuaires chrétiens. Comme Ghelderode, à qui il ressemble par bien des
traits, il aime à fréquenter les nefs vides, « auberges de silence et de
repos » (15). On sait sa prédilection pour Saint-Sulpice, mais Saint-

---

(11) Marcel Reymond : *De Michel Ange à Tiepolo*, p. 149.
(21) *Le Cavalier seul*, p. 24.
(13) *Marie Dubois*, p. 126.
(14) Jacques Baratier : « Avec Audiberti ». *N.R.F.*, n° 156 (1.12.1965), p. 1046.
(15) *Dimanche m'attend*, p. 15.

Nicolas-du-Chardonnet, la cathédrale de Nice et la chapelle de Coresse connurent aussi ses visites assidues. Il savoure la paix de leur atmosphère qui stimule chez lui la méditation et la rédaction. Il est sensible à un décor, somptueux plutôt que dépouillé, à une ambiance, à la poésie des églises plus qu'à leur fonction sacrale. On remarquera que son choix se porte de préférence sur ces églises des XVIIe et XVIIIe siècles marquées par le Spätbarock et qui, dans l'intention de leurs constructeurs, devaient favoriser un réveil de la vie spirituelle. Dans *Dimanche m'attend*, l'auteur rend compte des offices auxquels il assiste assez régulièrement vers 1963-1964. De la messe il se fait une conception curieuse puisque son intérêt semble se porter presque exclusivement sur l'homélie du prêtre et la rhétorique qu'il déploie pour illustrer les vérités du dogme. Il parle ainsi de « régal d'éloquence à la Bossuet », de « flamboyante envolée », de « dynamite oratoire », ... (16). Le catholicisme baroque, on le sait, privilégie la parole, surdécorant la chaire, se souciant d'acoustique et organisant l'espace intérieur des églises pour rendre de partout visible le prédicateur. La messe, au contact de l'oratorio, devient opéra catholique. Audiberti, que sa sensibilité met à l'unisson des artistes baroques, a senti les interférences entre les liturgies chrétiennes et les spectacles de la scène. Ne parle-t-il pas de la « synthèse église mélodrame » (17) dans un texte contemporain de *Molière* ?

Dans ses œuvres en prose, l'auteur aborde souvent les questions religieuses, mais de façon contradictoire. Il avoue dans *Dimanche m'attend* : « Je m'accuse de quitter l'église, à la messe, au moment de la sainte table » et « Je ne sais pas prier. Je comprends mal ce que cela veut dire » (18) confirmant ainsi ce qu'il écrivait quinze ans plus tôt dans *Cent Jours* : « Je n'ai jamais eu pour ainsi dire de contact avec l'église militante » (19). Certains, notamment au *Journal des Poètes*, constatant qu'il se trouve de fort belles méditations chrétiennes dans *L'Empire et la trappe* et *Des Tonnes de semence*, ont voulu faire d'Audiberti un poète religieux. Celui-ci leur répond très nettement : « Je ne m'en ressens guère pour m'embrigader dans les écrivains catholiques. Ces écrivains catholiques m'attirent peu (...). Les Blaise Pascal et les Simone Weil, sombres et creusés, leur fanatisme chercheur les montre « plus royalistes » que les religieux patentés » (20). Figurer aux côtés, notamment, de Claudel et Mauriac lui déplaît manifestement. Il semble qu'Audiberti soit plus dévôt que pratiquant et que son christianisme intermittent lui vienne d'une éducation traditionnelle et provinciale. La permanence de l'obsession

---

(16) *Ibid.*, pp. 14, 26. Cf. aussi pp. 27, 111, 125, 138-139, 149-151, etc.

(17) *Mystères et miracles. Tableau de la littérature française* t. I, p. 16.

(18) *Dimanche m'attend*, pp. 203 et 244.

(19) *Cent Jours*, p. 132.

(20) *Dimanche m'attend*, p. 148.

religieuse est indiscutable chez cet homme qui se dit « peu porté sur la métaphysique » (21).

Il arrive que l'auteur se livre à de copieuses spéculations et ratiocinations sur le dogme chrétien. Il en émane alors une irrévérencieuse ironie. Dans *Les Enfants naturels*, abondent ainsi les interprétations fantaisistes et les insinuations quasiment blasphématoires sur la virginité de Marie, l'Immaculée Conception, l'inceste d'Adam et Eve, thèmes bien connus de la littérature anticléricale. Faut-il voir là une hostilité camouflée pareille à celle qu'Abel Lefranc discernait dans l'œuvre de Rabelais ? Certes il entre du voltairianisme dans la manière désinvolte ou burlesque de jouer avec les mots, d'aborder les problèmes théologiques, de mettre en évidence les obscurités ou les paradoxes des textes sacrés. Giordano Bruno y avait excellé dans *Lo Spaccio delle bestia trionfante*. Cependant Audiberti demeure prudent. Traite-t-il drolatiquement de la Nativité, il ajoute dans une note en bas de page : « Point d'irrévérence, beaucoup de familiarité. Fréquent chez les pères de l'Eglise » (22). Un peu plus loin il avertit encore son lecteur : « Attention ! Dans ces miens propos, pas la moindre propagande à l'incroyance. Leur désinvolture n'entame en quoi que ce soit, ni ne s'y efforce, l'efficace beauté du mystère chrétien. Lequel est bien trop grand garçon pour s'émouvoir d'une apparente irrévérence. En moi elle va de pair avec une sincère prosternation » (23). On peut voir là précautions oratoires, clauses de styles ou mises au point sincères. Quand on réinsère les phrases dans leur contexte, on ne peut qu'en constater l'ambivalence. La facétie peut être soit la dénonciation véhémente d'un scandale soit l'indice d'une fervente connivence avec le sacré, comme dans les Passions des caves bruxelloises. Audiberti se rebelle, à sa manière, contre tout ce qu'il ressent comme une propagande, chrétienne ou antichrétienne. En quoi il est foncièrement antibaroque, parce que profondément attaché à un idéal de tolérance, comme le montre sa réponse au questionnaire de Marcel Proust (24). Dès qu'il découvre une certitude fanatique, pour ne pas dire totalitaire, il ne peut s'empêcher de la tourner en dérision. « La perspective d'un catholicisme généralisé, écrit-il, me laisse assez lointain » (25). Ainsi s'expliquerait son indifférence à l'institution ecclésiale et son allergie à la croisade, laquelle n'est pas typiquement baroque, encore que l'âge baroque lui ait rendu une certaine actualité, de même que, plus tard, la guerre

(21) *Ibid*, p. 106.
(22) *Les Enfants naturels*, p. 52.
(23) *Ibid.*, p. 59.
(24) « Jacques Audiberti répond au questionnaire de Marcel Proust ». *Biblio*, n° 3 (mars 1963), p. 10.
(25) *Dimanche m'attend*, p. 27.

d'Espagne dont la sauvagerie traumatisa littéralement l'auteur qui en suivit le dénouement tragique pour *Le Petit Parisien*.

Si l'on s'en tient au théâtre d'Audiberti et si le christianisme baroque se définit par une spiritualité, un dogme, une liturgie, le recours au baroque échoue à spécifier la philosophie religieuse de l'auteur. Lui est en effet totalement étrangère la dévotion à Marie, chère aux peintres baroques et qui irradie *Le Soulier de satin*. Le culte des saints intercesseurs se réduit à un cantique naïf que l'auteur fait entonner par les antiques et grotesques « fourmis ». Le miracle qui occupe une place importante dans l'apologétique imma-nente à l'iconographie baroque car il manifeste l'irruption de la toute-puissance divine dans le monde et doit foudroyer des humains l'entendement débile, le miracle est totalement éliminé en tant que tel : simple supercherie combinée par des escrocs à l'intention de dévôts crédules (*Boutique fermée*). Tous les faits inexplicables sont mis au compte du mystère, d'un irrationnel laïcisé. Ainsi dans *Pucelle* il ne reste quasiment rien du mysticisme de la sainte, de son dialogue avec l'archange Saint-Michel et les saintes du ciel. « Je n'ai tenu compte consciemment, déclare Audiberti, de rien de ce que j'ai lu sur elle en tant que personnage exploité par la littérature et la dévotion » (26). De fait, la comparaison avec les œuvres de Péguy, Claudel et Delteil montre que l'auteur, comme Brecht dans *Sainte Jeanne des abattoirs*, a systématiquement gommé du sujet tous les aspects surnaturels et édifiants qui auraient recueilli la faveur des artistes baroques.

Reste la place laissée au Créateur et à son divin fils. Audiberti éprouve comme un malaise devant la notion de transcendance. Pourtant, le Dieu de la Bible est présent dans deux pièces, *Quoat-Quoat* et *Pomme Pomme Pomme*, rarement rapprochées, qui trans-posent fort librement le récit de la Genèse. Dans la première, un bateau se rend en traversée régulière de France au Mexique, sous le règne de Napoléon III. Le capitaine qui le commande est chargé de faire appliquer à bord un règlement singulièrement précis et draconien dont un paragraphe interdit à tout agent secret embarqué non seulement de divulguer l'objet de sa mission, mais encore de nouer le moindre contact charnel avec une passagère. Il échappe à cet homme un peu étrange des paroles ambiguës. Il affirme : « Je possède tout, je contrôle tout » (27) et laisse entendre explicitement que son navire — espace réel, borné et mouvant — est un symbole. « Un navire est un monde. » « Une traversée comme celle que vous entreprenez, c'est une page arrachée à l'éternité. C'est une éternité particulière, de même qu'un navire en lui-même est un monde, un

(26) « Jeanne d'Arc vue par Audiberti ». *Les Nouvelles littéraires*, n° 1167, 12.1.1950, p. 8.
(27) *Quoat-Quoat*. Théâtre, t. I, p. 44.

autre monde. » (28) Il laisse aussi entendre qu'il est plus que le
commandant de ce bateau-univers. « Ce bateau, dit-il, je m'y pro-
mène les yeux fermés. Je le porte en moi comme il me porte en
lui. » (29) Et quand on lui objecte la suzeraineté de l'empereur, il
répond : « C'est exact. Au-dessus de moi, il y a le souverain, mais
au-dessus du souverain, tout-puissant, certes, mais lointain, théorique, éparpillé, il y a qui, de nouveau ? Le Capitaine pardi ! Le Capitaine bien vivant ; avec sa bonne figure, ses favoris, son étoile, son
règlement. » (30) Enfin, à la fin de la pièce, un juron instaure ce
curieux dialogue :

> « Le Capitaine. — ... rien ne peut m'atteindre puisque c'est moi le...
> Ah ! Bon Dieu !
> Madame Batrilant. — Vous êtes le Bon Dieu vraiment ?
> Le Capitaine. — Le Bon Dieu ? Qui est-ce ? Qui est le Bon Dieu ?
> Madame Batrillant. — Vous disiez que...
> Le Capitaine. — Je suis le maître du navire. » (31)

Si le Capitaine est Dieu, ou son simulacre, Audiberti fait de Dieu
un être omniscient, omnipotent, mais aussi jaloux, désespéré et
ironique, qui assimile la femme au fruit défendu de la Genèse quand
il édicte la loi, à savoir l'interdit jeté sur le sexe, et annonce le
châtiment de mort prévu pour le coupable. Il est aussi l'ordonnateur suprême, le metteur en scène des événements (on reconnaît
là une idée de Calderon). Lui-même a élaboré soigneusement l'enchaînement des faits qui amènera l'agent secret Amédée, nouvel Adam
(les deux noms se ressemblent) à commettre le péché originel qui
lui vaudra la peine promise. A peine, en effet, le Capitaine lui a-t-il
révélé le règlement que, visiblement pour le tenter, il l'avertit qu'à
bord il se trouve abondance de jolies femmes et qu'il est le seul
homme. Puis il lui envoie, sous un mauvais prétexte, sa propre fille,
ravissante, et que jadis Amédée a connue et aimée. Le péché est
vite commis et le Capitaine arrive à point pour constater le délit.
A la fois le serpent et la pomme, Clarisse n'a fait que jouer un rôle.

> « Je peux me retirer. En somme, moi, j'ai fini. »
> « ... Tu achèves de dépenser ton élan de comédienne. »
> « Je suis ta créature. Tu m'as donné trop d'esprit... » (32)

La faute originelle a été voulue par Dieu et pour ainsi dire
imposée à l'homme qui est dépourvu de toute liberté réelle.
« Innocent ! Comment le serait-il ? J'ai veillé, scrupuleusement, moi-
même, à la consommation du délit. » (33) La Grâce, en l'occurrence

(28) *Ibid.*, p. 17 et 23.
(29) *Ibid.*, p. 39.
(30) *Ibid*, p. 69.
(31) *Ibid.*, p. 79.
(32) *Ibid.*, pp. 41, 43 et 46.
(33) *Ibid.*, p. 70.

la capiteuse Mme Batrilant, n'empêchera pas qu'Amédée, coupable et culpabilisé, ne se livre de lui-même aux gendarmes, c'est-à-dire aux anges exterminateurs.

Le schéma correspond à une interprétation pessimiste du texte biblique. C'est pourtant un Yawhé peu conventionnel que joue le Capitaine, justicier plus amer que sadique derrière son ironie bon enfant, car, comme Audiberti, obsédé par le Mal et la souffrance dans le monde et soucieux d'y mettre fin. « Je suis le maître du navire. Et je crois que j'en ai assez (...). Ça dure, ça s'éternise (...). Pour moi c'est toujours pareil (...). Et ils souffrent. Ça souffre beaucoup, les hommes. Ça souffre de vivre, ça souffre de mourir. » (34) C'est pourquoi, impuissant à sauver Amédée, à l'arracher au règlement, il déclenchera l'apocalypse finale qui détruira le navire-monde. On découvre dans *Quoat-Quoat* un thème cher à Audiberti : le mal est lié à l'existence de l'homme.

> « Le règlement est moins là pour indiquer ce qu'il faut faire que pour mettre l'homme en état de procès avec lui-même. »
> « Rien ne peut nous arriver de plus grave que d'être né. »
> « Peut-être se met-on à punir les êtres de venir au monde. »
> « Quelle autre faute sinon de vivre ? » (35)

Naître, c'est être jeté dans l'existence, s'enraciner dans la matière physique, charnelle qui est le mal. Rank, avec le traumatisme de la naissance, Heidegger avec le Geworfensein, les gnostiques ont, à leur manière, développé cette idée qui point aussi dans ces deux vers de Calderon que cite S. Beckett dans son *Proust :*

> « Pues el delito mayor
> Del hombre es haber nacido » (36)

Ainsi se trouve-t-on ramené à la grande vision baroque, encore que la signification chrétienne de ces vers soit absente des textes d'Audiberti.

Le sentiment d'angoisse qui affleure dans *Quoat-Quoat* est trop vif pour ne pas provenir d'un choc traumatique. Or, le rapprochement s'impose avec un passage de *Monorail*. Le héros de ce roman largement autobiographique est, enfant, littéralement terrorisé par son père, le violent militaire Narcisse Scrounel. Cet homme, barbu, bourru, mais au fond tendre, organise en famille des sortes de conseils de guerre où comparaissent les siens. Il délimite dans l'appartement un paradis, un enfer et un purgatoire où il envoie son fils, sa femme, une fois prononcée sa sentence. Audiberti lui prête cette parole : « Je fais le bon Dieu, mais je ne suis pas un

(34) *Ibid.*, p. 79.
(35) *Ibid.*, p. 20 ; *Les Patients.* Théâtre, t. IV, p. 230 ; *Infanticide préconisé*, p. 87 ; *Ange aux entrailles*, p. 25.
(36) Calderon : *La vida es sueño*, vers 112-13.

saint » (37). Derrière le Capitaine-justicier se profile l'image œdipienne du père autoritaire, d'autant que *Quoat-Quoat* et *Monorail* (ce livre commencé quinze ans plus tôt) paraissent peu de temps après la mort du père d'Audiberti. C'est d'ailleurs une constante dans l'œuvre de l'auteur que l'agressivité à l'égard des figures paternelles. Le béquillard roi Célestincic du *Mal court* est un fantoche grotesque que sa fille détrône, c'est-à-dire tue politiquement ; le père de Mirtus joue les utilités au premier acte du *Cavalier seul ;* le faible M. Cirqué est, dans *La Logeuse,* tyrannisé par sa femme et sans autorité sur sa fille ; quant au boucher des *Femmes du Bœuf,* chacune de ses trente femmes le trompe tour à tour avec son fils supposé simple d'esprit et qui réalise ainsi son projet œdipien. Les substituts du père que sont le tuteur et l'oncle ne sont guère mieux traités, encore qu'épargnés par le burlesque. Garon, le père putatif de la Hobereaute, se contente de recevoir les consignes du maître Parfait ; l'inquiétant Lou Desterrat est possessif, jaloux de sa nièce Alice. On sait — et mainte page des *Enfants naturels* se fonde là-dessus — que le Dieu de la Bible représente le père par excellence. « Sa plus approchante effigie moderne est proposée par Victor Hugo tel qu'il figure sur les billets de cinq cents » (38), note Audiberti qui donne peut-être là une raison à son admiration pour l'auteur de *Dieu.* Il n'est donc pas étonnant qu'il ait projeté sur les images du Dieu-père certains sentiments qu'a refoulés le fils attentionné qu'il était.

Dans *Pomme Pomme Pomme,* l'auteur traite à nouveau du péché originel. Le jardin d'Eden est transporté aux abords du square Lamartine à Paris. Un jeune couple vit là dans un recoin d'appartement concédé par le père du mari. Très vite on comprend que celui-ci, Adonis dit Dadou, représente Adam tandis qu'Evangéline, Vévette, tient le rôle d'Eve. Les hypocoristiques traduisent la dégradation du mythe biblique en mystification canularesque. Le père, invisible mais présent, n'intervient que pour troubler à coups de clairon ou de tonnerre jupitérien la quiétude des époux ; mais peut-être est-ce lui, aussi, le vieillard voûté, barbu et blanc, ressemblant comme par hasard à Victor Hugo (aux yeux de Vévette), qui traverse lentement le square au début du premier acte et dont la silhouette est mystérieusement entrevue à l'extrême fin du second. Sur ce point, Audiberti maintient habilement l'équivoque, puisque la jeune femme déclare à Dadou, « légèrement agressive » : « Ton père, tu le vois partout. Tu le fabriques littéralement » (39). En tout cas, le père d'Adonis embauche un prestidigitateur qu'il charge du rôle de tentateur. Sous la défroque d'un locataire protéiforme,

(37) *Monorail,* p. 24 (Ed. Gallimard).
(38) *Les Enfants naturels,* p. 29.
(39) *Pomme Pomme Pomme.* Théâtre, t. V, p. 13.

celui-ci introduit dans la vie du jeune ménage une jeune fille potelée, Pomme, qui leur promet la richesse. Les éléments du récit de la Genèse sont donc en place ; même l'arbre est là, c'est un lapido-dendron d'appartement. Pourtant la pièce, trop boulevardière, manque de densité et de cohésion. L'action éclate dans tous les sens. Le récit symbolique est tout juste esquissé. Du déluge de mots qu'est le second acte on retient que l'action conjuguée du tentateur et de Pomme aboutit à ce qu'Adonis prenne conscience de ses devoirs sociaux d'adulte marié. La comparaison avec *Quoat-Quoat* est à l'avantage de cette pièce. L'humour et la fantaisie de *Pomme Pomme Pomme* neutralisent l'angoisse suscitée par la présence insoluble du mal dans la création de Dieu. Jamais Audiberti n'a sans doute été aussi éloigné du baroque que dans cette exté-nuation ironique du mythe biblique.

En tant que singularité historique, le Christ est absent du théâtre d'Audiberti qui lui voue un culte fervent. Mais il se réincarne ou se projette en plusieurs de ses héros. L'auteur arrache celui qu'il appela un jour « le héros de /sa/ jeunesse » (40) à l'imagerie saint-sulpicienne et à la littérature chrétienne qui « cache son histoire au moyen de sa légende » (41). Trop d'inquisiteurs et de tartuffes se sont recommandés du message évangélique et en ont de ce fait compromis l'exemplarité. « Mes rapports avec le Christ, lit-on dans *Dimanche m'attend*, barbotèrent dans la marge inquiète et trouble qu'entretiennent autour de lui, à des fins de bagarre fana-tisée, tant d'articles, tant de bouquins, auréole ambiguë » (41). Le Père règne, édicte ; le Fils se fait homme. La Passion qui manifeste-ment obsède Audiberti n'est pas, à ses yeux, un événement daté, elle se poursuit, mieux s'accomplit, continuellement dans l'histoire du monde. Le Christ souffre et meurt, de tout temps, dans chaque homme qui souffre et meurt. Jamais l'auteur ne met en scène le Fils de Dieu né de la Vierge Marie. Il fait de plusieurs de ses person-nages des autres Christs souffrant douleur et mort pour que dis-paraisse la souffrance. A la fin du *Victorieux*, Marcel Colin assiste, impuissant, à une moderne Passion à Jérusalem (42). Là sans doute se trouve la première version d'une séquence qu'Audiberti reprendra dans plusieurs de ses pièces, et tout d'abord dans son *Cavalier seul*.

Vers le XIᵉ siècle, vivait en Languedoc un solide paysan, fils d'un charpentier falot et d'une femme énergique nommée Marie. Par une allusion discrète, l'auteur laisse entendre que sa concep-tion fut peut-être immaculée (43). Un prêtre conquistador l'embri-gade de force pour la croisade. Après moult aventures, Mirtus

(40) Saramartel. *Ange aux entrailles*, p. 7.
(41) *Dimanche m'attend*, p. 14.
(42) *Le Victorieux*, pp. 220 sqq.
(43) *Le Cavalier seul*, p. 69.

atteint enfin Jérusalem où il prétend retrouver le véritable Christ
et non libérer un Saint-Sépulcre qui d'ailleurs est vide. Or, le voici
qui rencontre un étrange barbu couronné d'épines qui, précise une
didascalie précieuse, ressemble au Christ de la figuration traditionnelle. L'Homme profère d'étonnantes paroles. Il est las d'un
monde qui entend son message mais ne l'écoute pas et où le mal
règne implacablement. Pour dire son désenchantement, il trouve
des accents baroques que n'eût pas désavoués un Giordano Bruno :

> « Dans le ciel de la Providence, plus haut que jamais ne pourra
> s'élever la flèche qui pense, plus haut, plus haut que le fracas
> des stratèges et des prophètes, plus haut que les glaciers du feu sur
> les soleils dans la ténèbre, plus haut que la hauteur, plus loin que
> la distance, à l'écart de la puanteur, à l'abri de votre existence, plus
> loin, plus haut, plus bas, plus près de ce que ta tête imagine, moi,
> qui suis dans l'origine, moi qui moi-même m'engendrai, le fils de la
> matière chaste, l'époux d'une gloire trop vaste, moi, Dieu, l'être
> le plus étrange, celui qui peut tout sauf qu'il change, je vous
> déclare, en vérité, que j'ai pitié. J'ai pitié de vous » [44].

Le Christ de Ghelderode gardait le silence et laissait Barabbas
prêcher la libération sociale et un Evangile anarchiste. En contre-
point de sa rhétorique triomphaliste, l'Homme jette à Mirtus ces
paroles que l'auteur belge aurait pu insérer sans mal dans son
burlesque *Mystère de la Passion de Notre-Seigneur Jésus-Christ avec
tous les personnages pour les théâtres de marionnettes* qu'on joue
encore aux Marolles et auquel Audiberti fait peut-être référence dans
son *Molière* (45) :

> « J'ai mon compte, j'ai mon compte de vous voir vous contrac-
> ter, vous déplier dans la souffrance, dans l'ignorance. Nous nous
> sommes consultés, le vieux, le pigeon et moi. Nous nous sommes
> dit : Ça ne peut pas durer. Ce n'est pas possible. Il faut prendre
> une décision. Cette décision, nous l'avons prise. Nous partons.
> Unique dans sa trinité, le maître éternel s'en va. Je m'en vais, je
> vous abandonne. »

Le divin est incompatible avec la matière pécheresse. Le monde
est, par nature, étranger à Dieu. Les certitudes de la foi butent
contre la réalité du Mal. Tel est sans doute le sens gnostique qu'il
faut donner à la très belle scène du face-à-face de Mirtus et de
l'Homme. Le Christ n'a pu vaincre la souffrance, c'est pourquoi son
Incarnation ne fut qu'éphémère. La Passion du Dieu fait homme
dont Audiberti nie qu'elle soit aussi la Rédemption s'interprète
donc comme une évasion hors de la chair, comme un échec. Mirtus,
dont la foi vacille, n'a plus de raison de prendre la place de l'innocent injustement persécuté et le laisse empaler. Il ne lui reste plus

(44) *Ibid.*, pp. 182-183.
(45) *Molière*, p. 68.

qu'à prendre part au pillage et à l'orgie qui vont suivre la prise de Jérusalem par les milites Christi, ses compagnons.

La référence à la Passion est moins nette dans *La Fête noire*, *Pucelle* et *Opéra parlé*. Au deuxième acte de la première pièce, Audiberti met en scène l'extermination en grandes pompes d'une modeste chèvre que l'ordonnance baroque de la cérémonie mue en effigie parodique du Sauveur. La montagne lozérienne remplace le Golgotha ; et on a même prévu les Stations ! Une fois achevée la bête, Christ et antéchrist, la liturgie chrétienne révèle sa réalité de rite dionysiaque et païen. L'Eglise romaine, en la personne de Mgr Morvellon, s'efforce de canaliser à son profit le culte naissant de la bête exterminatrice et du héros sauroctone ; elle y parvient au prix d'une imposture et surtout d'un sacrilège en ridiculisant et parodiant ce qu'il y a de plus sacré dans la foi chrétienne. Le même symbole de la Passion se profile plus confusément derrière le bûcher où meurt Jeannette. La représentation théâtrale, dont Gilbert de Nugy affirme explicitement la signification cultuelle, permet à la réalité de coïncider avec la légende. En sacrifiant son corps radieux — « Dans l'armure de fer j'ai clos ma chair » (46) — puis en le laissant consumer, Joannine, la déesse païenne, s'arrache chrétiennement à l'existence terrestre. La Passion de Jeanne selon Nugy se veut hagiographique, mais il suffit d'un incident fortuit pour que Jeannette subisse le même trépas glorieux que Joannine. Or, quand l'écrivain voulait célébrer la seconde, le public s'est diverti de la première. Le paganisme a donc pour Audiberti plus de dignité que le christianisme. Le conflit entre un culte sauvage naissant et la religion institutionnalisée du Christ s'exprime plus nettement encore dans *Opéra parlé*. Le prieur de Mont-Wimer et la Hobereaute interprètent contradictoirement la mort de Lotvy. Tandis que le premier rappelle le sacrifice du Sauveur, l'épouse du baron Massacre en exalte lyriquement la signification humaine, païenne : « ... Tu es mort pour notre amour. Comme un lac sans cesse plus grand, plus grand toujours, notre amour dépasse, il noie, il déborde les hommes, les femmes, l'espace, l'amour, le ciel (...). Dieu des païens, Dieu des chrétiens, je te tiens » (47). Les noces mystiques de la Hobereaute et de Lotvy subliment et cosmifient la passion charnelle. Le Christ échappe au christianisme.

Sur le credo d'Audiberti, la conclusion se doit donc d'être nuancée et prudente. En dehors d'affinités « esthétiques » avec ce qu'il y a de plus extérieur dans le catholicisme traditionnel proche encore de ses sources tridentines, l'auteur n'a de commun avec le catholicisme baroque que son obsession ardente du Mal dans le monde, obsession il faut le dire nourrie de spectacles vus et de

(46) *Pucelle*. Théâtre, t. II, p. 176.
(47) *Opéra parlé. Op. cit.*, p. 167. Autre allusion : *La Poupée*, p. 85.

méditations personnelles plus que de lectures édifiantes. Ses rapports avec la religion chrétienne sont ambigus et varient selon que l'on considère l'institution et le symbole. « Après soixante et quelques années de catholicisme latent, je m'efforce de pénétrer tant soit peu dans l'intimité de ce mystère entre les mystères, la persistance du catholicisme lui-même » (48). Nul doute que, pour Audiberti, la religion en tant que système du monde, idéologie explicative est périmée, inopérante et surtout discréditée par trop de croisades sanglantes, trop de massacres inopportunément bénis. A défaut d'un sens de la vie, elle lui fournit néanmoins un fonds de mythes poétiques, une accommodation de l'irrationnel, un mode d'adaptation au mystère du monde. « Que dit-elle, au bout du compte, la religion, d'un peu précis ? Elle dit que l'inexplicable est partout et que nous sommes dedans » (49). Bref, si la notion de vérité révélée est étrangère à l'esprit d'Audiberti. l'âme de celui-ci est mystique, nourrie de hantises religieuses et investie par la puissance du symbole chrétien. N'est pas athée qui veut.

(48) *Dimanche m'attend*, p. 14.
(49) *Le Maître de Milan*, p. 228 (Livre de Poche).

Chapitre v

HEGEL EST MORT

> « ... épopées, révolutions, grandes
> guerres et toutes autres bouscu-
> lades et comédies » (*Le Maître de
> Milan*, p. 23).

Sur les quelque vingt-huit pièces d'Audiberti, douze au moins se situent dans un passé que l'on peut qualifier d'historique. Certaines sont précisément datées et s'appuient sur une connaissance un peu approfondie des faits et des hommes, et des compilations à la Bibliothèque Nationale dont n'hésite pas, le cas échéant, à faire état l'auteur. Ainsi, *Le Soldat Dioclès* et *Cœur à cuire*, deux pièces radiophoniques destinées à la R.T.F., *Altanima* et *Bâton et ruban*, malgré la désinvolture de ton de cette dernière pièce. Un peu plus dégagées par rapport à l'historicité des événements représentés, sont d'autres œuvres comme *La Guillotine*, *La Guérite*, ou encore *Pucelle*, *Le Cavalier seul*, voire *La Hobereaute*, dont le cadre est flou ou fantaisiste. On mettra à part *L'Ampélour* et *La Mégère apprivoisée*, librement adaptée de Shakespeare. La pièce fut commandée à l'auteur par Georges Vitaly. Audiberti ne sut ni ne voulut s'astreindre à une simple besogne de traducteur. Il ne faut pas d'ailleurs surévaluer son goût pour le grand élisabéthain. « Je n'ai pas un très grand appétit de Shakespeare » (1), déclare-t-il en 1964. On remarquera aussi qu'il s'est tourné vers une comédie de mœurs, non vers une tragédie historique.

De toutes ces œuvres, la plupart renvoient à des époques et à des situations socio-historiques fort éloignées du baroque. Certes, il faut distinguer entre l'emprunt d'un sujet à l'âge baroque et le

---

(1) *Entretiens avec Georges Charbonnier*, p. 50.

traitement baroque d'un sujet historique. Le *Cyrano de Bergerac* de Rostand n'est pas baroque assurément, bien que se déroulant sous le règne de Louis XIII. Pourtant, H. Focillon écrit : « L'art baroque se cherche dans les régions les plus anciennes, une émulation, des exemples, des appuis (...). Ce que le baroque demande à l'histoire, c'est le passé du baroque (...). Euripide ou Sénèque le tragique, et non Eschyle, inspirent les poètes français du XVIIᵉ siècle » (2). *Le Soldat Dioclès* se déroule à un crépuscule de l'empire romain qui, pour de nombreux auteurs, fut le théâtre d'un art baroque avant l'heure. Audiberti décrit à sa manière le tournant capital de l'antiquité. « Le monde aspire à se transformer » (3) : autour du sceptique Dioclétien se multiplient les conversions au christianisme. « Ces gens-là, dit-il, d'abord s'occupaient du ciel. Maintenant, ils prennent pied sur le sol » (4). Un Etat dans l'Etat s'est constitué, avec sa hiérarchie, ses rouages. L'empereur-dieu se retire dans son palais de Doclea et reprend son ancien nom de Dioclès, persuadé, lui, le persécuteur des chrétiens, que l'Etat a intérêt « d'adopter, de confisquer, de patronner un système religieux qui, de toute évidence, pactise avec l'avenir tout en réfractant trait pour trait l'organisme de l'Etat » (4). Pour baroquiser cet empirisme politique, il faudrait admettre au moins les conceptions pambaroquistes d'Eugenio d'Ors. Et si, avec Burckhardt, on assimile baroque et décadence, il convient de reconnaître que la pièce d'Audiberti est dépourvue de ce sens du grotesque avec lequel un Fellini, dans son *Satyricon*, a su peindre les convulsions qui préludent à l'écroulement d'une civilisation usée.

Altanima se passe à Ferrare en plein XVIᵉ siècle. Le duc d'Este, humaniste pacifique, voit son trône menacé par un soudard à la solde de l'héréditaire ennemi Souabe. Pour sauver ce trône, il doit rappeler, bon gré mal gré, le condottiere Salvatico qu'il avait, par jalousie, auparavant disgracié. Vainqueur, ce dernier est mortellement blessé par un boulet perdu. Le véritable sujet de ce livret d'opéra est une méditation lyrique sur l'amour, la violence et la guerre, et secondairement la condition du poète dans une société aristocratique et guerrière. On remarque la présence, parmi les personnages, de Torquato, Le Tasse, prototype presque idéal du poète baroque, dont Audiberti, italianisant à ses heures, traduisit en 1946 des extraits sous le titre *Les Flèches d'Armide* et dont il rédigea une brève biographie pour *Les Ecrivains célèbres* chez Mazenod. Hormis cela, il n'y a rien de typiquement baroque dans *Altanima*. Rien ne rappelle notamment que Le Tasse fut l'un des pères de la pastorale chère aux publics préclassiques.

(2) Henri Focillon : *La Vie des formes*, p. 22.
(3) *Le Soldat Dioclès*. Théâtre, t. IV, p. 119.
(4) *Ibid.*, p. 110.

Bâton et ruban relate les derniers instants de Vauban. Audiberti respecte les événements mais en télescope le déroulement. *La Dîme royale* est saisie par ordre du roi ; le maréchal en meurt aussitôt de désespoir. A cette trame historiquement exacte, l'auteur a surajouté une fantaisiste convocation par Vauban promu Don Juan de toutes ses innombrables anciennes maîtresses, ce qui décentre l'intérêt de la pièce dont le baroquisme éventuel tient non à son historicité mais à un mythe rapporté. Il n'en est pas de même pour l'autre pièce consacrée à l'époque de Louis XIV. *La Fourmi dans le corps* dont la critique, on s'en souvient, salua le baroquisme s'appuie sur une information précise mais burlesquement bouleversée : Audiberti n'est pas un archiviste ou un érudit méticuleux, mais un poète. Le substrat historique de la pièce est le suivant : après sa brillante campagne en Alsace, Turenne prend ses quartiers d'hiver dans les Vosges ; il est tué en 1675 à Sasbach par un boulet de canon ; en 1676, l'abbaye de Remiremont, jusque là terre d'Empire, est rattachée au royaume de France. A partir de ce canevas de chronique vraie, l'auteur brode une action fantaisiste. Il invente de pittoresques personnages, Jeanne-Barthélémy de Pic-Saint-Pop, une précieuse attardée que l'horreur des choses physiques pousse au jansénisme, Du Marquet un agent secret du roi, camouflé en intellectuel d'avant-garde, et d'amusantes chanoinesses, les « fourmis » et les « abeilles ». Pour les unes, point les plus jeunes ni les plus avenantes, il importe premièrement de rétablir l'ancienne discipline de la congrégation, de mener vie austère et de proscrire les compromissions licencieuses avec le siècle ; pour les autres, au contraire, il faut jouir honnêtement de l'existence et se contenter d'une dévotion aimable, c'est-à-dire compatible avec des activités intramondaines. C'est vers les premières que se tourne la belle Pic-Saint-Pop jusqu'à ce qu'un frais bambin lui révèle la vérité de l'amour et lui inspire un désir ardent qui l'amènera à se faire violer puis épouser par Du Marquet. Ce conflit, essentiellement éthique, reflète celui, attesté dans l'histoire du catholicisme français, qui, par jésuites et jansénistes interposés, opposa sous Louis XIV les deux fractions dominantes du catholicisme français, eut des répercussions dans le monachisme féminin et recoupa la querelle du baroque et du classicisme.

L'abbaye de Remiremont constitue le « domaine souverain d'une académie de dames » (5), c'est-à-dire une microsociété aristocratique jalouse de ses franchises. Les nonnes se flattent de jouir d'une « indépendance totale et sans retour vis-à-vis de la hiérarchie » (5). La réalité est tout autre. Dans la seconde moitié du XVIIᵉ siècle fleurissent en pays allemand catholique les chapelles, monastères et palais baroques, particulièrement dans les minuscules (trois cent

(5) *La Fourmi dans le corps.* Théâtre, t. IV, p. 144.

cinquante environ) états laïcs et principautés ecclésiastiques riche-
ment possessionnées. Les ravages de la guerre de Trente Ans et les
traités de Westphalie n'ont pas peu contribué à consolider ce morcel-
lement propice à toutes les surenchères en faste. Si l'obédience à
Rome et aux Habsbourgs de ces microétats est toute formelle, une
menace autrement sérieuse se profile, celle du roi de France dont
Turenne est l'instrument belliqueux. En arrière-plan de la pièce
transparaissent les conflits entre puissances antagonistes qui rendent
plus chimérique qu'effective la liberté de Remiremont. Le pays
allemand, convoité par ses voisins, perdit presque la moitié de sa
population au long des guerres qui jalonnent le XVIIᵉ siècle. « Tout
le monde a peur que ça recommence, le pain moisi, le bétail crevé,
les enfants morts » (6), gémit la servante de Pic-Saint-Pop, tandis
qu'abeilles et fourmis se donnent complaisamment l'illusion de la
souveraineté. La fuite dans l'euphorie de la fête est bien connue des
sociologues de la civilisation. Leurs prébendes achètent aux nonnes
une existence oisive qu'elles meublent à l'aide de jeux frivoles.
« Monsieur de Turenne nous détruit-il ? Nous annexe-t-il ? Nous
épargne-t-il ? En attendant de le savoir, amusons-nous » (7).

De spectacle en spectacle, les aristocrates engoncés dans leurs
privilèges de caste s'enivrent de cérémoniaux formalistes. Il suffit
de peu de chose, une scène, un décor, pour jouer la comédie dont
l'original se donne à Paris. « ... Se déroulent ici les divertissements
profanes par quoi toute cour européenne de tant soit peu de
surface va se piquant de copier celle du roi » (8). Au XVIIᵉ siècle,
la fête s'aristocratise et se théâtralise, se chargeant de significations
allégoriques et d'allusions mythologiques étrangères au peuple qui
souffre. Les spectacles et rites baroques privilégient les valeurs
d'ordonnance et de parade, comme en témoigne la première partie
de *La Fourmi dans le corps* : les jeunes abeilles de Remiremont, en
s'affairant à la préparation de leur ballet, tentent de conjurer le
mouvement de l'histoire et de nier l'évolution politique et sociale.
Les historiens ont justement souligné le parallélisme entre l'apo-
théose du baroque et l'avènement des monarchies absolues. Les
fastes baroques contribuent, directement ou non, à sacraliser l'autorité politique et l'institution monarchique. Ils nourrissent le rituel
des liturgies civiles et de l'existence courtisane. Enfin, ils compen-
sent les frustration politiques des pouvoirs déchus. La pièce d'Audiberti illustre parfaitement les analyses de V. L. Tapié, dans *Baroque et classicisme*.

Ce schéma d'une minuscule société politique affirmant ostensiblement une indépendance en trompe-l'œil se retrouve dans plu-

(6) *Ibid.*, p. 167.
(7) *Ibid.*, p. 147.
(8) *Ibid.*, p. 135.

sieurs autres œuvres de l'auteur. Dans *Infanticide préconisé*, la reine Henrietta et son époux règnent sur une auberge et quelques fidèles. Le Maître à l'oiseau, Nassia et Pâquerette, dans *Les Patients*, se consacrent à la porcelaine et à des jeux innocents tandis que la guerre fait rage autour d'eux. Dans *La Poupée*, les Etats-Unis tiennent en leur pouvoir les destinées du régime dictatorial du colonel Roth auquel sa maîtresse déclare crûment : « Si la République était couverte de canons, personne ne se moquerait plus de toi. Tu bombarderais la terre. Tu la bombarderais de canons. L'Amérique t'en achèterait au lieu de t'en bazarder » (9). Le caudillo local, pour se donner l'illusion de la puissance, construit des autoroutes dans la forêt vierge et donne des réceptions somptueuses. *Le mal court* reprend la même situation. La principauté de Courtelande, exiguë comme l'indique son nom, doit sa toute jeune indépendance à l'accord des grandes puissances. Son roi, Célestincic, s'efforce d'en faire un pays moderne, bien qu'on y trouve « plus de bouleaux et de marécages que de lampadaires et de monuments » (10). Il a donc lancé un programme de grands travaux. « Nous avons aussi un théâtre, avec péristyle grec, une route postale et une école primaire de cavalerie » (11). Le prestige a ses raisons, que la raison économique ne connaît pas. Mais « le roi d'Occident possède quatorze palais principaux totalisant trois cent quarante mille lieues de couloirs et de vestibules » (11). Célestincic veut-il que Parfait d'Occident épouse sa fille que s'opposent à ses desseins la « convenance administrative » et l'« opportunité gouvernementale » (12) personnifiées par le machiavélique cardinal de la Rosette. Les fiançailles de la douce Alarica seront donc rompues. D'ailleurs tout avait été prévu pour vaincre les pudeurs du trop sentimental roi Parfait. Un agent double, à tout hasard, a déshonoré la pure princesse dont la voiture avait été sabotée, par précaution...

Sans doute peut-on voir dans toutes ces pièces une volonté de critique politique. Sans être engagé à gauche, bien au contraire, Audiberti a côtoyé à Saint-Germain-des-Prés Sartre et Adamov, pour ne citer qu'eux ; il est difficile pourtant de prouver que ces auteurs aient exercé une influence quelconque sur le journaliste qui rendit compte, sans la moindre nuance de réserve, pour *Le Petit Parisien* de l'accueil triomphal des Parisiens à Daladier de retour de Munich. D'ailleurs le passage cité ne figurait pas dans la version initiale de *La Poupée*. Les sources décelables du *Mal court* invitent de même à la plus grande circonspection. La prise de pouvoir par Alarica rappelle, entre autres, celle de Catherine II à qui Audiberti

(9) *La Poupée*. Comédie en six tableaux, pp. 15-16.
(10) *Le mal court*. Théâtre, t. I, p. 147.
(11) *Ibid.*, p. 155.
(12) *Ibid.*, pp.157 et 161.

consacrait un poème de *Vive guitare*. La Courtelande serait alors la Russie arriérée et traitée de haut par l'Europe des Lumières, l'« Occident », ce qui n'est guère exact historiquement. Le parallélisme avec l'Histoire s'arrête là, car « l'impératrice rouge » renversa non son père mais son mari, le tsar Paul III. Un passage de *Dimanche m'attend* (13) confirme cette fragile hypothèse. On songe aussi à Maria Leczinska allant épouser Louis XV ; mais dans ce cas, la débordante sexualité de l'héroïne s'explique mal. D'ailleurs, dans le texte cité, Audiberti affirme avoir tiré le nom de Célestincic de celui d'un directeur de galerie. Celui d'Alarica rappelle au féminin celui d'un roi wisigoth qui ravagea l'occident romain ; on peut aussi en faire un anagramme approximatif de Clarisse, ce qui renvoie à Clarisse et peut-être à Liliane-Clarisse (Claire) Goll qu'Audiberti aima follement vers 1935. Le poète fond dans sa création les éléments hétéroclites que lui fournissent son temps, l'Histoire, les amis rencontrés, les livres lus, et surtout sa fantaisie débridée et sa tourbillonnante imagination. Qu'il ait insisté sur la libido de son héroïne et ait expliqué son coup d'état par une révolte des sens n'est pas pour étonner : l'auteur s'intéresse aux anecdotes plus qu'au mouvement de l'Histoire. Invité à collaborer à des ouvrages collectifs sur *Napoléon* puis *Talleyrand*, il y traite d'historiettes d'alcôve. Il y a dans Audiberti un petit bourgeois lecteur de revues soi-disant historiques et un autodidacte complexé par les intellectuels et soucieux d'étaler son savoir qui s'unissent pour déclarer sans ambages : « Je ne suis pas sociologue » (14).

On arrive aux mêmes conclusions avec *La Fête noire*, dont l'intrigue s'inspire de la semi-légende de la bête du Gévaudan et dont les personnages appartiennent à la fable. Audiberti, qui a consulté des archives et sans doute lu le témoignage d'Abel Chevalley, ne contrevient pas à la vraisemblance des faits, il multiplie les allusions à des événements précis. Le sermon de Mgr de Morvellon se souvient d'un mandement de l'évêque de Mende et Félicien reprend même, au deuxième acte, des conseils d'un M. de l'Averdy aux traqueurs de la bête. Pourtant l'auteur prend dans l'histoire un décor, un prétexte. Les études sociohistoriques sérieuses de X. Pic et J. Delperrié de Bayac sont bien postérieures à la mort d'Audiberti. Les aurait-il connues qu'il n'aurait en rien changé sa fable fantastique et cocasse. C'est que la « beste nègre » ressemble moins au loup historico-mythique du Gévaudan qu'au lynx mi-réel mi-imaginaire que poursuivent dans les alpages les héros de *La Nâ*, roman écrit juste avant *La Bête noire*. Or dans une chronique contemporaine, l'auteur rend compte d'un film de Guillaume Radot et Vincent Bréchignac, *Le Loup des Malveneur* dont l'action précisément se déroule dans le

---

(13) *Dimanche m'attend*, pp. 192-193.
(14) *Entretiens avec Georges Charbonnier*, p. 112.

Cantal sous le règne de Louis XV (15). Là sans doute se trouve
l'origine de la pièce. Le souci de l'Histoire y est, on le voit, tout à
fait secondaire.

Le théâtre historique peut soit se vouloir récit documentaire,
n'excluant pas d'ailleurs une orientation idéologique ou partisane
— L'*Aiglon* prend place dans l'offensive des droites contre la République — mais où l'auteur s'impose une exigence de fidélité dans
la restitution « morphologique » des événements ; soit renoncer à
la matérialité brute des faits au profit d'une interprétation de ceux-ci
qui autorise toutes les entorses à la vérité historique reçue — Shakespeare traite la donnée historique comme un canevas à partir
duquel son imagination créatrice se donne libre cours ; Brecht la
passe au prisme de l'analyse marxiste. Dans les deux cas, on peut
tirer des œuvres une philosophie, plus ou moins explicite, de l'Histoire. Il existe au XXᵉ siècle une autre lecture du passé : l'auteur
ne se soucie pas de représenter sur la scène des événements datés,
des figures reconnaissables ; sur des faits indifféremment réels ou
imaginés, légendaires ou possibles, il projette non plus ses convictions, mais ses interrogations, ses angoisses, ses obsessions. *Ubu roi*
et *Macbett*, *Barabbas* et *Le Sang* illustrent cette histoire-prétexte.
Audiberti se rattacherait plutôt de façon très libre à ce courant qui
exclut l'idée d'école. Ses personnages, détachables de l'arrière-plan
historique, sortent des limites que leur avait assignées l'histoire
traditionnelle et poursuivent dans la plus complète autonomie les
desseins de l'auteur sans que les déformations infligées aux figures
et aux événements soient appelées par des raisons idéologiques ou
politiques. L'auteur prête à Vauban et Jacques Cœur une vie privée
fantaisiste, il conserve de l'histoire de Jeanne d'Arc les rares événements véridiques qui lui conviennent, quelques noms, un mot célèbre : « Si je ne suis pas dans mon bon sens, que le Seigneur m'y
mette. Si j'y suis, qu'il m'y laisse » (16). Il est vrai que Jeanne n'est
pas Jeanne, mais la trapéziste Diane de Riaz dont Audiberti était
épris vers 1947. La Pucelle n'est ni l'incarnation de l'esprit national
ni une pasionaria de guerilleros et son être est scindé en deux
personnages complémentaires. « L'Histoire, en somme, est historique
d'autant plus que moins réelle » (17). Cette déréalisation est conforme
à l'esprit du baroque, d'un certain baroque, capricieux, fantasque,
désinvolte.

L'auteur du *Mal court* n'est pourtant pas un dramaturge « par-
nassien », insensible aux événements de son temps. Lui-même se
désigne dans *La Nâ* « le spectateur volage de la machine sociale » (18).

(15) Chronique des films. *Comoedia*, n° 99 (22.5.1943), p. 5.
(16) *Pucelle. Op. cit.*, pp. 167-168.
(17) *Cent jours*, p. 18.
(18) *La Nâ*, p. 11.

L'histoire de son époque trouve un écho discret mais certain dans son œuvre. *L'Opéra du monde* paraît deux ans après la destruction d'Hiroshima ; Audiberti et Maréchal tirent une pièce du neuvième acte alors que la constitution de l'arsenal atomique français rend au problème son acuité. Plus d'un état latino-américain a pu servir de modèle au pays du colonel Roth. La guerre totale est mise en scène dans *Les Patients*, pièce écrite en 1953, les conflits impérialistes dans *La Fourmi dans le corps*, les croisades modernes dans *Le Cavalier seul*. « Toute l'histoire du monde fume de charniers mal éteints » (19) déclare Pic-Saint-Pop, qui n'est pas la seule à voir dans l'Histoire une boucherie.

> « Le royaume de Patience n'est plus qu'un abattoir fumant. »
> « Le monde entier n'est plus qu'un vaste abattoir. » (20)

La confrontation de ces phrases avec les chroniques de la *nouvelle N.R.F.* où Audiberti, en 1957, évoque la « boucherie algérienne » (21) montre que l'actualité nourrit sa hantise des carnages militaires. De même la lecture de *Dimanche m'attend* révèle à quel point l'ancien « tourneur » du *Petit Parisien* ressent douloureusement les tragédies de son temps, la guerre du Vietnam, la crise chypriote, l'imbroglio congolais. On notera encore les allusions discrètes à la conférence de Genève, dans *La Logeuse*, et à l'hégémonie des grands — les « dominateurs du cosmos » — dans *L'Opéra du monde*. Le théâtre d'Audiberti est donc loin d'être impassible, indifférent à l'Histoire qui se fait.

Y a-t-il, sous-jacente, une philosophie de l'Histoire, au sens où on en découvre une chez Corneille ou Calderon ? *La Hobereaute* l'a parfois fait croire. Dans *Opéra parlé*, Lotvy, repoussé par la fée du lac qui, sur ordre, lui préfère le baron Massacre, prend le maquis avec ses hommes et ravage le pays sous le nom du Sanguinaire. Parmi ceux qui le suivent, le sergent Rasibus est animé par une exigence de justice sociale que Lotvy décevra. « Tant qu'il était dans le menu de jeter par terre les clochers, montjoie ! Oui, mais les châteaux, gros Jacques, pas toucher, les châteaux pas toucher. Les seigneurs se tiennent par la main » (22). La solidarité entre les aristocrates est accentuée dans *La Hobereaute* où l'auteur met en scène une lutte sociale. Rasibus suit le preux chrétien dans sa révolte, non par fidélité, mais pour l'infléchir dans le sens d'une révolution égalitaire. Qu'il croie Lotvy sur le point de trahir la cause des prolétaires et il le poignarde. Audiberti lui prête alors des

---

(19) *La Fourmi dans le corps. Op. cit.*, p. 196.
(20) *Les Patients.* **Théâtre, t. IV,** p. 227 ; *L'Armoire classique. Op. cit.*, p. 269.
(21) « Le laps d'Arsène Lupin ». *La nouvelle N.R.F.*, n° 55 (1.8.1957) p. 133. *Cf* « S.O.S. Noronha ». *Ibid.*, n° 56 (1.9.1957), p. 367.
(22) *Opéra parlé. Op. cit.*, p. 148.

paroles que n'aurait pas reniées un Brecht : « Hardi les culs noirs !
Dans l'ornière les chevaliers ! Les seigneurs tous des menteurs ! » (23).
Un tel passage fait exception et l'addition est un peu trop ostentatoire pour ne pas être suspecte. Rares sont dans la pièce et
surtout ailleurs les éléments qui militent dans ce sens. C'est à
peine si, pour expliquer les guerres de Louis XIV, Colson suggère,
dans *La Fourmi dans le corps*, le rôle du facteur économique : « La
France envahit les Pays-Bas. D'aucuns prétendent qu'elle en avait
au cacao que les pinasses hollandaises rapportent de l'autre monde
en quantité » (24). Pourtant la base socio-économique des événements
est dans la plupart des œuvres passée sous silence.

Une pièce fait exception : *Cœur à cuir*, l'épopée de la finance.
Jacques Cœur fascine Audiberti qui en fait plus qu'un homme d'affaires avisé, un aventurier ambitieux et organisé, un « expert en proba-
bilités » (25) qui ne laisse rien au hasard. « Le négoce international
ne passe point par les corridors, les tours de cartes, les enchan-
tements. Il dépend de l'étude soutenue et de l'expérience appli-
quée » (26). Le banquier de Charles VII devance son époque, il a
deviné que la conjoncture économique est propice au décollage économique qui supportera la Renaissance. « Il faudrait, dit-il, être
fou pour ne pas voir que sous Charles VII il y aura grande et féconde
éventualité pour nous, les chevaliers d'industrie (...). L'industrie,
l'intelligence industrieuse, c'est le moment rêvé qu'elle surgisse et
qu'elle se répande, et qu'elle fertilise cette immense étendue » (27).
Epris de gloire concrète et de grandeur efficace, il a confiance en
ses capacités prométhéennes et en la technique créatrice pour domi-
ner un monde déjà désacralisé à ses yeux. Une soif inextinguible
de possession l'anime, qui tourne à l'aspiration démiurgique :
« pucelle banquier », il a « la France à faire, à finir » (28). Jacques
Cœur diversifie ses activités, fonde le premier holding, devient
armateur, importateur, industriel, propriétaire de mines, conseiller
du roi, diplomate, et, pour finir, amiral de la flotte pontificale. Ce
bourgeois aime le faste qui affirme hautement sa promotion sociale
et politique, son opulence, raffinée et ostentatoire, renchérit sur la
magnificence des aristocrates dont il achète les terres. Il y a chez
lui un souci de la parade, une volonté de puissance et un sens
messianique de sa mission qui annoncent les grandes figures baroques.

Il ne faut pas voir dans cette pièce de commande une apologie
déguisée du capitalisme. L'auteur a été séduit par une personnalité

(23) *La Hobereaute. Paris-théâtre*, n° 146 (1959, s. d.), p. 37.
(24) *La Fourmi dans le corps. Op. cit.*, p. 168.
(25) *Cœur à cuir. Ibid.*, p. 45.
(26) *Ibid.*, p. 60.
(27) *Ibid.*, pp. 17-18.
(28) *Ibid.*, pp. 46 et 63.

hors de l'ordinaire. Dans d'autres œuvres, les affairistes sont peu sympathiques (*La Poupée*), rapaces (*Les tombeaux ferment mal*) ou ridicules (*Les Naturels du Bordelais*). Surtout au lyrisme parfois claudélien de *Cœur à cuir* (on pense au *Pain dur*), s'oppose le grotesque de *La Brigitta* où est satirisée l'opulence béate des possédants. Pilar, l'héritière d'une grande famille sud-américaine, parle ainsi d'un chef d'Etat chassé du pouvoir, par un soulèvement populaire ou militaire, Audiberti ne le précise pas : « Mon oncle, dans ses mains puissantes, mon oncle garrottait la patrie, les citoyens et les biens, pour le bien des citoyens, pour son bien à lui, d'abord, de qui dépend le bien de tous. Roi de la république il l'était, mais aussi de la bière — de la bière, de la laine, de la chapellerie, de la batellerie, de la charcuterie. Les entreprises de quelque envergure nous appartenaient » (29). La prolifération tentaculaire des possessions sombre dans le ridicule. On est loin cependant de la verve corrosive d'un Brecht.

Dans ses livres et ses articles, Audiberti se réfère souvent à Marx. Mais nul n'a encore prouvé ses lectures marxistes car l'auteur ne cite jamais des textes précis. Mentionner un nom dans une énumération fiévreuse ou dans un parallèle avec le Christ ne signifie pas grand chose. « La mode, et je m'y soumets, veut qu'on ne puisse écrire Christ sans tout de suite écrire Marx, ce Saint-Paul des derniers jours » (30). Audiberti cite aussi bien Maurras. Les retombées françaises de l'affaire Lyssenko amènent un calembour facile qui dénote au moins un scepticisme ironique : « Dans ses grandes heures, la planète Marx, pour nos marxistes, coïncidait à chaque instant à la masse des événements en train, non exclu le profond souci germinateur des haricots » (31). Les certitudes dogmatiques des marxistes irritent un homme attaché à son droit à l'irrespect. Aucun compagnonnage avec les communistes ne peut être sérieusement retenu. Lorsque Adamov adhère explicitement à l'idéologie marxiste-léniniste, avec *Paolo Paoli*, Audiberti qui l'a connu à l'hôtel Taranne s'est éloigné de lui et du reste a déjà écrit l'essentiel de son œuvre. De même il se détache de *Théâtre populaire* quand l'influence des brechtiens s'y fait trop lourdement sentir. Ses convictions en la matière manquent de toute façon d'assurance.

L'auteur, à la fin de sa vie, projetait d'écrire une pièce sur la vie de Trotski ; la mort l'empêcha de mener à bien cette entreprise, privant la critique d'un élément important du dossier. L'œuvre aurait sans nul doute désespéré Billancourt car Audiberti se fait de la révolution une idée propre à exaspérer les militants marxistes. Coral,

---

(29) *La Brigitta*. Théâtre, t. V, p. 202.
(30) « Guéridons abhumains ». *Age d'or*, n° 3 (s. d.), p. 26. *Cf. L'Abhumanisme*, pp 38-42, 105, 152-158 ; *Molière*, p. 54 ; *Dimanche m'attend*, p. 112, etc.
(31) *Dimanche m'attend*, p. 21.

le chef révolutionnaire de *La Poupée*, est manipulé à son insu par des politiciens affairistes en mal de spéculations juteuses que représente sur la scène le sénateur Terremoche, du lobby de la viande. Il finira dans la peau d'un ministre de l'intérieur à poigne qui réprimera brutalement l'émeute qu'il avait lui-même préparée. Ses compagnons de lutte s'entre-déchirent, s'activent en paroles, jonglent avec des mots vidés de leur sens, « liberté », « peuple », etc. La critique de la logorrhée idéologique est évidente. En outre, c'est à la propre maîtresse du dictateur corrompu qu'est dévolu le rôle de la Jeanne-d'Arc des déshérités. La pasionaria des insurgés révèle aux masses la vérité de leur oppression pour les conduire à l'abattoir, enflammées par son rayonnement... érotique. Le va-et-vient entre les révolutionnaires et les dirigeants de la république fantoche, de toute évidence, discrédite les premiers. Si, confisquée par la finance, « la Révolution est une affaire comme les autres » (32), que périsse la révolution, estime Audiberti. Le peuple dont la condition misérable est évoquée n'est qu'un instrument docile entre les mains des factions politiciennes ; on le berne ou on le mitraille selon les circonstances. Le seul vrai prolétaire de la pièce est d'ailleurs sommairement exécuté pour collusion avec la police. Manifestement l'auteur ne croit pas à la révolution, comme levier politique de transformation sociale.

> « Une révolution véritable exigerait un bouleversement intérieur, une subversion psychologique et tout au moins si peu que ce fût, une transformation des usages. »
> « La révolution, l'idée de révolution, jusqu'à présent, n'a jamais envisagé que le social, laissant intactes les données fondamentales, manger, boire, naître, mourir. En sociologie, comme en mathématique, la révolution, c'est, toujours, le retour au point de départ. Une vraie évolution changerait les hommes, les femmes, la vie, la mort. »
> « La grâce en effet ne me fut pas accordée d'entrevoir jamais où les révolutionnaires veulent en venir si ce n'est, sans plus, à faire la révolution, laquelle, même à l'échelle de la sixième partie de l'univers terrestre, n'en demeure pas moins, pour l'essentiel, toute entière limitée à des changements dans le personnel dirigeant. » (33)

Sur l'essentiel, les régimes capitaliste et communiste se ressemblent. « Je n'entrevis jamais d'autre différence nette entre l'un et l'autre que celle marquée par Dieu, pour autant que dans ce camp-ci, le capitaliste disons, on affirme Dieu banni de l'autre camp » (34). Dans le théâtre d'Audiberti, les changements politiques s'opèrent par renouvellement du pouvoir en place, révolution de palais. Ainsi s'expliquerait aussi la prédilection de l'auteur pour les souverains réformistes, Dioclétien, Catherine II.

---

(32) *La Poupée*, p. 9.
(33) **Au crayon.** *Aujourd'hui*, n° 325 (16.8.1941), p. 2 ; *Le Maître de Milan*, p. 133 ; *Dimanche m'attend*, p. 70.
(34) *Dimanche m'attend*, p. 56.

Coral prête à Mirt une réflexion qu'Audiberti pourrait faire sienne : « les révolutions succèdent aux révolutions sans que rien soit jamais changé » (35). Aussi quand Maréchal gauchit *La Poupée*, il en fausse le sens. L'auteur se méfie du fanatisme qu'il devine chez les révolutionnaires. Plus profondément l'idée même de changement radical le laisse sceptique. Son Dioclétien se résigne à l'avènement du christianisme quand il est sûr que celui-ci laissera filer le cours des choses. « La croix sanglante se dresse sur la terre, mais le cœur humain demeure pareil » (36). Toute transformation est une perpé-tuation. Sur les raisons profondes qui motivent cette position de principe on en est réduit à des hypothèses. Une éducation tradition-nelle, la longue collaboration au *Petit Parisien*, journal « modéré », expliquent jusqu'à un certain point son allergie au marxisme. Après la guerre, joue surtout l'influence de Paulhan. Audiberti n'a guère de sympathies pour l'ordre ancien ou l'injustice présente ; tant qu'il n'en souffre pas, il les supporte. Il n'a connu de la révolution et du marxisme, ne l'oublions pas, que le peu séduisant modèle stalinien dont il ne comprend pas le prestige sur la rive gauche. Ceux qu'il appelle, dans une lettre de 1956 à Paulhan, « les gentils muscadins du progressisme rouge » l'agacent, qu'ils soient existentialistes ou brechtiens. Il y a cependant à son refus de la révolution des causes plus profondes. Une pièce comme *Les Patients* est sur ce point exem-plaire. Deux armées ennemies ravagent le territoire de la république de Patience. Or leurs chefs non seulement se ressemblent étrange-ment, mais encore fraternisent volontiers.

> « L'un s'endort. L'autre s'endort. L'un se lève. L'autre se lève. Tous deux sont pareils comme leurs casques lourds. Tous les deux ont l'écureuil sur le cœur. »
> « ...J'admire, Messeigneurs, j'admire l'exquise similitude de vos redoutables personnes. Vous n'êtes qu'un seul officier tranché par le fil d'un miroir. »
> « Tous les deux, vous avez cette cuirasse toute recuite de fumée. Vous avez chacun l'écureuil brodé sur le cœur. Les mêmes armes vous avez. Vous avez une âme identique. Seigneur Houg et vous, Seigneur Houm, rien, dans le fond ne vous sépare que la façon de prononcer le monosyllabe du consentement. » (37)

L'intermutabilité des adversaires rend absurde leur antagonisme. La division du monde en camps opposés est le fait marquant de l'histoire contemporaine. Les alliés et les empires centraux, les pays libres et l'Axe ensuite, les Etats socialistes et les démocraties bourgeoises enfin, se font face en des conflits irrépressibles, même s'ils s'entre-coupent de trêves, et totaux puisqu'ils embrassent la compétition économique, la lutte idéologique et l'affrontement armé. Alimentée

(35) *La Poupée*, p. 42.
(36) *Le Soldat Dioclès. Op. cit.*, p. 125.
(37) *Les Patients. Op. cit.*, pp. 236 et 238.

par un manichéisme de guerre religieuse, la bipolarité entraîne une mobilisation frénétique des énergies. Les orthodoxies en présence, passionnément défendues, n'en sont que plus compromises. De même qu'à l'aube de l'âge baroque les bûchers et les massacres au nom du même Dieu, avaient irrémédiablement souillé la pureté des causes catholique et protestante, de même les excès sanglants flétrissent celle des adversaires d'hier et d'aujourd'hui. Les libérateurs de 1945 mènent croisade aux quatre coins de la planète, de Corée en Hongrie, comme, jadis, Philippe II envoyait ses reitres et ses inquisiteurs châtier les Pays-Bas révoltés. L'Espagne et l'Angleterre, il y a trois siècles et plus, les Etats-Unis et l'Union soviétique maintenant se taillent des empires à la dimension de leurs intérêts économiques et stratégiques. Or c'est au nom de l'Histoire que se multiplient les grands cimetières sous la lune. « Toute la contrée ricane, aboie, frémit dans l'atrocité (...). Comment ! Mais vous ignorez l'Histoire ! L'Histoire, sans marchander sa peine, se démène dans vos plus proches environs. Les batailles succèdent aux batailles. Proclamations et destructions s'accumulent d'un même rouleau. C'est ça, l'Histoire, c'est ça... » (38)

Le XIXᵉ siècle, avec Hegel et sa postérité, avait soumis le devenir historique à la raison et postulé l'idée d'un progrès dialectique, indéfini, irrésistible. Cet optimisme humaniste a été démenti à Verdun, Dachau et Hiroshima. S'il existe un finalisme de l'Histoire, pense Audiberti après Shakespeare et avec Ionesco, c'est peut-être celui, désespérant, de l'absurde. Comment expliquer le nazisme, le stalinisme, les camps d'extermination par le simple jeu des déterminismes socio-économiques ? Comment croire encore qu'un camp, un état, un système, une idéologie possède la vérité ? Shakespeare, selon Jan Kott, assimilait l'Histoire à un « grand mécanisme », à un engrenage fatal : des fauves ivres d'ambition se livrent, dans ses drames, à une lutte impitoyable pour s'emparer d'un pouvoir qui abolit en eux toute humanité. Ionesco a lu *Shakespeare notre contemporain*, mais Houg et Houm ont préfiguré les généraux de *Macbett*. La lisibilité rationaliste du devenir historique a fini par s'émietter au XXᵉ siècle, comme au XVIᵉ sa régie providentielle. Les acteurs de l'Histoire, grandes figures et masses, s'illusionnent quand ils croient diriger l'événement. Celui-ci échappe à tout contrôle. Audiberti fait de Turenne comme de Houg et Houm un fantoche burlesque. Par sa dérision antihégélienne d'un absolu historique, il annonce le nihilisme politique de l'antithéâtre. « L'annale historique n'est plus logique, mais caprice, cache-cache, colin-maillard » (39). L'auteur des *Patients* reprend volontiers à son compte ce mot de Bryen.

(38) *Ibid.*, p. 232.
(39) *L'Ouvre-Boîte*, p. 84.

Si le Mal, un Mal qui n'est plus comme chez le chrétien Calderon finalisé, relatif et provisoire, règne sur l'Histoire selon Audiberti, pourquoi celui-ci n'a-t-il que rarement développé cette philosophie pessimiste dans ses pièces historiques ? A dire vrai, la plupart d'entre elles tirent une certaine « positivité » de leur vigueur satirique. L'auteur critique vivement les institutions et les rouages de la société. Le clergé bénit n'importe quoi, massacres et impostures entre autres, dans *La Fête noire*, *Le mal court*, *Le Cavalier seul* et *La Hobereaute*. Un pape pèse Jacques Cœur « côté foi » et « côté caisse » (40). La justice de Charles VII est inique, où l'aveu est arraché par la torture. Mais c'est surtout la guerre que dénonce violemment l'ami du polémologue Gaston Bouthoul. Absurde est un monde qui admet des carnages répétés. Le pacifisme d'Audiberti, son antimilitarisme se rapprochent de celui, poétique, de Schéhadé dans *Histoire de Vasco* plus que de celui, militant, de Boris Vian dans *Le Goûter des généraux,* à plus forte raison celui de Brecht dans *Mère Courage*. Les causes objectives des massacres, intérêts économiques, ambitions politiques ou fanatismes idéologiques, sont au mieux esquissées.

Audiberti assiste sans illusions au déferlement des totalitarismes. Aucun système d'explication ne l'aide à comprendre l'événement. Ses convictions ne sont pas assez assurées pour qu'il politise sa satire et s'engage dans un mouvement. D'où son apolitisme parfois agressif de petit bourgeois individualiste. « Mon signe, pourtant, mon honneur, peut-être mon crime, c'est assurément que, dans la politique, je ne prends jamais parti, que je ne préfère personne, et même hors de la politique, encore que mes sens, ou mes nerfs, se révoltent devant les gueules pourries et que la méchanceté me peine et m'irrite » (41). Faute de certitudes, Audiberti prend ses distances par rapport à la politique, s'en remettant, pour ses votes, au jugement de Paulhan. Le scepticisme angoissé lui semble la seule réponse à la présence du Mal dans un monde qu'il estime impossible de changer. Son message, si message il y a, est donc nécessairement des plus vagues : « Je préfère voir les hommes tenter méthodiquement d'organiser leur destin collectif en dehors des mots d'ordre légendaires et des mythes mal élucidés » (42).

Cela n'explique pas pourquoi l'auteur se tourne vers certaines figures historiques, pourquoi de *L'Ampélour* à *Cent Jours* l'obsède le personnage de Napoléon. L'historicité des héros, traitée avec

(40) *Cœur à cuir. Op. cit.,* p. 54.
(41) *La Nâ*, p. 57. — « Moi, la politique, vous savez, je m'en méfie (...) La politique, chacun sait que c'est la peste et la plaie. » (*Le Maître de Milan*, p. 94 et 96.)
(42) « Ma poupée scandaleuse ». *Le nouveau Candide*, n° 78 (24-30.10.1962), p. 15.

condescendance, l'intéresse moins que son retentissement dans la mentalité collective. Comme l'écrit Henry Amer : « Dans la fascination qu'exercent sur lui certains personnages historiques (...) on distingue son désir passionné de comprendre comment l'histoire se change en légende, comment ces êtres charnels piétinant aux portes de l'histoire se métamorphosent en héros mythiques. Il devait donc tout naturellement être amené à penser que la scène la plus banale convenablement reproduite peut accéder à une dignité légendaire » (43). Les badauds font de Félicien un grand homme comme de Jeannette la Pucelle. *L'Ampélour* relate comment la propagande orale et un minimum d'autosuggestion ont pu donner naissance à ce que les historiens appellent « la légende évasionniste » (44). En n'intitulant pas sa pièce « le retour de Napoléon », l'auteur se place d'emblée sur le terrain du mythe populaire, non de l'histoire. Que trois hommes vêtus de gris se présentent successivement dans une auberge de Lozère, qu'ils prononcent des paroles équivoques, qu'éclatent d'étranges coïncidences et l'assistance croit que s'est évadé de Sainte-Hélène Napoléon dont justement le télégraphe va annoncer la mort. La conviction du grognard est si ardente qu'elle s'est communiquée aux sceptiques. La légende a plus de prestiges qu'une réalité plate et décevante. Le personnage public dont l'histoire conserve et diffuse les faits et gestes est une fiction émanée de l'imagination collective. La communauté populaire, pense Audiberti, rêve ses héros, substitue une image embellie, théâtralisée à une figure solitaire et souffrante. C'est pourquoi seuls les poètes savent raconter l'histoire.

Si l'on compare ce théâtre à celui de Calderon et de Shakespeare, on doit reconnaître que son inspiration n'est qu'occasionnellement baroque. Même si, dans sa réponse au questionnaire de Proust, l'auteur fait de Dieu son personnage préféré dans l'Histoire, ce que n'eût pas nié Calderon, celle-ci n'est pas pour lui un hymne à la gloire du Créateur ; le salut de l'humanité ne s'inscrit pas dans sa durée. Certes Audiberti emprunte à l'âge baroque au moins un sujet, celui de *La Fourmi dans le corps*, mais il n'a pas de l'Histoire une vision, une philosophie baroque. Sans doute lui est-il difficile d'en avoir une. L'environnement social français ne s'y prête guère au XXe siècle (Claudel, lui, aurait aimé vivre au siècle d'or) ; l'aristocratie est politiquement déchue et l'agriculture occupe une place toujours plus réduite dans l'économie nationale. De plus les institutions démocratiques excluent le néo-cléricalisme du parti unique dans un pays où la laïcité s'est inscrite dans les mœurs. On ne peu appliquer à la France contemporaine les analyses par Tapié et Mandrou de la France baroque. Il est pourtant des régions où, à

(43) Henry Amer : « Audiberti toujours ». *N.R.F.*, n° 156 (1.12.1965), p. 1090.
(44) Jean Tulard : *Le Mythe de Napoléon*, p. 59.

l'heure actuelle, le baroque véhicule des protestations désespérées qui rusent avec les censeurs, notamment en Amérique latine et dans certains pays de l'est. Que l'on cite, par exemple, le jeune cinéma tchécoslovaque d'avant 1968, *Une Nuit avec Hamlet* de Vladimir Holan, et surtout l'œuvre de Severo Sarduy. Est-ce un hasard si les deux principaux représentants, en France, de la mise en scène baroque sont Jorge Lavelli et Victor Garcia, deux révolutionnaires sud-américains nourris de liturgies catholiques ? Audiberti s'est approché de l'historicité du baroque, quand il a situé *La Poupée* dans cette Amérique « termitière de dictatures » et fait dire à Coral : « Le totalitarisme, c'est un fruit d'ici » (45). Mais le roman, le film et la pièce manquent par trop d'authenticité surtout quand on les compare aux films qui traitent le même sujet avec un flamboyant lyrisme de l'image et une intense véhémence politique : on pense notamment à *Lucia* d'Humberto Solas, *Terre en transe* de Glauber Rocha, *Les Héritiers* de Carlos Diegues ou *Les Seigneurs terriens* de Paul Thiago. L'œuvre d'Audiberti est l'esquisse d'un morceau baroque. Plus généralement, son théâtre n'est pas à l'abri de l'histoire, ce qui assurément lui donnerait un sens réactionnaire ; il est étranger à l'esprit de propagande et se situe délibérément en dehors des conflits partisans. L'auteur se sent plus concerné que Beckett par son temps mais n'envisage aucunement, comme Brecht, une autre organisation du monde. La société contemporaine n'est pas évacuée de ses pièces, mais disloquée, réfractée, déformée en une mascarade trop bouffonne pour ne pas camoufler une angoisse profonde. La vision audibertienne de l'histoire est trop mouvante et floue pour être dite baroque.

(45) *La Poupée*, p. 52.

Chapitre VI

L'ABHUMANISME

« Je ne suis pas de mon avis. »
(*L'Abhumanisme*, p. 27).

« Est baroque tout esprit qui balaie l'ordre, refuse le sérieux, se laisse écarteler par la contradiction qu'il vit. A la loi il préfère l'enthousiasme déréglé, à l'ordre amoindrissant les formes divergentes de la vie. Aussi échappe-t-il aux définitions. Il parade, séduit, se dérobe, pour revenir ailleurs, ricanant et sûr de lui. La démesure lui plaît tout comme cette déraison savamment acceptée que reniera le classicisme » (1). Audiberti correspond assez bien à cette épure simplifiée d'un cogitateur baroque qui ressemble à Giordano Bruno et Cyrano de Bergerac plus qu'aux trop rationalistes Descartes, Spinoza et Leibnitz que l'on baroquise si allègrement parfois. Son théâtre n'est pas un théâtre d'idées comme celui de Sartre et même de Giraudoux, c'est un théâtre de chair et de passion, un théâtre du verbe. L'homme n'est pas un méditatif épris de clarté logique et de rigueur conceptuelle, mais un instinctif, un sensitif, un lyrique qui déclare procéder par « impressionnisme verbal » (2). Pourtant se rencontre en même temps chez lui une nostalgie avouée de la réflexion philosophique qui lui fait écrire dans son roman-confession de l'immédiat après-guerre : « J'admire les penseurs. J'admire et je vénère les écrivains pour autant qu'ils sont penseurs. Aristote, Nietzsche, Karl Marx, Jean Paulhan, Saint-Thomas, Georges Bataille » (2). Non seulement Audiberti voue un profond respect aux idéologues, mais ce respect se double d'un indéniable complexe d'infériorité à leur égard. « Je suis épuisé. Ni Kant, ni Bergson.

(1) Hélène Védrine : *Les Philosophies de la Renaissance*, p. 120.
(2) *Talent*, pp. 45-46.

Ni Luther, ni Karl Barth. Ni Sartre, ni Hegel. Ni tel ou tel de ceux qui théorisent avec pertinence (...). Par la raison, par la clarté, jamais, je ne pourrai jamais égaler l'un de ces hommes » (3). Ce qu'envie à tous ces auteurs un homme qui arrêta ses études avant le baccalauréat, c'est leur capacité à polir une idée, à articuler un raisonnement abstrait, à élaborer une synthèse cohérente, une doctrine systématique, et peut-être secrètement la cohorte de leurs disciples et adulateurs. On lit encore dans un article tardif : « A part quelques poètes fidèles à l'innocente sauvagerie de l'emploi, ils peuvent se vanter de m'enrager d'envie ceux qui de leur copie alimentent l'illustre livraison (...). Sartre et ses trois ou quatre crânes, moi qui n'en ai qu'un et si mince ! Lévi-Strauss (...), Gaston Bachelard (...) et Georges Bataille (...) et les commentateurs de Marx inépuisable (...) tous ces beaux hommes appliquant serré leur logique inventive à l'analyse de l'allant de soi qu'ils allaitent ensuite de cette analyse elle-même. Je me sais fichtre incapable de rivaliser avec eux. J'allais oublier de leur joindre Blanchot, Cioran et Judrin, et Grosjean, dans le traitement d'un thème précis » (4). La fréquentation de Jean Paulhan et des écrivains de la *N.R.F.* semble déterminante à en croire ce texte. Il ne faudrait pas cependant négliger l'environnement intellectuel de l'après-guerre. Audiberti a vécu à Saint-Germain-des-Prés, il a été assidu aux Deux-Magots où il a côtoyé régulièrement Sartre dont il admirait et le génie dialectique et la réussite littéraire. Plus tard, il assiste à l'engouement de l'intelligentsia pour les sciences humaines, le marxisme et la psychanalyse. Pourtant la curiosité boulimique de l'autodidacte, les amitiés et la conjoncture de la mode n'expliquent pas tout.

Pourquoi en effet Audiberti voulut-il, lui aussi, être reconnu comme penseur ? Pourquoi développa-t-il son système abhumaniste en même temps que son théâtre le faisait connaître ? Quelques repères chronologiques doivent être préalablement disposés. Mis à part ses anodines *Paroles d'éclaircissement* de 1940, l'auteur ne publie jusqu'à la fin de la guerre que des poèmes, romans, nouvelles et chroniques cinématographiques ou d'actualité. En 1946, année même de la création de *Quoat-Quoat* et de la parution du *Mal court*, la revue *Age d'or* publie un premier manifeste intitulé « Guéridons abhumains ». L'intense activité d'Audiberti à cette époque débouche sur l'effervescent *Ouvre-Boîte* sous-titré « colloque abhumaniste » et qu'il signe avec Camille Bryen. L'année suivante, en 1953, il écrit, seul, dans *La Parisienne* de J. Laurent une série d'articles qu'il englobe plus tard dans une synthèse doctrinale *L'Abhumanisme*. Puis brusquement il renonce, semble-t-il, à ses prétentions d'idéologue fondateur de secte philosophique, de même

(3) *Ibid.*, p. 84.
(4) « Rouge ». *N.R.F.*, n° 96 (1.12.1960), pp. 1000-1001.

que pendant la guerre il n'avait pas donné suite au projet caressé avec *La nouvelle Origine* d'une nouvelle école poétique, l'ultranimisme. C'est même avec ironie que dans l'article de 1960 déjà cité il avoue : « L'abhumanisme échoua. Sourire, ils me font sourire, les deux bouquins où j'essayai de cimenter, consistante, une doctrine de l'homme. » et ajoute : « L'abhumanisme, finalement, ne signifie à peu près rien » (5). D'ailleurs dans les *Entretiens avec Georges Charbonnier* le mot est employé comme synonyme de négativisme (6). De fait aucun historien de la philosophie n'a pris au sérieux les tentatives d'Audiberti penseur, aucun vocabulaire philosophique ne mentionne l'abhumanisme.

Si on fait abstraction d'innombrables vérités premières, ratiocinations délirantes et à-peu-près hâtifs, que peut-on tirer du système abhumaniste ? Assurément d'abord une impression de scepticisme sans illusion.

> « N'annonçant, ne prononçant aucune vérité, nulle par nous ne sera dénoncée (...) Adverses et contigües, les justes causes tranchent les unes sur les autres, comme les losanges de l'arlequin. Sous leurs sobriquets respectifs, communisme, christianisme, royalisme, socialisme, radicalisme, occultisme, toutes elles touchent par en-dessous le même vide, ou le même plein. »
> « Celui qui veut imposer sa vérité ne possède pas la vérité. »
> « Nul homme ne résisterait à la possession de la vérité. Dans sa conquête il éclaterait ou s'endormirait. »
> « Toutes les voies et toutes les doctrines sont bonnes. Toutes sont mauvaises. Nous n'avons pas à nous dire anarchisant, stoïque et phénoménologue. Nul cadre ne nous convient (...) Une vérité qui montre ses preuves prouve, par là, qu'elle n'est pas la vérité. » [7]

Ces quelques extraits de *L'Abhumanisme* montrent nettement que pour Audiberti l'idée même d'une certitude absolue, d'une vérité indubitable n'a guère de sens. La conséquence, maintes fois exprimée, de ce pyrrhonisme sans failles, va de soi :

> « Adhérez à n'importe quelle vérité.
> « ... Le mieux, conseille l'abhumanisme, est donc d'honorer et de mépriser, en bloc et à la fois, toutes les vérités, pour autant que chacune, en attestant la nostalgie de la justice absolue et de la vérité parfaite, n'atteint qu'à les démentir l'une et l'autre, démentir et défigurer. » (8)

Que toutes les vérités, provisoires, interchangeables, contradictoires, ne valent donc pas grand chose et se valent toutes, un personnage de *La Guillotine* en est convaincu qui affirme : « Moi, les théories,

(5) « Rouge ». Art. cit. pp. 1002 et 1006.
(6) *Entretiens avec Georges Charbonnier*, p. 164.
(7) *L'Abhumanisme*, pp. 36, 44 et 225.
(8) *Ibid.*, p. 168.

les doctrines, je les accepte toutes. Je les rejette en bloc » (9).
L'éclectisme et le nihilisme s'appelant réciproquement, voilà qui
rendrait compte des innombrables citations d'auteurs, convocations
de doctrines et compilations de systèmes qui alourdissent les
articles et ouvrages d'Audiberti, comme *Les Essais* de Montaigne.

Il y a, en effet, du Montaigne en Audiberti, bien qu'il ne cite
jamais pour ainsi dire cet auteur. Lorsque celui-ci écrit : « Consi-
dérant la conduite de la besogne d'un peintre que j'ay, il m'a pris
de l'ensuivre. Il choisit le plus bel endroit et milieu de chaque paroy,
pour y loger un tableau élabouré de toute sa suffisance ; et, le vuide
tout autour, il le remplit de crotesques, qui sont peintures fantasques, n'ayant grâce qu'en la variété et estrangeté. Que sont-ce icy
aussi, à la vérité, que crotesques et corps monstrueux, rappiecez
de divers membres, sans certaine figure, n'ayants ordre, suite ny
proportion que fortuite ? » (10) ne semble-t-il pas décrire, à l'avance,
Molière ou *Dimanche m'attend ?* Ces ouvrages, comme d'ailleurs
les romans d'Audiberti et ses pièces souvent, se laissent difficilement
résumer. Le titre a peu à voir avec le contenu. L'absence de plan
est manifeste et nombreuses sont les digressions. L'auteur saute
allègrement d'une idée à une autre, son ordre est celui de la conversation à bâtons rompus. Il ne sait résister au plaisir de narrer une
anecdote savoureuse, s'attarde sur une étymologie fantaisiste, risque
un calembour facétieux. Il multiplie aussi les citations, jamais textuelles, les allusions et références à des penseurs et écrivains, dont
sauf exception aucun n'a à voir avec le baroque. *Les Enfants naturels*
se présente ainsi comme une succession désordonnée de ratiocinations pseudophilosophiques, compilations hétéroclites et portraits
d'écrivains contemporains. L'auteur y pratique avec désinvolture
le vagabondage intellectuel, se contentant de transcrire sur le papier
les arabesques de sa papillonnante réflexion, comme en témoignent
quelques-uns des titres en marge : Pou et fisc, La piste des mots,
Dieu, l'Avenir du passé, Drieu, Genet, Paulhan... ! Le lien entre les
sujets abordés ou, le plus souvent, esquissés, effleurés est des plus
lâches. « On s'étonnera peut-être que la *volute* de ce livre aboutisse
à des écrivains. » (11) écrit nonchalamment Audiberti sans même
songer que les théories sartriennes sur la bâtardise de l'intellectuel
lui auraient fourni une transition honorable. Certes sa rédaction
n'est pas linéaire : il intercale des articles ou membres d'ouvrages
anciens dont il se borne à changer un mot par ci par là. Mais
n'est-ce pas pour un homme, au reste accablé de soucis financiers,
une manière de se présenter comme un antipenseur, de ne pas
respecter les règles académiques du discours philosophique ? Sur

(9) La Guillotine. *N.R.F.*, n° 142 (1.10.1964), p. 644.
(10) Montaigne : De l'amitié. *Les Essais* I, 28 pp. 197-198 (Ed. Maurice Rat).
(11) *Les Enfants naturels*, p. 126.

ce point les témoignages concordent : sa manie de l'interrogation déconcertante, ses étonnements ingénus, sa naïveté ultracritique de paysan du Danube égaré rue Sébastien Bottin ne sont pas d'un intellectuel. On rencontre plutôt chez lui une « dépensée », pour reprendre un mot de Bryen, qui l'éloigne de ses contemporains si graves et sûrs d'eux-mêmes. Il reste que Montaigne, lui aussi, répudie l'idée de vérité en soi. Il examine les idées sous les facettes les plus variées, les illustre d'exemples aussi contradictoires que pittoresques pour aboutir à un scepticisme très tranquille : « Toutes choses sont en fluxion, muance et variation perpétuelle. » Des certitudes unes, indivisibles et indubitables il fait des vues divergentes, parcellaires et nuancées. Fut-il abhumaniste avant la lettre ?

Soucieux, malgré tout, de se trouver des garants prestigieux, Audiberti se choisit, à défaut de Montaigne, deux pères spirituels. Le premier est Giordano Bruno, esprit baroque s'il en fut — « Baroque par ses bizarreries, sa fécondité en mythes et en métaphores, la cascade intarissable de sa verve et ses envolées superbes » (12) — et qui inspira aussi Joyce et Beckett. Un article de *La Parisienne* l'appelle « le Saint-Bruno de l'abhumanisme ». Dans l'« Einstein napolitain », « à la fois Bergson, Jean Rostand et Sacha Guitry » (13), l'auteur s'intéresse surtout au révolté hétérodoxe, père du criticisme moderne, tout d'inquiétude et de passion, et non, comme les modernes historiens de la philosophie (Emile Namer, Paul-Henri Michel, Hélène Védrine), au cosmologue baroque, héritier de la Renaissance, pour lequel l'univers n'a ni centre ni circonférence, pour lequel aucun corps n'est soustrait à la loi de transformation perpétuelle. Bruno rompit avec la cosmologie statique de ses prédécesseurs et brisa leur voûte incrustée d'étoiles immobiles. A ses yeux, le monde n'est ni unique ni fermé, mais organiquement animé par un mouvement continu de dilatation et de démultiplication. Les astres du ciel n'ont besoin ni de support ni de moteur ; ils possèdent en eux-mêmes leur propre dynamisme. Le même dynamisme régit tout l'Etre. Tout ce qui est matériel est actif, mobile, producteur de formes variées, seule la substance demeure indestructible. Le changement est la loi de tout ce qui existe, voué non pas à un autre être mais à une autre manière d'être. G. Bruno, en baroque, s'émerveille du jaillissement incessant de la création. Cet aspect de sa pensée n'a cependant pas retenu Audiberti qui fait de Galilée l'inventeur du mouvement, dans un article paru en 1942 dans *Aujourd'hui*.

G. Bruno était polygraphe, écrivant en latin des poèmes et des essais théologiques, en italien des satires et des pièces de théâtre.

(12) Hélène Tuzet : *le Cosmos et l'imagination*, p. 43.
(13) *L'Abhumanisme*, p. 224.

Ses vers, constellés d'images lyriques, sa prose, admirable de vivacité et de verdeur, toute son œuvre brûle d'un « pathos héracli-
téen » (12) qui l'apparente aux baroques d'Aubigné en tête. Sa
comédie *Il Candelabro* est une caricature truculente des mœurs
de l'époque, en particulier des milieux intellectuels. De ses amples
lectures qui embrassent la philosophie grecque, arabe, les pères
de l'Eglise, la scholastique et les Humanistes, G. Bruno a nourri
une ardente soif de connaissance, mais aussi tiré une grande indépendance d'esprit. C'est par cette dernière qu'il séduit Audiberti qui
voit en lui un symbole exemplaire. Après avoir conté le procès et
le supplice de Nolain, il écrit : « Giordano Bruno fit au dieu-homme
la plus grande injure en épousant du même cœur toutes les vérités
exclusives que par chemin il rencontrait » (13).

Le même esprit critique qui pousse Bruno à railler les erreurs
des savants, et des philosophes les sottises, l'amène à tourner en
dérision certains rites catholiques et maints aspects, secondaires il
est vrai, du dogme chrétien, tels le culte des saints, la virginité de
Marie, la vénération des reliques et l'on conçoit qu'Audiberti ait
pu s'en souvenir en écrivant *Les Enfants naturels* ou en représentant,
dans *La Fête noire* ou *Boutique fermée*, des dévôts ébahis par de
prétendus prodiges de la religion. Pourtant s'il se refuse à tout
credo religieux positif, Bruno est loin d'être un athée. La beauté du
monde reflète à ses yeux l'infini de Dieu. Il conserve, selon le mot
de P.-H. Michel, une « hantise du divin » (14) qui est bien de son
époque. En fait il distingue les domaines de la Foi et de la cosmologie, comme Audiberti l'a bien senti : « Bruno (...) ne discutait
rien. Il rédigeait son explication du monde comme si la très sainte
(Vierge Marie) n'avait pas existé. Ou comme si elle avait existé. » (15).
Et les rationalistes et matérialistes modernes qui veulent accaparer
sa personne oublient trop souvent qu'il était féru de magie, d'hermétisme et d'astrologie, que pour lui la complexité changeante de l'Etre
ne pouvait être épuisée par des distinctions ou des déterminismes
rationnels ou logico-mathématiques. Peu soucieux de rigueur conceptuelle, il se servait de métaphores poétiques pour exprimer ses
idées et en faisait un instrument de connaissance compréhensive.
Voilà qui pourrait rendre raison des rapports ambigus d'Audiberti
avec la religion chrétienne. Lorsqu'il écrit : « Une explication du
monde qui ne se fonde pas sur une discussion du dogme catholique
laisse intact celui-ci, voilà tout » (15), il exprime vraisemblablement
le fond de sa pensée à ce sujet.

Pourtant il est difficile de voir dans l'œuvre de G. Bruno une
source objective, au sens strict du terme, des pièces, romans et
même essais d'Audiberti. Celui-ci voit dans le Nolain un véritable

(14) Paul-Henri Michel : *la Cosmologie de Giordano Bruno*, p. 18.
(15) *L'Abhumanisme*, p. 214.

héros de la pensée, un saint dont le courage intellectuel et physique, l'originalité et la vigueur de tempérament ont impressionné le père de Damase qui se reconnaît souvent couard et timide. Dans *L'Abhumanisme*, il cite, à son habitude, une abondance de titres. Mais de tous les ouvrages mentionnés combien en a-t-il lus réellement ? Combien en a-t-il pu lire quand on sait que les traductions de G. Bruno sont rarissimes en France ? L'auteur parle l'italien mais ne sait pas assez de latin pour lire les traités philosophiques en cette langue. De plus à l'époque où il écrit, ni *Les Fureurs héroïques* ni *Le Banquet des cendres* ne sont accessibles en France ; *Cause, Principe et Unité* a bien été traduit par E. Namer, mais Audiberti le mentionne sous un autre titre, ce qui semble confirmer qu'il a soit parcouru une édition italienne, soit travaillé sur des ouvrages de deuxième main. Une autre hypothèse est encore plus vraisemblable : on a célébré en 1948 le quadricentenaire de la naissance de G. Bruno. A cette occasion, diverses revues ont publié des articles qui ont pu retenir l'attention de l'infatigable lecteur qu'était Audiberti et l'inciter à explorer l'œuvre du Nolain.

Il est peut-être un autre médiateur entre les deux auteurs qui est le second guide des balbutiements idéologiques d'Audiberti : Benjamino Joppolo. Le poète fit la connaissance vers 1946 de cet Italien demeuré mal connu en son pays malgré une trentaine de romans, essais et pièces de théâtre. Il eut aussitôt un véritable coup de foudre pour cet aristocrate messinois, antifasciste convaincu et brillant intellectuel, qu'il voulut faire connaître au public français. Un ajout à « *Guéridons abhumains* » le présente comme le prototype de l'abhumaniste (16). Etonné et flatté, Joppolo écrivit alors un petit livre *L'Abumanésimo* où il expose ses idées sur le monde, la société, la science. Audiberti y est cité en préface, mais point dans le corps de la dissertation. Du Sicilien, il traduisit plusieurs ouvrages qu'il soumit vainement par l'entremise de Paulhan aux éditions Gallimard, deux romans, *La Giostra de Michele Civa* sous le titre des *Chevaux de bois* et *Un Cane ucciso* qui devint *Le Chien, le photographe et le tram* — Ces deux livres avaient été publiés en Italie par Valentino Bompiani qui les fit connaître à Audiberti, traducteur de son *Albertina* — et une pièce, *Les carabiniers jouent (I carabinieri)* dont *La Parisienne* publia le premier acte et qu'il tenta de faire jouer par J.-L. Barrault. Entre 1947 et 1955, les deux hommes entretinrent une correspondance, la plupart du temps en italien, qui s'intensifia lorsque Joppolo s'installa à Paris en 1953. Et puis ils se séparèrent pour des raisons d'amour-propre et d'intérêt, chacun revendiquant la paternité de la pièce traduite — que créa Michel de Ré. Ils ne se revirent guère jusqu'à la mort de l'écrivain italien, une mort qui est tout juste signalée dans *Dimanche m'attend*.

(16) « Guéridons abhumains ». *Age d'or*, n° 3 (1946, s. d.), pp. 33-34.

Il est souvent fait allusion à Joppolo dans les écrits d'Audiberti. On lit ainsi dans *Cent jours* : « Joppolo, méthodique, prend le communisme, l'anticommunisme, le militarisme, l'antimilitarisme, tous les aspects de la propagande piégeuse où, sans trêve, l'humanité se prend elle-même (...) et il flanque tout ça dans un triste fleuve à vipères ; mais que la vérité soit dite ! » et dans *L'Ouvre-Boîte* : « Joppolo, dans son petit livre, renvoyait dos à dos tout le monde. Ni les uns, ni les autres (...), personne, non personne, n'arrachait au Sicilien une adhésion, une sympathie » (17). Bianca, l'héroïne muette du *Maître de Milan*, lit un de ses livres et dans *Cent Jours* Audiberti, d'autorité, le fait figurer dans les programmes scolaires aux côtés des plus célèbres auteurs. Qu'il se soit lui-même projeté dans une image mystifiée de Joppolo est plus que probable. Une lettre à J. Paulhan confirme la surinterprétation des quelques œuvres lues. « Entre ce Joppolo et moi, également simplistes, il existe une amusante relation. Je lui prête beaucoup de ce que je lui donne. Je le débroussaille et l'organise. Lui, en retour, aurait l'avantage, si c'en est un, de me démallarmiser, de m'extraire un peu de cette cadence de nos lettres héréditaires et traditionnelles, Hugo, Valéry. Sans doute, ne m'apprendra-t-il pas à penser, comment faire pour qu'un poisson vole ? Mais me donnera-t-il un peu plus de goût pour la monotonie insistante et une certaine lourdeur qui, dans mon cas, valent peut-être mieux que la désinvolture d'un verbalisme qui n'a pas encore su dire où il va » (18). Somme toute, avec Joppolo Audiberti a rencontré ce que fut, en d'autres temps., Edgar Poe pour Baudelaire : un catalyseur pour son originalité. C'est sans doute au maïeute Paulhan qu'il faut attribuer le mérite d'une lucidité critique vis-à-vis de soi-même assez rare chez le poète pour qu'on la remarque.

Audiberti sait gré à l'auteur des *Chevaux de bois* de ne pas proposer un catéchisme de plus, seulement le témoignage d'une circonspection sans illusion. Dans son œuvre, note-t-il, « la parabole engendre la doctrine plutôt qu'elle l'illustre » (19). La sympathie de l'antibois pour Joppolo corrobore sa vénération pour G. Bruno, les deux penseurs justifient sa propre position. Car ce qui ressort premièrement du scepticisme abhumain, c'est une critique sans réserves, une disqualification impitoyable des philosophies réduites à l'état d'idéologies, c'est-à-dire de certitudes tranquillisantes qui mutilent la protestation et étranglent les interrogations. Par nature, toute philosophie, « bourgeoise » ou non, religieuse ou rationnelle, postule l'universalité de ses vérités, se veut système d'explication,

---

(17) *Cent Jours*, p. 111 ; *L'Ouvre-Boîte*, p. 17. Double référence aux *Chevaux de bois*.
(18) Lettre inédite à Paulhan (25.8.1949).
(19) Préface à Joppolo : *Les Chevaux de bois*, p. 35.

totalisation compréhensive du savoir, résolution de toutes les énigmes ; elle est donc tout naturellement guettée par la perversion
didactique — ambition insatiable de se dépasser, de s'imposer aux
dépens d'autres philosophies jugées périmées ou obscurantistes. Or,
pense Audiberti, toute idéologie est en fin de compte « dépêche
d'Ems » (20), c'est-à-dire source de mobilisation, de haines et d'into-
lérance. A propos de Joppolo, il écrit dans sa préface aux *Chevaux
de bois :* « C'est déjà bien trop même qu'il en ait tant dit. Un peu
plus en effet, il engendrait une théorie, une école, c'est-à-dire de
fil en aiguille, l'occasion d'une hiérarchie, une somme d'injures et
de sévices » (21). Et en 1956, il conclut ainsi une lettre à Paulhan
qui vient d'écrire sa *Lettre à un jeune partisan :* « Et si notre abhumanisme, en son acception de tous les possibles, acception au moins
théorique, n'est pas un seuil de... de quoi ? J'allais dire de sérénité
divine, mais j'ai vu à temps l'écriteau relatif au danger de fanatisme. » Audiberti est bien de son époque, d'une époque où se
déchaînent les cléricalismes idéologiques, mais où aussi, de Paulhan
à Ionesco, de Grenier à Camus — tous liés à la *N.R.F. :* est-ce un
hasard ? — subsistent quelques consciences libres.

L'abhumaniste donc se méfie des systèmes clos, des mécaniques
idéologiques trop bien huilées. Nulle part mieux que dans les
Entretiens avec Georges Charbonnier ne s'expriment sa répugnance
et sa curiosité pour les théories :

> « ... S'il est question d'un marxiste, ou d'un catholique, ou d'un
> ingénieur, ou d'un occultiste, ou d'un artiste, non seulement avec
> attention, mais avec respect, je m'efforcerai de comprendre, et, de
> toute façon, j'aimerai, et j'aime, chacune de ces méthodes ou de
> ces attitudes tendant à expliquer le monde.
>
> « Ce que je n'aime pas, et que je repousse de toutes mes
> forces (...), c'est la tentation de l'une de ces sectes ou, comme on
> dit, de ces disciplines à recouvrir l'ensemble du monde à expliquer.
> J'aime le marxisme, j'aime le catholicisme, je l'aime d'ailleurs
> spécialement, j'aime les arts, j'aime l'occultisme, mais que l'une
> de ces tendances lève la tête et dise « c'est moi qui recouvre tout »,
> alors je cesse de l'aimer, alors je pense aux autres. » (22)

Au xxᵉ siècle, les orthodoxies soupçonneuses ont servi de trem-
plin à des mythologies totalitaires, dévorantes. On a fait croire
n'importe quoi à n'importe qui au mépris de tout bon sens, avec
parfois la Science à l'appui. Les psychagogies collectives constituent
pour Audiberti un scandale. Félicien impose l'existence de la bête
meurtrière aux personnages de *La Fête noire*, même au matois Lou
Desterrat. Impressionnés et inquiets, les villageois s'abandonnent
au chef charismatique et il suffira d'une procession à grand spectacle

(20) *Ibid.*, p. 40.
(21) *Ibid.*, p. 37.
(22) *Entretiens avec Georges Charbonnier*, p. 159.

pour que le pouvoir central rétablisse une situation menacée. De même dans *La Poupée*, le double de Marion Moren mystifie les émeutiers en leur parlant de justice et de liberté, en les anesthésiant à l'aide de slogans : « Vos petits meurent de faim. Pourquoi ? Parce qu'avec la faim de vos enfants, les patrons fabriquent des dollars. Qui vous défendra, qui vous sauvera ? La liberté ! » (23). Les formules toutes faites, les incantations de la propagande inspirent une incrédulité ironique à un Audiberti qui jamais ne consentit à signer une pétition. Le tragique de l'Histoire contemporaine a vidé de tout contenu les mots les plus prestigieux, ce que le psychologue Tchakhotine appelle les « leviers d'adhésion ». « Humanisme, liberté, justice, idoles issues du christianisme ou par lui refardées, la cognée de Buchenwald et la bombe d'Hiroshima vous ont salement secouées » (24).

C'est dans la traduction des *Chevaux de bois* que s'exprime avec le plus de force la nausée audibertienne de la propagande. Michele Civa s'y adresse en ces termes aux manipulateurs de consciences : « Vous avez la volupté de la propagande, vous n'en avez pas l'humanité. Vous appartenez à la catégorie des maîtres qui ravagent les esclaves, avec, en outre, la malsaine et sadique joie de les rendre fous en « propagandant » leurs âmes et leurs cerveaux que vous précipitez dans les convulsions les plus délirantes. » Le commentaire est de la même pâte : « La nature se servait de la haine, de la politique, des idéologies pour empoisonner les créatures » (25). Audiberti ne stigmatise pas seulement la propagande politique, mais aussi les modes intellectuelles, les snobismes idéologiques. Dans *Les Naturels du Bordelais*, Guy Loup est conditionné et pour ainsi dire manipulé par Pierre Gonfaloni dont il a dévoré les ouvrages démoralisants. Il se tue de désespoir, l'esprit complètement investi par les fumeuses théories que matérialisent les grillons. Le nihilisme représente la suprême tentation pour un esprit écœuré par les flots de la propagande, l'abhumaniste n'a pas toujours échappé à ses séductions.

Si Audiberti critique le fanatisme des idéologies-vérités, plus profondément c'est à la notion même d'idéologie et à son fondement implicite, la raison, qu'il s'attaque. « Même ingénue, même inaboutie, toute recherche d'une explication ou d'une communication par-delà le rideau de la soi-disant raison m'apparaît préjudiciable à ce mystère suprême : nous. Nous dans notre vivante vie. La tentative d'expliquer, tout comme la prétention de communiquer me frappe, m'étonne, m'alarme davantage que, le cas échéant, l'explication elle-

---

(23) *La Poupée*, p. 99.
(24) « Guéridons abhumains ». Art. cit., p. 29.
(25) Joppolo : *Les Chevaux de bois*, pp. 201 et 211.

même ou la communication » (26). Le monde n'a pas de sens intelligible et quand elles veulent lui en imposer un, coûte que coûte, les
idéologies trompent et se trompent. Leurs antagonismes attestent
l'absurdité irrémédiable du monde. Audiberti reprend à son compte
sans nul doute ce mot d'un personnage de *La Guillotine* : « Je me
garde d'accroître, ne fût-ce que de l'épaisseur d'une trompeuse
espérance, le mensonge universel qui résulte de tant de contradictoires vérités » (27). En se voulant dénouements décisifs des conflits
antérieurs, dévoilements derniers des sens jusqu'alors indéchif-
frables, non seulement les systèmes annulent réciproquement leurs
certitudes, mais surtout ils tendent à éliminer la part de l'indéterminé, à faire l'économie du mystère résiduel. Or, pour Audiberti,
le mystère existe, comme le dit Gilbert dans *Pucelle* : « On ne peut
enfermer dans un oui, dans un non, les contradictoires énigmes de
la terre et de l'Angleterre, admettons » (28). La pirouette même fait
sens. Un peu plus loin dans la pièce, la duchesse fait écho au
scepticisme du poète : « Le monde n'a point pour métier de nous
fournir des réponses, mais des énigmes » (29). Avec cette formule
on atteint le cœur de l'abhumanisme.

La critique qui a justement remarqué l'obsession audibertienne
du mal, notamment de la souffrance humaine, l'a rarement reliée
à la répudiation des dogmatismes. Pourtant, ce mal multiforme est
senti et vécu par l'auteur comme une provocation lancinante au
doute. Sa présence constante dans le monde sous les espèces de
la maladie, de la misère, de la guerre et de la mort inscrit à même
l'existence, à même la chair de l'homme une contestation têtue
des idéaux et des systèmes, la marque d'un échec de la pensée.
Les attentats à la dignité de l'homme ruinent les ambitions et les
espérances humanistes. Catholicisme et marxisme, pour ne citer
qu'eux, s'insurgent vainement :

> « Nous avons beau brandir le gouffre et la mystère
> Pour expliquer l'enfant que mord le tétanos.
> Au cri de la douleur, les mots n'ont qu'à se taire » (30).

Absurdité du monde, perversité du Créateur, culpabilité de
l'homme pécheur : autant de positions auxquelles Audiberti n'a pu ni
su se tenir. Le problème du mal reste pour lui insoluble. C'est pourquoi
il souhaite que les idéologues « humanistes » fassent preuve d'humi-
lité, reconnaissent leur incapacité à apporter des réponses satisfai-
santes et donc se tolèrent différents. Avec lui, on est aux antipodes

(26) *Cent Jours*, p. 112.
(27) *La Guillotine*. Loc. cit., p. 645.
(28) Pucelle. *Théâtre*, t. II, p. 110.
(29) *Ibid.*, p. 173.
(30) Avenir. *Ange aux entrailles*, p. 151.

des certitudes militantes et passionnées sur lesquelles H. Weber fonde la Weltanschauung baroque. Curieux, désabusé, tolérant, l'abhumaniste constate, s'étonne : il ne tranche pas. On conçoit que pareille sagesse tranquille ait irrité ou gêné le public et la critique.

Qui veut à tout prix imposer à Audiberti une étiquette philosophique risque de s'épuiser à la tâche. L'auteur puise autour de lui et en lui des matériaux, événements, idées, mythes, dogmes, etc. qu'il brasse et triture. Ses engouements pour tel penseur ou artiste sont moins durables que ses amitiés. Sans illusion sur son temps, épris de l'archaïque et du futurible, il a choisi contre l'idéologie et le parti pris la vie. Ce qu'il écrit d'une de ses pièces les moins heureuses conviendrait à toutes : « *Le Ouallou* ne récrimine pas au nom d'une doctrine définie (...). Il laisse sa joviale amertume pétiller fatale à l'abri de l'histoire qu'il expose » (31). A d'Aubigné, Audiberti a préféré Montaigne.

(31) *Dimanche m'attend*, p. 116.

Chapitre VII

DES METAMORPHOSES ABHUMAINES
A L'EVASION BAROQUE

« Si l'abhumanisme se bornait à renvoyer dos à dos Sartre et Maurras, Drieu et Zola (...), qui ne serait votre allié ? » (1). Ces mots d'Etiemble à son « vieux compagnon de route », bien des admirateurs d'Audiberti pourraient les reprendre à leur compte. Pourtant l'abhumanisme ne se réduit pas à un scepticisme qui donnerait raison à ses détracteurs. Ce que refuse obstinément l'admirateur de Bruno, ce que traque farouchement l'ami de Joppolo et de Bryen, c'est, par-delà ses divers visages, le christianisme, le rationalisme, le libéralisme, l'anarchisme, le marxisme, etc., la certitude humaniste. Les égarements totalitaires de l'époque ont montré de quoi est capable l'homme lorsqu'il laisse libre cours à sa pulsion de mort. « A force de se prendre pour cible, il a fini par se toucher, par se blesser. Il perd du sang, il prend congé de lui-même » (2). Cette constatation atterrée amène l'auteur à la « répudiation en bloc de tout chauvinisme humain » (3), c'est-à-dire de tout système qui installe l'homme au centre de l'univers et lui confère un statut privilégié dans l'économie de la Création.

> « Oui, mes amis, renonçons à tout anthropo-chauvinisme. Considérons que « l'homme » ne nous importe que pour autant que nous héberge sa formule boiteuse, nébuleuse, déchirante, mais qu'il n'a pas à demeurer l'objet d'un culte (...). Notre pitié, notre amour pour les animaux humains n'est, bien entendu, pas en cause. C'est dans cette pitié, dans cet amour que réside le tendre et pathétique souhait de voir se terminer cet homo faber, sapiens, gestapiens et bikiniens qui n'est peut-être que le rameau terminal d'une branche secondaire du mouvement tralala... »

(1) Etiemble : *Hygiène des lettres*, t. IV, Poètes et faiseurs, p. 360.
(2) Préface à Joppolo : *Les Chevaux de bois*, p. 30.
(3) Préface à Joppolo : *Le Chien, le photographe et le tram*, p. 16.

> « Toutes nos civilisations sont humanistes jusque dans leurs turpitudes meurtrières pour autant qu'elles se réclament d'une dignité particulière, ésotérique, affectée à l'homme et qui retentirait, censément, dans tout ce qu'il fait. » (4)

Nulle part mieux que dans sa préface aux *Chevaux de bois*, Audiberti n'a exprimé sa nausée de la civilisation moderne dont les plus remarquables chefs-d'œuvre sont « les grandes guerres à propos d'une petite province, les vêpres siciliennes chaque dimanche, le retour des cendres tous les mois, la chasse à courre aux filles-mères, le passage à tabac, les bombardiers, les bombardés » (5). Michele Civa, le héros du roman, s'engage dans l'aviation italienne, non par conviction patriotique, mais à la fois par défi et pour toucher une prime substantielle. Après avoir fait ses adieux aux siens, il attire dans un guet-apens et tue successivement et froidement deux officiers, l'un militariste, l'autre conspirateur marxisant, sabote l'appareil d'un supérieur et, au cours de sa première mission, jette à la mer sa cargaison de bombes, mais mitraille un manège où s'ébattaient des enfants innocents. Aucun soupçon de regret ne l'effleure, bien au contraire :

> « C'est ainsi qu'on agit. Par des faits réels et par des symboles. Tant que l'homme ne sera pas devenu l'homme. Tant qu'il n'aura pas cessé d'être une bête. C'est seulement en devenant une super-bête et en travaillant à éliminer l'homme, c'est seulement ainsi qu'il pourra se racheter (...).
>
> Si l'homme était l'homme, ce serait épouvantable, ce serait épouvantable de le tuer. Mais l'homme n'est pas encore l'homme. Il a seulement l'idée, le songe, le cauchemar de l'homme. L'homme est encore une bête... Et il ne devrait pas tuer les bêtes, celui qui est encore une bête lui-même » (6).

Michele Civa n'agit donc pas par misanthropie sadique. Individualiste, révolté et désespéré, il cherche plutôt à « réformer la vie » en anéantissant symboliquement et spectaculairement certains principes fétiches en leurs porte-paroles désignés. « Ce qui est grave, c'est qu'il y ait des hommes capables d'humilier d'autres hommes au point de les contraindre à simuler (...). Il y a de mal que la vie est combinée mal et qu'il faudrait la réformer tout entière » (7). Et lorsque le héros s'accouple à une prostituée en une étreinte sado-masochiste, il lui échappe ces paroles sans équivoque : « Avec toi, je voulais m'évader, me libérer. Avec toi, je l'ai fait parce que, toi aussi, tu as besoin de te libérer. Il nous faut ces secousses, quand on vit opprimé, pour se réveiller tous à la vie » (8).

(4) Préface à Joppolo : *Les Chevaux de bois*, p. 28 et p. 38.
(5) *Ibid.*, p. 32.
(6) Joppolo : *Les Chevaux de bois*, pp. 230-231 et 224-225.
(7) *Ibid.*, p. 91 et p. 98.
(8) *Ibid.*, p. 186.

Dans *Le Chien, le photographe et le tram*, Luca Spinola multiplie, lui aussi, les actes sanglants. Mais sa frénésie meurtrière est moins réfléchie : c'est *a posteriori* qu'il rationalise ses impulsions homicides et découvre qu'en tuant il se tue, lui. Sa première réaction est celle de la démission fataliste : « Il fallait que ce soit comme ça » (9). Le jeune homme n'est pas un Lafcadio, un Caligula, ou un Meursault, personnages auxquels fait penser son comportement en apparence absurde. Et si le roman de Joppolo ressemble à *L'Etranger* dans ses premières pages, il s'infléchit ensuite dans le même sens que *Les Chevaux de bois*. Luca Spinola est devenu un maniaque du crime après avoir vu un homme puis un chien écrasés de la même façon par un tramway. « ... Nous avons décidé que nous devions répéter cette horreur pour écraser complètement la pierre-ponce du monde universel (...). Les yeux du chien et l'écrasé m'avaient donné une terrifiante conviction absolue et sans équivoque. Ils m'avaient donné la conviction que l'homme est un bête. On peut tuer cette bête sans aucun scrupule comme on tue les bêtes » (10). C'est donc contre la condition de l'homme que s'exerce la rage furieuse du héros :

> « L'homme ne peut plus accepter d'être homme (...).
> « Les hommes ? Les hommes, ça veut dire quoi ? (...).
> « La vérité, la seule, c'est que l'homme a décidé, clairement ou non, de détruire l'insoutenable humanité (...).
> « Cette humanité s'écroulera. Là, pas ailleurs, pas autrement, là sera le salut de l'homme. » (11)

La même mise en question et accusation de l'homme en tant que tel s'exprime dans un court article d'hommage posthume à Antonin Artaud, auquel Audiberti prête un projet abhumaniste, s'investissant manifestement dans son portrait de l'écrivain maudit :

> « Un homme terriblement saisi et obsédé par sa propre humaine réalité qu'il n'accepte pas. Il lutte pour en sortir, sortir de la réalité de l'homme. Devenir chevreuil, archange, nuage ou quoi que ce soit de préférable et d'ultérieur dont nous ignorons le nom et la forme (...). Au Vieux-Colombier, il faisait beau le voir déployer une colère simulée jusqu'à la plus surnaturelle authenticité, la colère, la juste colère d'être embringué dans cette réalité humaine dont les pseudonymes sont entre autres : guerre, police. »
> « ... Artaud, c'était pur. C'était le cri de l'homme excédé par lui-même. » (12)

On lit de même dans un texte paru un peu plus tôt : « Est-ce écrit quelque part que l'homme en soi, tel quel, tel que le définis-

(9) Joppolo : *Le Chien, le photographe et le tram*, p. 124.
(10) *Ibid.*, pp. 146-147.
(11) *Ibid.*, p. 151.
(12) « Le Salut par la peau ». *K*, n° 1-2 (juin 1948), pp. 63-64.

sent nos livres et que l'Histoire le constate et le raconte, doive être à jamais conservé, maintenu, sacré tabou ? » (13). La convergence de tous ces écrits publiés entre 1946 et 1948 est nette et confirmerait, si besoin était, l'influence capitale de Joppolo sur la constitution de la pensée audibertienne. On s'en rend compte dans *Les Naturels du Bordelais*, pièce composée en 1948. Les théories de Pierre Gonfaloni s'apparentent en effet à celles de l'abhumaniste sicilien : « La vie est une belle saloperie (...). Toute l'œuvre de Pierre maudit la vie humaine. L'œuvre de Pierre appelle, l'œuvre de Pierre annonce le déluge nouveau (...). La grande volonté de ne plus exister... La grande culbute de l'humanité (...). Il prépare la fin du monde (...). Le viol général (...). Souiller l'amour (...). Suicider l'âme (...). Il suffira qu'un sacrifice encore, un seul, s'accomplisse cruellement. Alors la lugubre race des hommes, forteresse de la souffrance, s'arrachera de l'existence. Pierre l'a dit. L'espèce que nous sommes terminera sa trajectoire (...). Nous deviendrons des grillons sans amour, sans douleur... » (14). De fait, à partir de la fin du deuxième acte, se mettent à proliférer les insectes bleuâtres. « Partout, ça grillonne tant que ça peut. Tout le département de la Gironde s'évanouit dans la métamorphose. Paris, Londres, Moscou, Baltimore et Cincinnati sont évacués. Conformément aux vues géniales de Pierre Gonfaloni, les hommes et les femmes se transforment en grillons transparents invulnérables » (15).

Comment interpréter cette épidémie de métamorphoses ? La transformation massive des humains en grillons signifie à leur race son congé et son échec. Dans les insectes membraneux, métalliques et insensibles s'abolit la condition de l'homme souffrant et misérable, mais aussi se révèle sa vraie réalité de bête civilisée. Plusieurs indices le laissent entendre. Guy-Loup, dont le nom signifie beaucoup, s'adresse par deux fois affectueusement à Marialène en ces termes : « Ma cigale... mon cheval », immotivés et inattendus. Certes, le vocabulaire animal fait partie intégrante du langage amoureux, mais Audiberti fait plus que renouveler un animalisme usé, d'autant que Guy-Loup a aussi ce mot curieux : « Je m'en veux de n'être qu'une bête, une bête dans un panier de bêtes » (16). Et de lui son avocat déclare cruellement : « La bête noire crèvera » (17). On peut aussi voir dans la prolifération des grillons un reflet pré-ionescien de la liquidation terroriste des particularités et de l'uniformisation totalitaire des consciences par

---

(13) *Véronique. Clair de terre* nº 3 (1946) p. 70.
(14) *Les Naturels du Bordelais*. Théâtre, t. II, pp. 222-225.
(15) *Ibid.*, pp. 294-295.
(16) *Ibid.*, p. 234.
(17) *Ibid.*, p. 280.

la propagande. Mais la philosophie de Gonfaloni symbolise imparfaitement les idéologies dévorantes du xx⁰ siècle. C'est d'ailleurs à rebours qu'il conviendrait d'examiner la question : dans *Rhinocéros*, Ionesco, admirateur et ami d'Audiberti, a pu se souvenir de sa pièce. Quoi qu'il en soit, il faut insérer le thème dans la dynamique de l'abhumanisme. L'animalité signifie une conception pessimiste d'un monde où l'homme délivré par la mort de l'angoisse de l'obsession du Mal et de ses idéaux humanistes, se laisse conduire par ses instincts asociaux et précivilisés. « Dans les hommes il y a un animal », avait prévenu la nourrice du *Mal court* (18). « Amis, que votre bête sorte », s'écrie un personnage du *Victorieux* (19). Leur fait écho Audiberti préfaçant *Les Chevaux de bois* : « Ce n'est qu'en devenant une « super-bête », en éliminant l'homme, que l'homme pourra se racheter (...), la bête égorgeuse ne peut s'améliorer que dans son ordre, celui de la bête » (20). En se transformant en animal, l'homme ne fait que devenir ce qu'il est déjà.

La métamorphose se situe au cœur de la pensée baroque. De Montaigne à Bruno, du Tasse à d'Aubigné, prévaut l'idée héraclitéenne selon laquelle rien ici-bas n'est stable, ne s'arrête en soi ; toute chose se transforme perpétuellement Alors que les classiques croient en la permanence des essences, les baroques insistent sur le « change ». Dans leur théâtre, tragi-comédies ou ballets de cour, évolue une population bariolée d'enchanteurs et de magiciens, échappés parfois d'Ovide, dans des paysages évanescents et des palais truqués. Toutes ces manifestations spectaculaires ne sont pas les plus significatives. L'être entier est affecté par la métamorphose, et pas seulement quelques phénomènes extravagants. Toute une Weltanschauung est en jeu, qu'elle procède du stoïcisme, de certain néo-platonisme ou d'un radicalisme chrétien. Lorsque la raison ne guide pas encore, ou ne régit plus, le réel, tout est possible. Protée règne alors.

On trouve, éparses dans l'œuvre d'Audiberti, des allusions à une ontologie mobiliste. Ainsi, dans *L'Ouvre-Boîte*, la théorie atomiste justifie des bizarreries naturelles : « Chaque forme, agrégat constant de molécules, se plie à coexister dans plusieurs règnes, l'hominal, le végétal, l'animal, et d'autres encore, et dans diverses époques (...). Les contacts que nous avons avec les autres formes, elles-mêmes plurales, sont incessants » (21). La métamorphose est le passage d'un ordre dans un autre, ou leur mise en correspondance. Dans leur livre, Audiberti et Bryen mettent en question plus généralement la

(18) *Le mal court*. Théâtre, t. I, p. 134.
(19) *Le Victorieux*, p. 71.
(20) Préface à Joppolo : *Les Chevaux de bois*, p. 36.
(21) *L'Ouvre-Boîte*, pp. 160-161.

logique rationnelle héritée de la philosophie classique, celle-là même qui a dompté l'effervescence intellectuelle du baroque. L'antirationalisme est une constante de la pensée audibertienne. « Amis ! Jetez au vent les débris de Descartes » (22), lit-on dans un poème tardif. Les métamorphoses les plus inattendues suppléent aux déficiences du principe de causalité, lequel rend mal compte des aberrations du possible. Comme le déclare un personnage de *Monorail* : « Au déterminisme cartésien, astronomique, selon lequel un phénomène donné engendre, commande et détermine sans appel d'autres phénomènes entièrement prévisibles, succède l'indéterminisme qui laisse à l'univers, à chaque instant, le droit de changer de cap » (23). Les choses ne sont pas ce qu'elles nous semblent, à savoir figées, mais possèdent un dynamisme intrinsèque qui les pousse à échapper sans cesse à leurs propres limitations. La malléabilité d'un réel fécond en possibles déborde nos représentations immédiates, parcellaires, appauvrissantes. « N'importe quel acte, ainsi que chaque objet, comporte une marge, une bordure de merveilleux (...). Rien, rien ne se limite à sa forme, comment dirais-je ? officielle, à son visage théorique » (24). Des forces inconnues sont à l'œuvre dans le monde. La réalité, ou ce que l'on croit et appelle tel, est investie de toutes parts, dilatée et déformée par un irrationnel aux multiples visages, fantastique, merveilleux, onirique... Chez l'ami de Leonor Fini, interfèrent donc le prérationalisme baroque et le post-rationalisme surréaliste.

Dans l'univers théâtral d'Audiberti règne aussi « l'ange des métamorphoses » (25). Il suffit de simples transformations physiologiques pour que se manifeste visiblement le devenir évasionniste des êtres et des choses. Le mobilisme universel est attesté dans l'œuvre romanesque, en particulier dans *Le Retour du divin* où on lit : « Les Chinois sont si forts qu'ils changent, comme ils veulent, leur main en poisson et la muraille en eau de mer », et : « Tout d'un coup, ils furent très brillants comme s'ils venaient de se transformer. Des poissons devinrent des anges sans que la sonnerie du réveil ait marché » (26). Le deuxième extrait relate une transfiguration et une mutation. Mais on lit aussi dans le même roman : « ... Notre radeau changeait de forme (...). Il devenait ovale, ou plutôt en amande. Pendant quelques secondes, il eut deux extrémités effilées, comme les navires ordinaires. Puis il redevint tout rond. Et il se mit, et nous avec, à tourner sur lui-même à toute vitesse (...).

(22) « Poème écrit sur un morceau de papier quadrillé. » *N.R.F.*, n° 156 (1.12.1965), p. 1013.
(23) *Monorail*, p. 306.
(24) *Les Jardins et les fleuves*, p. 278.
(25) *Pucelle*. Théâtre, t. II, p. 189.
(26) *Le Retour du divin*, pp. 24 et 8.

Nous tournions. Et il se passa d'étrange et monstrueux ceci, que notre radeau (...), il se mit à fuseler, à s'amincir jusqu'à se résoudre, un trait de pure vélocité, pour se reconstituer plus loin, pas mal de milles plus loin » (27). Audiberti admet une plasticité des individualités, donc la sortie de soi. « La personne, écrit-il, est dilatable à l'infini » (28). La Hobereaute déclare : « J'ai le pouvoir de planter mon cœur à la place de n'importe quel animal et de me transformer dans cet animal » (29). L'évasion abhumaine se compose donc de deux opérations distinctes, la métamorphose organique et la libération du moi personnel.

La Fête noire établit une connexion explicite entre la malléabilité de l'être subjectif, la sortie de soi et le thème du monstre. La pièce est assurément ambiguë, complexe ; il convient néanmoins de garder à l'esprit qu'une œuvre de théâtre est par nature soumise à de strictes exigences spectaculaires, mais que sur scène un monstre peut demeurer inexpliqué, enfin qu'Audiberti aime la richesse de l'équivoque, car selon lui les éclaircissements trop catégoriques mutilent, déflorent la beauté du monde. Donc Félicien à la fois est et n'est pas, voire ne peut pas être le monstre qui ravage le Gévaudan. Celui-ci est décrit contradictoirement par les uns et les autres. Tantôt, « c'est une bête étrange, d'une stature énorme (...). Cette bête court plus vite qu'une pierre en train de tomber. Son museau est celui d'un cheval aux naseaux empourprés et convulsifs. Son cou démesuré brille et retentit d'écailles qui semblent décorées à la main par un artisan appliqué », tantôt elle est « plus grosse qu'une vache et la flexion de ses pattes rappelle le démarrage des sauterelles (...). Il faut que la carapace de cette bête soit plus difficile que celle des popotames et des craïmans, autrement tu la verrais toi-même, notre bonne bête, les quatre fers en l'air et le menton qui pend (...). Sa queue, en pleine course, frappait et châtiait. Les cailloux volaient de toutes parts. Un tourbillon de poussière s'élevait. Ses yeux, charnus et ronds comme des crânes, lançaient des éclairs » (30). L'impression fournie est celle non d'un animal réel mais d'un monstre composite cumulant les qualités de diverses espèces : vélocité des équidés, agilité des reptiles, gracilité des orthoptères, lourdeur des pachydermes, agressivité des carnassiers. « C'est par la somme des contradictions amassées qu'on a une mesure de la force du complexe » (31).

L'hybridité de la bête noire résulte selon toute probabilité de la contamination de deux légendes populaires, celles de la bête

(27) Ibid., p. 20.
(28) La nouvelle Origine, p. 12.
(29) Opéra parlé. Théâtre, t. III, p. 112.
(30) La Fête noire. Théâtre, t. II, pp. 34-36.
(31) Bachelard : Lautréamont, pp. 147-148.

du Gévaudan et de la tarasque rhodanienne. Sa morphologie donne à penser qu'Audiberti a délayé la formule « grossior bove longior equo » par laquelle on décrit traditionnellement le fauve dompté par sainte Marthe. Le poète eut peut-être écho des anciennes fêtes de la tarasque qui furent à nouveau et exceptionnellement commémorées à Arles en 1946 (la pièce paraît en 1945). Coïncidence curieuse, c'est un certain Audibert de cette ville qui aurait fabriqué vers 1900 la « petite tarasque » pour le compte de la Société de Sainte-Marthe (32). De toute façon, on se trouve en présence d'un archétype folklorique occitan comme le prouve encore la survivance de processions rituelles en Provence et Languedoc. L'iconographie traditionnelle représente souvent un monstre dévorant une créature humaine (« hominem quem jugulaverat comedentem »). Audiberti, semble-t-il, a investi dans sa pièce des souvenirs mythologiques et iconographiques. Pourtant, il est une autre origine, tout aussi vraisemblable à La Fête noire, sa culture cinématographique. Le Loup des Malveneurs a pu réactualiser pour le cinéphile un thème popularisé par les innombrables productions des écoles fantastiques germanique et anglo-américaine : Le Monstre de Londres, Le Loup-Garou, The Leopard man, etc. Toutes ces hypothèses n'ont finalement qu'une importance anecdotique, car extérieure à la symbolique baroque du sujet.

Le recours aux sciences humaines peut-il élucider le sens du mythe tératologique ? Pour Jung, l'animalité figure la libido sexuelle. Dans La Nâ dont est tirée La Fête noire, le narrateur, Michel, c'est-à-dire Audiberti lui-même, organise une expédition mondaine dans la montagne afin de mettre à mort un lynx monstrueux — réel ou mythique — qui semble l'incarnation ambiguë du désir et du mal. Une interprétation de type freudien n'est donc pas à écarter à priori, l'auteur ayant écrit : « La bête, à la fois allégorique et concrète, dont je me suis efforcé de rendre sensible la présence, n'est autre que la nature humaine charnelle et amoureuse (...). Félicien, promis à un destin de gloire et de commandement se voit, par contre, privé de la tendresse des femmes. Les pactes avec le diable, les proverbes (heureux au jeu, malheureux en amour) et la psychiatrie formulent, condensent ou analysent ce genre de « compensations » réelles, légendaires ou imaginaires » (33). On sait que le sadisme naît de la fusion de l'Eros offensif et de Thanatos extrojectés en agressivité homicide. Les instincts meurtriers de Félicien, libérés, s'actualisent dans la forme charnelle de la bête, ses frustrations intimes se convertissent en cruauté dévorante. La destruction sanglante des objets aimés se substitue à leur impossible consommation sexuelle. Le monstre endosse donc le symbolisme de l'agressivité. Mais, note

(32) Louis Dumont : La Tarasque, p. 40.
(33) « La Fête noire à Bruxelles. » Arts, n° 197 (14.1.1949), p. 7.

Gilbert Durand, « L'apparition de l'animalité dans la conscience est symptôme d'une dépression de la personne jusqu'aux marches de l'anxiété » (34). L'hybridité de la bête noire, imaginaire, s'expliquerait donc par un nœud complexuel. Pourtant seule, l'hypothèse d'un dédoublement, dont on verra plus loin le sens intrinsèque, donc la scission du personnage et de ses instincts dénaturés, sauvegarde la plausibilité d'une histoire trop riche. Ce dédoublement comble l'attente de la collectivité qui confère au monstre à peine expulsé une réalité non plus phantasmique, mais réelle. C'est que la métamorphose est la fonction spécifique de l'imagination : celle-ci ne comprend une forme que si elle la transmute, si elle en dynamise le devenir. C'est donc dans une perspective plus vaste qu'il faut insérer l'interprétation jungienne du monstre. La chevauchée de la bête noire ne se réduit pas à ses significations sexuelles. Un isomorphisme continu relie en effet le taureau galopant, le dragon carnassier et le cheval-démon de la mort. Le schème général de l'agitation tératologique est sous-tendu par l'angoisse devant le changement et l'écoulement du temps létifère. Tel est sans doute le sens caché de *La Fête noire*.

« La manière la plus rapide de décrire une aberration humaine est de la rapprocher d'un comportement animal » (35). Animalité superlative, le monstre recense les virtualités effrayantes — extra-sociales — des êtres raisonnables, il est l'être atypique par excellence, exclu de l'ordre commun, enfoui dans sa singularité anormale, rebelle à toute censure. La bête noire lacère et dévore ses victimes ; or, les satisfactions alimentaires et la jouissance sexuelle, interdite à Félicien, présentent des affinités évidentes. Pour Lou Desterrat, le monstre évoque « un homme à l'heure de son souper » (36). Et Alice déclare : « Elle porte un chapeau de cuir, des pistolets dans sa ceinture et son visage est triste et fier. » Ce qui fait dire à l'évêque : « La bête noire, ma mie, elle est en chacun de nous » (37). Elle serait alors la part de bestialité dans la chair humaine qui ne se libère que lorsque s'efface le contrôle de la raison, notamment dans l'acte sexuel. « La bête, écrit Louis Vax, c'est cet aspect de nous-même qui refuse toutes les vertus qui font les hommes raisonnables, groupés en communautés (...). Il y a dans l'animal fantastique non seulement retour à la sauvagerie, mais perversion d'un état supérieur » (38). Sous des apparences anthropomorphes se dissimule l'inhumain, refoulé, qui tend toujours à jaillir. En ce sens, Félicien est plus inquiétant que l'inoffensif rustre d'*Urujac*, car il est un pur produit de la

(34) Gilbert Durand : *Les Structures anthropologiques de l'imaginaire*, p. 67.
(35) Bachelard : *Op. cit.*, p. 173.
(36) *La Fête noire*. Théâtre, t. II, p. 38.
(37) *Ibid.*, pp. 58 et 59.
(38) Louis Vax : *L'Art et la littérature fantastiques*, p. 25.

civilisation humaniste. La défaite de l'homme se devine dans la première grande pièce d'Audiberti.

Avec l'étude de la bête noire, on s'est éloigné en apparence seulement du débat fondamental. L'esprit baroque affectionne, en effet, par antirationalisme, l'extraordinaire. P. Charpentrat, citant notamment la pièce d'Audiberti, a opportunément rappelé que la thématique baroque comporte un versant nocturne, halluciné, où triomphent l'instinct, l'inconscient et le rêve (39). Puisque est vain l'espoir de régénérer la race des hommes, le monstre permet à l'homme d'assumer son inhumanité foncière, de s'évader hors de sa finitude charnelle. Félicien troque sa chair molle, celle de Damase et Loup-Clair, contre la carapace solide de la tarasque, de même que les naturels du Bordelais se changent en grillons métalloïdes. Derrière cette dernière métamorphose abhumaine se profile aussi l'archétype moderne du robot, être anthropomorphe sans affectivité ni souffrance. Dans la pochade qui porte ce titre, le « bel enfant » est un monstre d'acier et de caoutchouc qui échappe à tout contrôle technologique. L'aberrant produit de laboratoire fonctionne selon des lois autres que le bambin qu'il est censé suppléer : rien d'humain — raison, sentiment, discours — n'a prise sur lui. Il enlève sa mère après avoir ravagé l'appartement de ses parents. Même si ce rapt futuriste a un contenu œdipien manifeste, il se rattache à la thématique abhumaniste. Le robot androïde propose un homme déshumanisé.

> « Je t'emporte loin du corps, ce labyrinthe
> dans un monde précis d'impalpable métal
> où la chair diminue et, tout autant, la crainte
> sur les plateaux sans herbe, au grand soleil mental. » (40)

Il s'agit bien plus que d'une satire de la science moderne. La technique permet à Audiberti de renouveler le vieil archétype de l'apprenti-sorcier. La créature se dresse contre son créateur. Le robot s'émancipe de la tutelle de son inventeur. La machine affolée se substitue au monstre fantastique. Ce n'est pas un hasard si dans *Les Enfants naturels*, l'auteur mentionne les automates de Francini (41) qui fascinèrent les contemporains du rationalisme naissant.

Audiberti s'émerveille de l'essor de la science et de la technique ; il y trouve un moyen de moderniser le merveilleux dont est avide son irrationalisme. Ne lit-on pas dans *Le Retour du divin* : « ... Mais la science peut faire des monstres encore plus extraordinaires » (42) ? Dans son œuvre, une place de choix est réservée aux

---

(39) Pierre Charpentrat : *Le Mirage baroque*, pp. 111-117.
(40) *Un bel Enfant.* Théâtre, t. IV, p. 287.
(41) *Les Enfants naturels*, p. 71.
(42) *Le Retour du divin*, p. 47.

machines fabuleuses, farfelues et à leurs créateurs. Il suffit de citer *Lagune hérissée*, *Le Retour du divin*, *Monorail*, *Les médecins ne sont pas des plombiers*, *L'Ouvre-Boîte*, et pour le théâtre : *L'Effet Glapion*, *Pomme Pomme Pomme*, voire *La Brigitta*. Le professeur Palmas incarne à merveille, moitié sorcier moitié savant, les pouvoirs nouveaux que la science confère à l'homme. On a rarement mis en rapport l'abhumanisme et la science-fiction que, dans *L'Ouvre-Boîte*, Audiberti surnomme plaisamment Fixie. Or, dans cet ouvrage, il apparaît clairement que les thèmes de celle-ci érodent l'humanisme traditionnel, font « éclater le décor et le rouage accoutumé de l'humanité » (43). Il s'agit bien d'une évasion hors des limites de la condition humaine.

Audiberti était féru de science-fiction, il fit partie avec Queneau, Boris Vian et Bryen de l'éphémère cercle des Savanturiers ; de plus, son épouse l'avait parfois associé à ses propres travaux de traduction — une lettre à Paulhan révèle qu'il travailla à celle de *1984*. Or celle-ci adapta entre 1945 et 1965 nombre de récits américains, notamment de Murray Leinster, Olaf Stapledon, Isaac Asimov, Vargo Stratten. Un ouvrage comme *Les Transformés*, de John Wyndham, traduit en 1952, montre que si la science-fiction n'a pas prédéterminé la thématique abhumaniste, elle a néanmoins contribué à en consolider la cohésion, car l'idée du mutant correspond à une obsession majeure du poète. Le mutant représente un état supérieur et ultérieur de l'espèce humaine. Ses nouveaux pouvoirs — ubiquité, télépathie, invisibilité, voire non-mortalité — concrétisent de vieux rêves de l'homme. Or, plusieurs textes écrits autour de 1947 signifient que l'abhumanisme vise à une transformation radicale et irréversible de la race des hommes — projet qui assurément n'est pas sans rapport avec le sentiment tant baroque que romantique de l'incomplétude humaine :

> « Il m'arrive de rêver d'une race humaine supprimée ou modifiée. »
> « J'ai quelquefois rêvé d'être un autre. Et j'ai rêvé que l'homme tout entier fût un autre, à seule fin qu'il cessât de souffrir, charnu, damné (...). Ce qui m'importe, voyez-vous, ce n'est pas d'obtenir mon changement, ce n'est pas de voyager, de déménager en tant que moi-même le même, d'être promu capitaine, d'être nommé à Dakar. C'est, plutôt, de m'altérer, de me modifier, tout en gardant plus ou moins présent ce noyau personnel, ce vertige égoïste à partir de quoi l'altération se constate et peut avoir quelque valeur. Et quand je dis moi, bien sûr, je dis vous. Vous, les hommes, dans votre lot, dans votre pas. »
> « Mon plus constant souci semble être d'une issue, d'une issue à notre vie, à notre vie et à notre mort, laquelle vie à mort ne sera épuisée que quand tous l'auront eue, et sous toutes ses formes.

(43) *L'Ouvre-Boîte*, p. 153.

Tous, et pour commencer, moi. D'où ma quête méleuse. D'où mon bariolage et sa chance explosive. » (44)

Audiberti interprète dans ce sens la frénésie désespérée des personnages de Joppolo. « Les héros de notre Sicilien cèdent souvent à la fureur de devenir autres » (45). Les siens et lui-même leur ressemblent puisqu'ils aspirent en toute conscience ou confusément à franchir les bornes de leur Icheit, à s'arracher au carcan d'une condition humaine faite d'angoisse, de souffrance et de maux. Ne lit-on pas dans *Le Retour du divin* : « La prison appelée la vie renferme toutes les prisons » (46) ? A cette préoccupation permanente fait écho dans *Quoat-Quoat* le thème baudelairien de l'invitation au voyage.

> « Je me disais que ç'aurait été intéressant d'essayer de s'évader de ce navire, de ce système, de s'évader non seulement de la vie, mais de la mort, et des hommes et des femmes, et de la terre et de la mer, et des berceaux et de la tombe, et du soleil et de la lune, de passer, vous voyez ce que je veux dire ? de passer sur un autre navire, de m'en aller de l'univers vers Dieu. » (47)

La même idée d'une évasion aventureuse hors du tout du monde se retrouve dans un poème contemporain :

> « Un voyage n'est beau que s'il est sans retour
> Et qu'un autre soleil se lève chaque jour.
> Fais ton sac. Nous partons. Nous quittons Palosdème
> Et la terre, et la vie, et la mort elle-même. » (48)

L'aspiration mystique à un ailleurs indéfini implique la croyance implicite, diffuse, non dogmatique en une transcendance, même étrangère et lointaine. Le thème romantico-baroque de l'évasion annonce et prépare une ontologie de type dualiste dans la mesure où il constitue le contrepoint aux mythes négatifs de la chute. Dans l'œuvre d'Audiberti, un double isomorphisme continu relie d'une part le monde, la matière, la chair, la corporéité, le mal, de l'autre, l'esprit, le bien, Dieu. A ce sujet, la critique a souvent, non sans raison, parlé de catharisme. L'auteur a pour amis le chef d'orchestre Marcel Mirouze, prototype de Mirtus, René Nelli, l'historien des Albigeois, le chanteur toulousain Claude Nougaro, tous occitans bon teint et se recommandant de la métaphysique manichéenne. On aurait tort cependant de majorer telle ou telle influence. Le dualisme audibertien se laisse pressentir dans *Abraxas*, avant

---

(44) *Les médecins ne sont pas des plombiers*, p. 182 ; *Cent Jours*, p. 29-30 et p. 144.

(45) Préface à Joppolo : *Le Chien, le Photographe et le Train*, p. 10.

(46) *Le Retour du divin*, p. 263.

(47) *Quoat-Quoat*. Théâtre, t. I, p. 67. La référence à Baudelaire n'est pas gratuite. Immédiatement après le passage cité, une allusion explicite et plaisante est faite au poète, pour lequel Audiberti éprouvait une vive admiration.

(48) Trois mâts. *Vive Guitare*, p. 28.

d'éclater dans *le Retour du divin* et *La Nâ*. Même si certaines personnalités ont pu colorer la sensibilité mystique du poète, que sa curiosité poussait vers les religions orientales et la kabbale, c'est dans la cohérence de l'abhumanisme que s'inscrit son dualisme.

Ce dualisme n'est pas sans ambiguïté. Suivant Audiberti, la critique souvent semble confondre dualisme, catharisme, manichéisme et gnosticisme. La réalité des systèmes est tout autre. Ainsi lit-on dans *Les médecins ne sont pas des plombiers* : « Pour la postérité albigeoise de Marcion et Manès, rien de bon ne saurait exister dans cette intrication de nourriture et de pourriture — la chair — notre chair animale humaine, y compris tout ce que cette chair peut héberger ou sécréter de mental, d'idéal, de non charnel » (49). Et, après cette phrase inattaquable, l'auteur met sur le même plan la gnose, les Albigeois, les Cathares et Karl Barth. Tardivement, il s'astreindra à moins de laxisme dans le maniement des classifications philosophiques. Evoquant dans *Dimanche m'attend* le dualisme de Mirouze, il parlera de sa « métaphysique disons albigeoise » (50). Pour les véritables continuateurs de Manès, le dualisme est intérieur à un monde dans lequel coexistent conflictuellement des couples de principes antagonistes : le Bien et le Mal, la lumière et les ténèbres, l'esprit et la matière, etc. Après la chute, le divin est donc englué, épars dans le monde ; il n'est qu'à le rassembler. L'expression même de « retour du divin » indique qu'Audiberti ne se réfère pas à un dualisme d'essence manichéenne. Le sien, tel qu'il sourd de sa thématique, s'apparenterait plutôt à la gnose et au platonisme. Socrate et son disciple jugent le divin incompatible avec la matière, étranger à elle, donc transcendant. Les gnostiques, leurs héritiers, pensent que le monde est pris dans la matière et le Mal, frustré du divin, ou, si l'on préfère, abandonné de Dieu, d'un Dieu avec lequel on peut communiquer fortuitement, par un effet de la Grâce. L'abhumanisme est imprégné de nihilisme gnostique, d'une théologie tragique, qui d'ailleurs se concilie avec une conception presque nietzschéenne de l'Homme-Dieu (51).

A ce stade, deux remarques s'imposent. D'abord la gnose est, avec la philosophie d'Héraclite, une des sources de la coincidentia oppositorum chère aux poètes baroques : de la confusion des principes antagonistes on passe à leur unité profonde. Mais cette idée n'affleure que rarement chez Audiberti, dans quelques oxymores. Par ailleurs, l'histoire des idées montre que le dualisme apparaît en période de crise, de mutation, de bouleversement, quand se révèle vain tout effort pour ramener à l'unité, par la raison, la diversité des choses.

(49) *Les médecins ne sont pas des plombiers*, p. 52.

(50) *Dimanche m'attend*, p. 31.

(51) « Je suis Dieu. Je suis Dieu, ne pouvant être plus. » (*L'Empire et la trappe*, p. 91.).

Le dualisme résiste à la récupération dogmatique, au contraire il témoigne d'une pensée active, axée sur la condition du sujet pensant et souffrant, donc implique et intègre un doute profond à l'égard de soi-même et du monde. Ainsi s'éclaire sous un jour nouveau le scepticisme abhumain.

Le thème audibertien de l'envol illustre à merveille l'obsession de l'incomplétude qui se situe douloureusement au cœur de la problématique gnostique. Ces vers tirés de *Vive Guitare* condensent magnifiquement la quête pathétique d'une transcendance hors de la pesanteur des choses matérielles.

> « Je veux bouger ! Je veux partir !
> Je veux m'arracher à la terre !...
> Je veux muser comme linotte,
> Bondir vers les vertes planètes (...)
> Dans l'espace qui me tenta
> Je planerai, je tournerai. » (52)

Cette aspiration à la légèreté ailée, quelques personnages du théâtre audibertien ont la faculté de la concrétiser. La Hobereaute aime à « voltiger entre les arbres », en guise de jeu ; de même la souple Joannine « ne se sent à l'aise qu'au ras du ciel et du sol. Elle s'envole et puis elle s'endort » (53). Certes, à la prédilection du poète pour la femme-oiseau, on peut donner des raisons biographiques probantes, sa passion pour la trapéziste Diane de Riaz. Il demeure que le thème de l'évasion ailée appartient au grand registre baroque. Nulle part mieux que dans *Carnage* Audiberti n'en a exploré la richesse poétique. Médie possède tous les merveilleux pouvoirs dont rêve le poète : elle glisse dans l'air et les eaux, aussi libre que le hobereau, roi du ciel.

> « ... Elle jouissait de mourir, se perdre, disparaître. Avec sa robe, ou sans robe, elle plongeait dans l'eau claire, comme une pierre s'enlise. Plus rien, désormais, n'existait plus qu'une extase de rumeur plus bleue que tout au monde, traversée de poissons énormes qui baignent au même secret (...). Elle parcourait l'intérieur de l'azurage liquide. Elle s'y comportait comme, là-haut, le hobereau dans l'auréole d'air brillant et blême. Rien n'avait existé, n'existerait plus, ni les meubles de la maison, ni le tuteur bonasse... »
> « Elle, dans l'eau, s'évadait des listes humaines. Elle rompait avec n'importe quelle forme de destinée sociale. » (54)

La comparaison, longuement développée avec le hobereau, précise le sens de l'évasion légère : la femme-oiseau incarne un désir de sublimation.

> « Il était dans le ciel comme elle était dans le lac. Elle rêvait de cette puissance volante. Sûre de dominer les lois aquatiques à

---

(52) Vers libres. *Vive Guitare*, p. 33.
(53) *Opéra parlé*. Théâtre, t. III, p. 112 ; *Pucelle*. Théâtre, t. II, p. 125.
(54) *Carnage*, pp. 49 et 50.

force de les adopter, elle bisquait un peu d'être moins habile et, même, parfaitement inerte, à celles de l'air (...). Elle aurait voulu s'envoler (...). Parfois, les yeux fermés, couchée dans l'herbe, elle essayait de s'évader des pesanteurs. On sort de son corps dans ce qu'il a d'irréductible au pèlerinage léger. On se situe, avec force, dans l'air, au-dessus de sa dépouille — et pourtant, cette dépouille, votre chair, vous l'emporterez avec vous, mais désossée, désen-venimée. » (55)

Bachelard a souligné l'isomorphisme de l'oiseau et de la pureté (56). Dans les images ornithologiques, la chair, désanimali-sée, devient essor, mouvement, trajectoire. Ce qui fascine Médie dans les évolutions gracieuses du hobereau, c'est sa légèreté, sa maîtrise de l'espace, son élan ailé vers le ciel. Remarquant que le bestiaire de Saint-Amant se compose presque exclusivement d'oiseaux et de poissons, Genette voit là « une prédilection conforme aux tendances les plus manifestes de l'âme baroque qui se cherche et se projette dans le fugace et l'insaisissable, dans les jeux d'eau, de l'air et du feu » (57). Vol et nage sont liés dans l'imagination poétique baroque par ce que Bachelard nomme une « homothétie mécanique évidente » (58) : « L'oiseau et le poisson vivent dans un volume alors que nous vivons dans une surface » ; ils se meuvent dans la dimension verticale qui sanctionne l'infirmité congénitale des bipèdes humains. La propulsion aisée de Médie, Joannine et de la Hobereaute dans les airs symbolise la plénitude de liberté que confère aux êtres graciés la sublimation victorieuse de leur corps.

L'archétype sous-jacent à la rêverie du vol semble être l'ange, c'est-à-dire le plus désanimalisé, puisque pure immatérialité. Contre-point négatif de la chute, toute élévation — escalade comme dans *La Nâ* et *La Fête noire*, envol dans l'éther comme dans *Pucelle* — est isomorphe d'une purification, parce qu'essentiellement angé-lique. La corporéité lourde se sublime en sensualité chaste. Puisque « élévation et puissance sont synonymes » (59), il faut voir dans l'essor des dryades audibertiennes la tentative pour débarrasser l'être personnel de l'homme de son poids de chair et reconquérir des pouvoirs dégradés par la chute. Voler, c'est se libérer de sa carcasse matérielle, partant échapper à la fatalité de la mort. « Gagnez vos ailes!... La chair, pour ne pas pourrir, doit s'envo-ler » (60). Deux extraits d'*Ange aux entrailles* confirmeront ce point.

(55) *Ibid.*, p. 56.
(56) Bachelard : *L'Air et les songes*, p. 83.
(57) Gérard Genette : *Figures*, t. I, p. 9.
(58) Bachelard : *Lautréamont*, p. 66.
(59) Gilbert Durand : *Op. cit.*, p. 139.
(60) *Le Victorieux*, p. 25.

« Je quitte en m'envolant ce monde et l'autre monde
traitre à la vie et au trépas. »
« Je supplie, ami, que l'on m'ôte
mon corps, tendre lis de ma faute.
Mais quelle faute, expliquez-vous !
quelle faute, si j'étais ivre,
quelle faute, sinon de vivre ? » (61)

L'aspiration à la transcendance libératrice est nette. Derrière l'humain qui vole, on retrouve le phantasme audibertien de l'homme-Dieu.

« L'homme était son propre maître et comme son propre père. Il n'avait à connaître d'autre Dieu que lui-même, ou plutôt, à ne rechercher qu'en lui-même la présence de Dieu, de ce Dieu qui, pour s'accomplir, se confie à notre chair, aux douleurs de notre chair. L'homme avait, par ses personnels efforts, à se tracer un chemin, à se faire de nouveaux organes. Le moment était venu de cesser de se confier au déroulement cosmique. Il devait prendre en ses mains, pour ainsi dire, la forme de son avenir. Livré à la chair de l'homme et aux douleurs de cette chair, Dieu, le cosmos, le tout ce qui, Dieu n'en conserve pas moins la nostalgie de lui-même, de lui-même, là-haut tout puissant derrière le nuage. Et le jeu, le sombre jeu ! Difficile jeu ! consiste pour l'incarné, pour Dieu dans la chair de l'homme et dans les douleurs de cette chair, à se rejoindre là-haut derrière le nuage et à travers la vie et à travers la mort, et à travers les actes, les jours, les « mois » (62).

Carnage et *La Hobereaute* renvoient à tout un courant du cinéma poétique français qui, du *Lac aux dames* d'Allégret au *Baron fantôme* de Cocteau et de Poligny, affectionne le mythe de la fée. On peut dégager quelques invariants communs à tous ces films. Au bord d'un lac ou au fond d'une forêt vit une sauvageonne sensuelle et pure, vierge dotée de pouvoirs surnaturels et soustraite à la condition féminine ordinaire. Un protecteur sévère ou un père jaloux veille sur elle. Mais un jeune homme rêveur, en quête de la femme de ses rêves et de sa vie, tombe amoureux de la nymphe. Or un tabou religieux, ou un interdit moral, sépare les deux amants qui ne se réuniront que dans la mort. Audiberti a librement inséré ce motif général dans sa constellation thématique, en y investissant ses aspirations abhumanistes. On remarquera que, de *Carnage* à *La Hobereaute*, le mythe de la femme-oiseau s'est débaroquisé. En transposant le roman à la scène, le poète est amené à débarrasser l'histoire de ses implications oniriques et lyriques, voire mystiques. Des longs développements de 1942, il reste en 1954 des formules concentrées :

« Elle vole comme un oiseau. Elle vole dans l'air. Elle vole dans l'eau. »

(61) Jura ; Les filatures. *Ange aux entrailles*, pp. 25 et 31.
(62) *Le Victorieux*, p. 23.

« Peu à peu tu perdras ta puissance. Tu seras faible. Tu seras douce. Tu seras une femme » (63).

Filles des eaux et des bois, Joannine, Médie et la Hobereaute incarnent la grâce, au double sens théologique et physique du terme (elles sont à la fois gracieuses et graciées), par opposition à la matière charnelle qui enracine le moi dans un monde intrinsèquement mauvais. C'est ce qu'accuse le contraste des sexes, l'opposition entre l'agile Hobereaute et le corpulent Massacre, entre le rayonnement de Joannine et l'impotence du duc. Au-delà de ses significations gnostiques, le mythe de la nymphe doit être encore rapproché de la quête alchimiste. La pierre philosophale était censée conférer à son inventeur, entre autres pouvoirs merveilleux, celui de se déplacer à son gré dans l'espace. « La fin du grand-œuvre, lit-on dans un texte alchimiste, est de se débarrasser quand il (= l'adepte) voudra de la chair corruptible sans passer par la mort » (64). C'est bien à cela qu'aspirent vainement les héros abhumanistes, de Félicien à Joannine.

Mais la trapéziste se blesse, Joannine meurt à la guerre, la Hobereaute se dépouille de ses pouvoirs surnaturels et, épouse de Gomais, Médie devient une mégère acariâtre. « L'homme de l'homme ne s'évade » (65). L'ère des dryades est révolue. Les idées de transmutation, de sublimation, de métamorphose ne sont pas susceptibles de réalisation ici-bas. La société, l'histoire, la science, le progrès condamnent le projet abhumaniste, alchimiste ou baroque, d'évasion radicale. Ce n'est que dans le rêve ou dans la surcréation esthétique que l'homme peut échapper à sa finitude d'être englué dans l'immanence matérielle. Il ne peut y avoir non plus de régression vers un en-deçà édénique, vers l'innocence perdue, ou, en d'autres termes, de retour à l'état présocial de nature. La situation de l'homme dans un monde qu'il ne peut changer est donc sans issue. Elle est tragique. Audiberti est le contemporain de Samuel Beckett.

---

(63) *Opéra parlé*. Théâtre, t. III, pp. 108 et 110.
(64) Cité par Serge Hulin. *L'Alchimie*, p. 65.
(65) Palestine *Les Cahiers de la Pléiade*, n° 5, (été 1948), p. 43.

CHAPITRE VIII

LES DOUBLES

> « La personne humaine est telle-
> ment complexe que, dans les cas de
> grande urgence, la personne hu-
> maine peut se diviser en deux » (*La
> Poupée. Scénario*, p. 124).

De *La Comédie des erreurs* aux *Sosies*, le théâtre baroque affectionne tout particulièrement les thèmes de la ressemblance et du dédoublement. L'incertitude sur les identités, les échanges d'apparence, les transferts de masque constituent autant de varia- tions sur un motif qui s'enracine profondément dans l'ontologie mobiliste étudiée plus haut. Il n'est guère étonnant que Claudel les ait retrouvés, notamment dans *Protée, Le Livre de Christophe Colomb* et *Le Ravissement de Scapin*. Ils figurent aussi chez Audiberti, mais malaisément isolables de ceux de la métamorphose et du déguisement. L'inconsistant mari d'Hermine disparaît en mer ; son frère, un autre Damase, dur et viril, prend sa place, qui se révèle à la fin être un Damase autre. « Le timide bureaucrate était devenu le forban aux mains compactes et soignées. Il avait voulu devenir un autre. Il était, pour de bon, devenu un autre » (1). Il s'agissait non d'un véritable dédoublement mais d'une transfigu- ration, ce qui renvoie au chapitre précédent. Le lecteur toutefois a pu hésiter un instant.

Le thème de la ressemblance se rencontre souvent dans l'œuvre d'Audiberti. La mère de Mirtus, l'impératrice de Byzance, et une femme de Jérusalem ont le même visage, de même un seul acteur joue successivement le prêtre catholique, le patriarche orthodoxe

---

(1) *Monorail*, p. 334.

et l'ouléma. *Le Cavalier seul* satirise sans équivoque le clergé qui, quelle que soit la religion, demeure fanatique et politicien. Le cas de *La Poupée* est plus complexe. La similitude physionomique entre le dictateur et le révolutionnaire a une portée politique certaine : la révolution ne sert à rien puisque l'exploitation du peuple laborieux se perpétuera et la politique est un jeu truqué. Pourtant, la ressemblance entre les deux hommes n'éclate pas immédiatement, même si tous deux se révèlent, d'entrée, également violents et emportés ; elle se fait jour progressivement, d'abord grâce à un lapsus de Mirt :

> Mirt : Je n'étais pas seule, colonel, j'étais avec lui...
> Coral, surpris : Colonel ?... Je n'aime pas ça...
> Mirt : Vous lui ressemblez... vous savez... (2)

Lors de la réception chez les Moren, les deux personnages s'affrontent l'instant d'un regard — d'une « redoutable intensité », précise Audiberti. Peu après, le colonel est abattu par un militant exalté avant l'heure fixée. Pour éviter que le régime n'installe à sa place un nouvel homme fort, on décide de dissimuler sa mort et de faire jouer son rôle par Coral.

> « Par l'expression du visage, par la stature, par l'habitude qu'il a de l'uniforme, ce jeune homme, ce héros est tout désigné pour se rendre à l'hippodrome, demain, dans les effets du colonel et avec les compagnons habituels du colonel. » (3)

Mais la substitution opérée, Coral, littéralement le dos au mur, n'a plus pour se sauver qu'à prendre au sérieux le rôle qu'on lui a assigné pour un jour. « Ils veulent, lui suggère Mirt, que vous fassiez le colonel. Eh bien, faites-le. Faites-le le plus longtemps que vous pourrez » (4). Le faux dictateur réprimera férocement le soulèvement qu'il avait préparé. Les thèmes de la ressemblance et du déguisement se conjuguent donc. Pourtant, celui du dédoublement est aussi présent. Un professeur Nimbus démocrate, le pittoresque Palmas, a inventé un appareil à dédoubler la matière. Apprenti-sorcier (descendant d'ailleurs de sorciers amérindiens), il recopie au détail près et jette sur la scène du monde un double de Marion Moren, la Poupée. Le thème se complique puisque le savant s'immerge dans le corps de celle-ci qui s'anime, lui-même demeurant chez lui en état de catalepsie (ce point est supprimé dans la pièce). L'androgyne ensorcelle littéralement et Coral et le colonel — là est sans doute la raison de leur intermutabilité —, fait échouer la révolution et se désintègre comme prévu. La pièce fourmille d'idées baroques, mais à vouloir traiter et de la femme fatale et de l'andro-

(2) *La Poupée*, p 40.
(3) *Ibid.*, p. 76.
(4) *Ibid.*, p. 87.

gyne et de l'apprenti-sorcier et des doubles et de la révolution, Audiberti s'est malheureusement dispersé à son habitude.

Il en est de même dans *La Brigitta*. Paulette Plumard et Pilar sont-elles une seule personne ou deux sosies ? La première est une pauvresse du XIIIᵉ arrondissement, la seconde se dit la nièce d'un dictateur péruvien déchu. A son arrivée dans un palace parisien, l'équivoque sur l'identité de cette dernière éclate aussitôt. « En vous voyant, lui lance Mme de Concourt, je vous l'avoue, j'ai cru, c'est bizarre ! J'ai cru que c'était elle, elle qui revient parmi nous » (5). Mais l'héroïne affirme fortement : « Je ne suis pas votre Paulette, ah ! non, Je ne suis pas non plus la veuve d'un microscopique vérificateur. Je suis la nièce du Président Escarcellas » (6). Au deuxième acte, la représentation — sur scène ! — d'un film révèle rétrospectivement la vie malheureuse de Paulette. L'énigme se dissipe au troisième, quand on apprend que celle-ci s'était sortie de sa condition pitoyable d'« hirondelle matraquée ». Le cinéaste qui s'était épris d'elle en a fait une actrice qui, se faisant passer pour Pilar, croyait conjurer son passé. Même si cette interprétation est juste, la pièce demeure extrêmement confuse du fait qu'Audiberti a volontairement mêlé le présent et le passé, le réel et l'imaginaire. « Cette femme riche, puissante et comblée que je désire devenir, elle vit déjà dans l'avenir » (7). Dans sa présentation de *La Brigitta*, l'auteur explique : « Ce qui me préoccupa toujours fut l'emprisonnement de chacun dans ‚sa propre personne » (8). Tout au long de son œuvre, il s'est posé, avec souvent plus de bonheur, ces mêmes questions. Le moi peut-il être investi par une altérité extérieure ou se projeter hors de lui-même ? Son identité est-elle individuelle et unique ?

Dans *Le Victorieux*, l'acteur Martir Colos, qui joue le rôle de Cassacata, finit par prendre la place de celui-ci. Dans *L'Ouvre-Boîte*, Bryen rapporte deux hallucinations dont on ne sait si elles sont réelles ou inventées (9). Dans *Le Retour du divin*, Incarnacion, dont certes l'équilibre psychique laisse à désirer, voit deux médecins, l'un bon, l'autre méchant (10). Le cas de *Marie Dubois* est d'autant plus intéressant que la première version de ce roman est attestée dès 1932 dans les premières lettres à Paulhan sous le titre de *La Tature*. Qui était Marie Dubois ? La jeune ouvrière qui s'est suicidée avec son amant et dont Loup-Clair a constaté le décès ? La petite-fille d'un grand avocat ? L'amie d'un artiste célèbre ? Une prostituée

---

(5) *La Brigitta*. Théâtre, t. V, p. 197.
(6) *Ibid.*, p. 201.
(7) *Ibid.*, p. 250.
(8) Programme. *Théâtre vivant*, n° 1 (automne 1962).
(9) *L'Ouvre-Boîte*, pp. 144 et 158 sqq.
(10) *Le Retour du divin*, p. 205 sqq.

de la zone ? Au fur et à mesure de l'enquête, son identité se démultiplie tandis que se diversifient les images d'elle. On reconnaît là le sujet de *Pucelle*. Gilbert de Nugy relaie le policier de *Marie Dubois* qui « élabore la vérité historique au même instant qu'il feint de la supposer » (11).

C'est dans sa Jeanne d'Arc qu'Audiberti a traité le plus systématiquement le thème du dédoublement. L'écuyer Hennoi, qui tient le rôle d'annoncier, prévient le public dès le prologue : « Vous ne la verrez pas comme elle fut, mais comme elle est » (12). L'idée maîtresse de *Pucelle* est que l'héroïne de la tradition historico-littéraire résulte de la sublimation du personnage social qu'elle fut en vérité. Le dédoublement matérialise cette interprétation d'une légende épurée. La mythanalyse explique le processus par la décomposition d'une personnalité complexe en deux ou plusieurs autres possédant chacune des traits ou attributs de l'originale — ce qui suffit à le distinguer du redoublement, ou création d'un être indépendant jouant le rôle d'un faire-valoir ; ainsi Sganarelle pour Don Juan. Audiberti insiste sur la vitalité de l'héroïne. « Tels êtres sont trop forts pour un seul corps, telles vies trop vivaces pour une seule mort » (13). Une aura de mystère entoure la Pucelle. Qui fut-elle exactement ? La question se complique car le souvenir d'un être se réduit à un reflet fragile et mouvant dans la mémoire et l'opinion d'autrui. Chacun se fait de Jeanne d'Arc une image accordée à sa propre subjectivité. Elle est ainsi regardée diversement par la duchesse jalouse, le duc sénile, Gilbert son amoureux et les jongleurs, professionnels indifférents.

Audiberti met en scène dans le premier tableau une paysanne besogneuse s'exprimant dans un mauvais français. En cette « laboureuse » triviale, Gilbert prétend reconnaître Jeanne, mais la duchesse lui assène sans ménagement la vérité sienne : « Je n'aperçois qu'une fermière grosso modo » (14). Il conserve de la Pucelle un « souvenir poétisé » que ranime le deuxième tableau. « Il y avait une galerie... Il y avait le père... » La paysanne demeure silencieuse pendant tout le début de cette séquence, immobile dans un coin ou vaquant aux tâches du ménage. Les parents d'Arc se plaignent du comportement de leur fille. Joannine répugne aux travaux de la ferme et du foyer, mais s'amuse à subjuguer les hommes qui l'approchent. Comme la Hobereaute dont elle partage les pouvoirs magiques, elle grimpe aux arbres ; de plus, elle guérit les malades. On ne tardera pas à connaître ses talents puisqu'elle efface momentanément la paralysie du duc. Lorsqu'elle paraît, rien n'apparente

(11) *Marie Dubois*, p. 265.
(12) *Pucelle*. Théâtre, t. II, p. 107.
(13) *Ibid.*, p. 109.
(14) *Ibid.*, p. 115.

la « brute garce » à Jeannette sinon le port du même costume. Joannine, grande fille aux cheveux blonds et aux yeux bleus, satisfait aux critères classiques de la beauté féminine. De surcroît, son langage est net, châtié, aristocratique. Son rire de sportive délurée éclate, clair, sonore, triomphant. Rien ne la désigne donc *a priori* comme le double de Jeannette.

Le face à face de Gilbert et Joannine précise quelle est l'héroïne. « Vous, Gilbert et puis les officiers, les dominicains, les artistes, vous m'avez léchée de paroles. D'images vous m'avez composée » (15). Précédemment, ses parents avaient raconté que pour elle soupirait désespérément un jeune homme qui l'accablait de poèmes, de portraits et d'épîtres enflammées. Les vers, les miniatures ont proposé une forme que l'être-là de Joannine a remplie afin que soit habitée l'image imprudemment construite. On apprend aussi que, tombé amoureux d'elle un soir de bal, Gilbert s'est fait un devoir de la transfigurer en dame. La pratique des exercices physiques en a fait une fille robuste et virile, des cours de latin, droit et mathématiques une intellectuelle. De même, le cinéaste amoureux de Paulette l'a transmuée en star et femme du monde. Le rapprochement avec le mythe de Pygmalion est moins évident. Le sculpteur grec et le linguiste de G.B. Shaw ne deviennent amoureux de leur créature qu'après l'avoir, l'un portée à l'état de perfection, l'autre fait passer pour une lady. C'est parce qu'il aimait Jeanne que Gilbert a voulu la métamorphoser. Par la suite, son charme a séduit les soldats de passage qui, pour l'attirer, la conquérir, lui ont sussuré qu'elle était destinée à une carrière guerrière. C'est pourquoi elle se résout à devenir la « Madelon à cheval » qu'elle était déjà dans leurs paroles et images. « Je ne résiste plus. Je pars me ressembler. Dans la gloire, je pars être cette espèce de grande saloperie bleue et or que vous me harcelez à vouloir que je sois » (15). « Ils ont voulu que j'aie une intelligence luisante, une jaquette bleue, une farouche épée... Ils ont voulu » (16). On l'a désirée héroïque, héroïque elle sera.

Audiberti a certainement transposé dans *Pucelle* sa passion pour Diane de Riaz à qui il a dédié la pièce. On aurait tort de s'en tenir là. Joannine traîne les mâles haletants derrière son corps radieux, elle exige de demeurer vierge, mais ce n'est pas par vœu de chasteté — elle ne se gêne guère pour exciter les sens du vieux duc — ; est-ce par une horreur de la chair qui est le mal ? L'explication, plus pertinente, est insuffisamment corroborée par le reste de la pièce : Joannine n'est pas Pic-Saint-Pop. Ecartons donc l'hypothèse d'une vocation mystique. Comment alors concilier sa provocante sensualité et sa virginité farouche ? La seule réponse plausible est qu'elle veut mais ne peut désirer le contact charnel car elle

(15) *Ibid.*, p. 147.

n'a pas d'existence individuelle autonome. « Je ne suis qu'un pantin forgé par une meute, une apparence bruyante et dévorante. » (16).

Jusqu'alors Jeannette était restée dans l'ombre, comme l'image vivante de ce qu'avait été Joannine avant sa transfiguration par l'amour de Gilbert. Or il existe des liens indissolubles entre elles. Elles sont l'avers et le revers d'une même médaille. L'exubérante personnalité de l'une avait éclipsé celle, effacée, de l'autre. Le prochain départ de la vierge guerrière libère l'humble payse dont pourtant le bon sens fruste s'étonne de la consubstantialité des deux Pucelles. « C'est-y régulier qu'une unique personne, elle se distribue en deux tout en demeurant la même ? » (16) Mais elle devine la vérité : « Je sommes toi... Je sommes toi chaque fois que tes beaux amis sont point là pour t'à regarder (...). Je sommes toi. Et toi, tu es moi. Tu jongles avec ta cravache, tu zestomaques les ducs, mais en douce, vaille que vaille, sans que ça marque beaucoup, tu t'en occupes, dans ton tintouin, secrètement, des cochons, des écuelles, vu que tu es la fille de cette maison et que les cochons, les écuelles, la paille, la petite vie, tu as ça dans le sang, va pas dire non ! » (17) Il s'agirait donc, si l'on comprend bien, d'une dissociation intermittente de l'être de Jeanne. Ses admirateurs détachent d'elle une image idéalisée. Le principe de l'unicité inaltérable du moi individuel est remplacé par celui de sa possible ubiquité. L'ego ne se réduit pas à un corps perçu, car cela même est susceptible de variations. L'objet du désir est toujours voilé par ses métamorphoses. Cela, Lucrèce l'avait remarqué et après lui la sincère Eliante. Etre, c'est nécessairement être vu, non pas tel qu'on est, mais tel qu'autrui souhaite qu'on soit.

Jeannette épousera le voisin qui courtisait Joannine tandis que celle-ci s'élancera à la conquête de son accomplissement légendaire. Leur entourage se satisfera d'une explication rassurante : la fille d'Arc était folle, le mariage lui a rendu la raison. Mais Audiberti n'arrête pas là le dialogue des deux Pucelles complémentaires. Il leur fait échanger non plus leur identité mais leur personnage. Chacune joue à être l'autre ou plus précisément ce que l'autre se voue à être. La similitude de costume facilite l'échange de rôles. Et Jeannette raconte à Joannine, qui joue sa part de fermière, ce qu'elle aurait fait si elle était restée Jeannette. Joannine, elle, narre à Jeannette la rude existence de capitaine qui va désormais être la sienne. Un tel jeu n'est pas innocent ou gratuit : chacun s'y investit sans en avoir conscience. Le détour de la petite comédie révèle ce que dissimulent les belles phrases et les rires : la nostalgie ardente des contacts charnels et de l'amour physique. « Tu te dis parfois qu'il serait bon,

(16) *Ibid.*, p. 153.
(17) *Ibid.*, p. 154.

qu'il serait doux d'être bien et beaucoup caressée » (18). La frustration, acceptée, est évidente. Alors la conscience de Jeannette vacille dans l'anxiété : « Apprenez-moi, si ce n'est pas trop vous demander, ousque c'est-i que je sommes toute entière moi ». Joannine ne sait lui répondre que par une autre question : « Suis-je moi tout entière dans les soldats ? » à laquelle fait écho une nouvelle interrogation de Jeannette : « Ce serait-il que sommes moi dans la franquette de ce paysage, de ce pays ? » (19). Aucune ne possède la solution des énigmes, faute de la distance critique ou des capacités introspectives nécessaires à la connaissance de l'autre ou de soi. Le point de vue, extérieur, de Gilbert n'est guère plus satisfaisant. Il ne connaît ni Jeannette ni Joannine, seulement la Jeanne qu'il a contribué à modeler. « Jeanne, tu n'es toi-même que là-bas, dans ton combat (...). Jeanne, tu ne veux pas l'amour. Jeanne, alors la gloire te veut » (19).

Le moi dédoublé de Jeanne entre en conflit avec lui-même. A la phase ludique (théâtrale) succède une phase agonistique, l'affrontement physique. Il y a une Pucelle de trop. « Il faut que je te tue », déclare Joannine qui a besoin d'être rassurée sur sa propre réalité existentielle. Mais la naïve paysanne a compris que toutes deux sont à jamais solidaires. « Tu ne vois pas que si je mourissais, tu mourirais » (20). Seule la séparation définitive des deux moitiés de Jeanne d'Arc peut mettre fin à leur connivence spontanée. Quand Joannine part à la guerre, chacune acquiert son indépendance existentielle, comme deux siamoises qu'on aurait opérées. Mais il leur manquera les qualités intrinsèques qui ne se dédoublent pas. Jeannette, seule, possède le bon sens matois qui fait défaut à l'ardente Joannine. Celle-ci succombera en dépit de sa vigueur.

Le troisième tableau prolonge le premier. Jeannette et son époux attendent la représentation du mystère que Gilbert a consacré à la Pucelle. La titulaire du rôle s'étant laissé embrigader par une troupe rivale, la paysanne, qu'une vague ressemblance avait signalée à l'attention du poète, accepte de remplacer au pied levé la vedette défaillante. L'écrivain et la duchesse reprennent alors les questions laissées en suspens depuis le premier tableau, que la réanimation des souvenirs n'a pas résolues, mais que persiste à leur dicter leur besoin de comprendre. « Si cette femme est vraiment la combattante d'Orléans et que, comme tout l'indique, elle n'a cependant jamais quitté son hameau, comment lui fut-il possible d'exister en même temps dans son hameau et loin du hameau ? En outre pourquoi, brûlée que voici dix ans, la voyons-nous toute fraîche céans ? » (21). L'impatience de la duchesse s'exaspère devant l'insaisissable vérité

(18) *Ibid.*, p. 157.
(19) *Ibid.*, p. 158.
(20) *Ibid.*, p. 159.
(21) *Ibid.*, p. 171.

qu'elle traque en vain. Il n'existe pas d'issue rationnellement satis-
faisante au tourniquet du même et de l'autre. « Je ne sais pas, doit-
elle avouer, comment l'unité de cette femme persista désunie » (22).
La représentation du mystère renforce l'équivoque. Où la duchesse
ne voit qu'une « déguisée », Gilbert découvre la Jeanne d'Arc qu'il
a littéralement façonnée avant d'en chanter les hauts faits. La contradiction ne se dénoue que lorsque Jeannette est accidentellement
brûlée vive. La trajectoire de son existence rejoint alors dans la
mort celle de son double. En tant qu'individualité personnelle, que
corporéité singulière, Jeannette disparaît à jamais. Il ne reste qu'une
Joannine statufiée dans une pose guerrière. La légende inventée a
préfiguré la réalité. Le pour autrui de Jeanne d'Arc a définitivement
oblitéré son pour soi.

Pucelle relève de l'ontologie baroque dans la mesure où celle-ci
se traduit par une « tendance à la désagrégation mentale », la « floraison multiple et vicieuse du moi », la « perte ou le dédoublement de
la personnalité » (23). Le moi se fragmente, se disperse, se réfracte
en images complémentaires ou antagonistes. Comment connaître
autrui ? Comment en conserver une image rétrospectivement objec-
tive ? Il n'y a pas de personnes en soi, mais une multiplicité d'images
fragiles. Il n'existe pas de vérité une et indivisible sur les corps et les
esprits. A chacun la sienne. La fiction délibérée n'est pas plus fausse
que la transfiguration idéaliste par le désir charnel, elle acquiert
même un statut de réalité possible. « Le peuple, petit à petit, croit
que l'héroïne fut condamnée et qu'elle fut brûlée (...). J'ai moi-même
adopté cette croyance » (24).

On peut comparer *Pucelle* — et *La Brigitta* — à des architectures
baroques. Dans une église romaine du Seicento, la vision qu'on se
fait de l'espace intérieur se modifie à mesure qu'on s'y déplace. De
même, l'idée que personnages et spectateurs se font de Paulette et
de Jeannette se transforme au long de leur histoire. Plutôt que de
suivre le fil diachronique d'existences contestées, Audiberti a mis
en rapport synchroniquement des images appartenant à des plans
historiques distincts, mêlé le vécu réel et l'imaginaire par les dédou-
blements d'identité. La scission puis la confrontation des demi-
personnages nuit de toute évidence à l'intelligibilité des pièces et
oblige l'auteur à faire preuve de lourdeurs didactiques. On regrette
la brillante variation sur ce thème qu'était *Escurial*. La baroquisation
du sujet amène la répudiation d'une historicité contraignante mais
limpide. Si la vérité psychologique n'en souffre pas dans *Pucelle*
(l'interaction des caractères est subtile : Jeannette devient raison-
neuse, bavarde, entend des voix), la cohésion de l'action laisse à

(22) *Ibid.*, p. 172.
(23) Eugenio d'Ors : *Op. cit.*, p. 127.
(24) *Pucelle. Op. cit.*, p. 111.

désirer. Le thème du double, s'il correspond chez Audiberti à une obsession indiscutablement baroque, a aussi une portée moins ambitieuse. C'est d'une part une technique de théâtralisation, de l'autre un aspect de l'insurrection abhumaniste contre la rationalité du réel et la réalité de la raison. Les certitudes de la psychologie courante sont ici mises en cause comme ailleurs celles de l'histoire ou de la philosophie.

CHAPITRE IX

LES DON JUAN

Il n'est pas de mythe culturel plus authentiquement baroque que celui de Don Juan. Le personnage du Burlador voit le jour dans l'Espagne de la Contre-Réforme et du Siècle d'or. Il est l'homme de la simulation et de l'ostentation qui « n'a pas de moi propre, mais une infinité de moi de rechange » (1). Toujours en fuite, apte au mimétisme, virtuose en l'art de construire et d'imposer une image de soi prestigieuse, comédien de bonne et plus souvent de mauvaise foi, il est tout naturellement porté à la métamorphose et à l'instabilité. « Protée de l'amour, écrit J. Rousset, Don Juan va incarner avec brio cette passion de la mobilité, de la diversité et du déguisement qui nourrit une part de la poésie européenne au début du XVIIᵉ siècle » (2). Le mythe est assurément de souche baroque, tout Don Juan ne l'est pas nécessairement. Il convient, en effet, avec le même auteur, d'isoler, dans la légende, trois « invariants » solidarisés en structure : un élément psychologique et érotique, l'inconstance ; son corrélat, nécessaire mais modifiable, la présence de figures féminines multiples ; enfin un élément religieux, voire théologique, la punition du héros par la statue du mort. En tant qu'il condense une série de variations sur les tourniquets de l'être et du paraître, de l'inconstance et de la permanence, le mythe recoupe les préoccupations fondamentales du baroque montaignien ou berninesque ; le troisième invariant l'enracine dans l'apologétique de la Contre-Réforme. Ce à quoi l'on réduit communément le donjuanisme, à savoir une libido déchaînée ne joue pas un rôle déterminant dans la structure. « La tradition, écrivait déjà le Dr Rank, montre de toute

_____

(1) Jean Rousset : *L'Intérieur et l'extérieur*, p. 137.
(2) *Ibid.*, p. 128.

évidence que dans le thème de Don Juan ce n'est pas l'impulsion sexuelle effrénée qui est le motif principal » (3).

Dans son *Molière*, Audiberti passe assez vite sur Dom Juan et ce qu'il en écrit manque d'originalité, encore qu'il ait senti l'originalité de la pièce par rapport au reste de l'œuvre. « *Dom Juan*, écrit-il, ne traîne pas sur les pupitres de collège. Dans Molière, c'est un lieu réservé, bizarre, inquiet. Les farces d'apothicaire, les balançoires mythologiques, les grandes comédies soignées, carrées, qu'habille une subtile mousseline d'encre et de craie scolaire, tout d'un coup, adieu ! Disparues, dépassées (...). *Dom Juan* révèle une incohérente ténèbre où se découpent des formes qui pour une fois touchent au monde nocturne, mystique, astral. Nous sentons bouger les grands êtres préhistoriques du songe humain, le temps, le désir, la peur, la mort. A force de marauder sur la lisière lyrique de l'ombre, Molière a fini par les frôler ». Et comme Audiberti aime opérer des rapprochements, il conclut : « Molière, à chaque pas, pense tomber dans Victor Hugo, Shakespeare ou Wagner, lui qui, pour commencer, était un singe de foire sous une livrée italienne » (4). Aucune allusion donc, même furtive, au baroque.

Le texte de Molière joue le rôle, pour Audiberti, d'un relais vers le mythe donjuanesque, d'une caution obligée. Le premier acte de *La Fête noire*, que l'on pourrait intituler « le séducteur aux champs » contient en effet un faisceau convergent d'emprunts culturels, paraphrases, références, allusions, souvent ironiques. Par exemple, Félicien donne une version lyrique de la tirade de Sganarelle sur les vertus du tabac : « Une seule force compte en ce bas monde (...). Cette panacée, cette dynamite, cette fleur, cette douceur, j'en ai tout plein ma tabatière » (5). Chez Molière, la tirade amorce la pièce de façon inattendue. Sganarelle, par ce « hors-d'œuvre » burlesque, se définit comme personnage de farce, face à l'héroïque Don Juan. Pour Audiberti, elle a surtout pour fonction d'introduire une allusion sexuelle à peine voilée qui se veut piquante mais tourne à la confusion de Félicien. De même, dans la conversation entre le héros et les deux bergères, se retrouvent plusieurs bribes du dialogue entre Don Juan et Charlotte puis Mathurine. Les paysannes d'Audiberti, comme les pêcheuses de Molière, se méfient des messieurs de la ville, aux manières trop raffinées pour être honnêtes. « On m'a toujours dit, s'écrie Charlotte, qu'il ne faut jamais croire les monsieux, et que vous autres courtisans êtes des enjoleux, qui ne songez qu'à abuser les filles ». Alice déclare à Félicien : « Vous, monsieur, vous êtes un gros (...). Laissez la galanterie aux dames de votre ville. Nous,

---

(3) Otto Rank : *Don Juan. Une étude sur le double* (Ed. 1932), p. 169.
(4) *Molière*, pp. 59 et 63.
(5) *La Fête noire. Op. cit.*, pp. 14-15.

nous n'avons que des maris » ; Mathilde lui fait écho : « Il y a les hommes et les messieurs » (6). Mais dans les deux cas, la résistance spontanée des plébeiennes est vite surmontée tant rayonne l'auréole qui nimbe l'homme de la cour et le docteur. De plus, si Charlotte est promise à Pierrot, Alice est courtisée par le menuisier du village. La première n'a plus qu'une tante, la seconde vit chez son oncle. Pour ce qui est de la psychologie des héroïnes, la curieuse Mathilde est autant intriguée par Félicien que Mathurine par Don Juan. Cependant, c'est le costume doré de ce dernier qui attire Charlotte, tandis que c'est la rhétorique brillante de Félicien qui subjugue Mathurine — « Qu'il parle bien » (7). Par contre, de même que Charlotte conserve un vif sentiment de l'honneur qui lui fait refuser le moindre baiser ante connubium, de même Mathilde, sa sœur audibertienne, donnerait sa vie pour Félicien, mais lui interdit de la toucher malgré les plus pressantes objurgations.

Ces rapprochements sont difficilement contestables. S'agit-il de coïncidences fortuites, d'allusions conscientes ou de réminiscences voulues ? Assurément la portée doit en être limitée. D'abord les deux bergères d'Audiberti ne sont interchangeables ni au physique ni au moral. Alice est dite « plus mutine » et « plus aiguisée » ; Mathilde « plus pesante » et « plus molle ». De fait, leur comportement diffère face à Félicien : la première, farouche, ne s'en laisse pas compter, la seconde s'attarde « rêveuse » et trouve un mauvais prétexte pour vaincre sa pudeur virginale et engager un dialogue compromettant, où le vouvoiement guindé cède vite la place au tutoiement tendre. La Charlotte de Molière est une coquette naïve qui se laisse aisément éblouir. Mathurine qui lui ressemble fort n'a qu'une utilité scénique : sa présence permet le véritable ballet de la scène IV, morceau de bravoure qui dévalorise burlesquement la maestria du séducteur. L'auteur n'a d'ailleurs fait, après les Italiens, que dédoubler la Tisbea de Tirso. Enfin, différence capitale, les deux pêcheuses tiennent un rôle secondaire dans *Dom Juan*, apparaissant l'une dans deux scènes, l'autre dans une seule. Pour le héros, elles sont le prétexte à plaisir facile, l'occasion de faire ses gammes. Au fond, pour Molière, la rencontre du grand seigneur et des pêcheuses est un épisode rapide, coloré, qui détend l'atmosphère de la pièce. L'intermède rustique corrode l'image à la fois fascinante et inquiétante que le séducteur vient de donner de lui-même. Audiberti n'a donc retenu de la pièce de Molière que des détails qui ont peu de rapports avec le baroquisme du mythe.

Il est temps maintenant d'analyser de près le personnage de Félicien. Ce n'est pas assurément le blondin fougueux, infatigable, que jouait La Grange. L'épée qui cautionnait l'insolence aristocra-

(6) *Ibid.*, pp. 13 et 20.
(7) *Ibid.*, p. 14.

tique et juvénile du héros traditionnel est remplacée dans ses mains par une canne inutile et dérisoire. Médecin sans habit, ni science ni pouvoir, Félicien ne brave plus ni la morale, ni la société ni la transcendance divine. Embourgeoisé, en devient-il pour autant grotesque ou repoussant ? Audiberti en fait un quadragénaire « grisonnant », que Mathilde dit « beau comme un enfant et brillant comme un silex » (8). Il émane de sa personne un charme discret, indéfinissable qui attire les pastourelles. Don Juan fascinait ; lui, ne déplaît point. Son élégance méticuleuse et sa faconde un peu guindée retiennent Mathilde. Félicien parle d'abondance : soucieux de son image, il se veut désinvolte, mais ne réussit qu'à être crispé. Ses longues phrases embrouillées, alourdies d'incidences superfétatoires, dissimulent mal un malaise qui éclate au grand jour dès qu'on le questionne à brûle-pourpoint. Ses réponses sont alors fuyantes, embarrassées :

> « Mathilde. — Alice vous plaît, n'est-ce pas ? Vous l'aimez ?
> Félicien. — C'est un agréable prénom. » (9)

La paysanne par ailleurs l'interroge-t-elle, mi-curieuse, mi-envieuse, sur la beauté des femmes de la ville, il lui réplique par une tirade toute en fioritures précieuses et gratuites circonlocutions. Langage sophistiqué, langage d'autant plus suspect. Qui ne sait payer de mine se paie de mots. Il est patent, sauf pour Mathilde, que Félicien se donne la contenance avantageuse du séducteur blasé qu'il n'est pas.

Laissé à lui-même, le héros abandonne aussitôt la pose et laisse entrevoir son angoisse de la solitude, son besoin désespéré d'un public, d'une audience. « Je n'aime pas rester seul ». Que Mathilde revienne sur ses pas et il lui avoue tout net : « De me trouver en présence d'une seule femme me déconcerte beaucoup plus que d'en affronter deux » (10). Félicien ressemble comme un frère au Damase de *Monorail* et au Loup-Clair de *Marie Dubois* que la femme, hydre aux innombrables têtes, obsède, remplit d'effroi, et chez qui la peur névrotique du contact charnel se manifeste sans équivoque. La surabondance artificieuse du verbe intercale donc un masque stéréotypé de Don Juan qui est destiné à conjurer la gynophobie du héros, à camoufler et transfigurer un vécu décevant.

Ce masque/medium tient pour l'essentiel en une énumération de conquêtes féminines. On reconnaît là la lista numerosa dont, de Micheline Sauvage à Jean Rousset, la critique souligne la place éminente dans le mythe de Don Juan. Le catalogue, on le remarquera, ne figure pas explicitement dans la pièce de Tirso et, chez Molière, Sganarelle y fait seulement allusion — « ... Et si je te disais le nom de

(8) *Ibid.*, p. 27.
(9) *Ibid.*, p. 15.
(10) *Ibid.*, p. 19.

toutes celles qu'il a épousées en divers lieux, ce serait un chapitre à durer jusques au soir. » — ; par contre, il joue un grand rôle dans les œuvres de Cicognini, Mozart, Zorilla, etc. Burlesque dans la bouche de Leporello ou des valets/doubles, il prend des résonances ironiques dans le grand monologue de Félicien qui n'a pas, lui, la chance de posséder un gracioso. Loin d'attester sa puissance, l'invocation de ses conquêtes accuse son impuissance.

> « Mes maîtresses ! Mes maîtresses ! Accourez toutes, mes maîtresses ! Accours, peuple innombrable de mes maîtresses, océan parfumé, soyeux et délicat ! (...) Toi, marquise de Chatillon (...). Et toi, Marion la bouquetière (...). Et vous, madame la Présidente (...). Et toi, Martha la Bavaroise, et toi, la prompte colonelle des hussards de Rambouillet, et toi, modiste rousse, et toi, passante verte, et toi, ma cousine, et toi, ma suivante, et toi, reine de France, et toi, et toi, encore, dentellière ! parfumeuse ! carmélite ! » (11)

L'éclectisme des succès revendiqués se retourne contre lui-même. Casanova auquel Félicien fait penser n'est pas Don Juan. L'énumération irréalise sous le ridicule les prétentions héroïques du docteur à la qualité de séducteur. Alors que le catalogue renvoie à l'inconstance, à l'infidélité amoureuse, par une réversion ironique, il signifie donc une permanence dans l'échec. Félicien s'invente des aventures amoureuses, se contemple sous les apparences prestigieuses d'un séducteur ; il se donne une comédie amère en prenant ses désirs — insatisfaits — pour des réalités.

Donc Félicien, douloureusement frustré, veut se prouver à lui-même et convaincre autrui qu'il sait séduire, d'une part en s'attribuant une série de conquêtes, d'autre part en possédant Mathilde que sa balourdise éloigne des hommes. Le rôle en trompe-l'œil éclate et le héros reconnaît inventer ses succès amoureux. « Les femmes... aucun homme ne les chérit ni vénéra comme je fais. Je ressens leur charme jusqu'à la suffocation... Les femmes, j'ai tout tenté pour en avoir » (12). Et d'avouer sans gêne, avec un exhibitionnisme qui frise le masochisme, les mécomptes, rébuffades et camouflets qu'il a essuyés. Tous les « trucs », les « procédés », il les a vainement essayés, mais sa « monstruosité », son anormalité donc, le condamne au « bannissement ». On rit de lui comme d'un « impuissant » ou d'un « satyre », d'un voyeur ou d'un obsédé. La naïveté avertie de Mathilde a démystifié le personnage que jouait, mal, Félicien. La bergère a mis au jour un pauvre homme, pitoyable et torturé. Le soi-disant homme à bonnes fortunes est un raté dont le désir se projette dans l'imaginaire. Le rapprochement s'impose avec le Don Juan de Ghelderode, petit bourgeois falot qui, un soir de Carnaval, se déguise en Don Juan du XVIIIe siècle, se rend dans un lupanar bon

(11) *Ibid.*, p. 18.
(12) *Ibid.*, p. 26.

marché mais ne peut soutenir un rôle trop lourd pour ses faibles épaules. « On naît Don Juan, écrit le Dr Maranon. Et l'homme qui prétend l'être sans dispositions natives se couvre inévitablement de ridicule » (13). Le xxᵉ siècle a vu le personnage s'embourgeoiser et prendre de l'âge. Un tel homme ne saurait vieillir sans que se dégrade le mythe.

L'âge impitoyable transforme en fatalité une collection d'échecs. En un sursaut désespéré, le pseudo-Don Juan s'efforce de forcer le destin. « Mademoiselle... Mademoiselle Mathilde... Vous me troublez... Si vite... Je ne sais que penser... Ainsi... Je ne vous suis pas trop antipathique ? Je puis espérer... » (14). Mais il agrippe maladroitement la dernière chance qui s'offre à lui. Piètre stratège, il quémande quand il lui faut s'imposer, il veut conquérir quand il devrait parlementer. Sa façade de distinction vole en éclats. Il s'humilie, se ridiculise, allant jusqu'à proférer, dans sa soif de signes sensuels immédiats : « Donne-moi, prête-moi, afferme-moi ta bouche, pour Dieu ! Si tu y tiens, je te refilerai dix francs » (15). Audiberti ne pouvait guère pousser plus loin la dégradation du personnage, c'est pourquoi par une de ces ruptures dramatiques dont il a le secret, il escamote le mythe donjuanesque, ou plutôt lui substitue celui de la Bête du Gévaudan. Mathilde, que le docteur poursuit dans un taillis, y est égorgée et à demi-dévorée. Bien plus tard, Alice succombera au charme du héros, mais son tuteur jaloux tuera, d'une même balle, la bergère et le « voleur de filles », enlacés en un baiser funèbre. Félicien meurt donc, comme il n'a pas vécu, en Don Juan.

Il ne reste pas grand-chose du surmâle sans peur sinon sans reproches, du libertin libertaire, de l'homo ludens infatigable de la tradition littéraire. Félicien manque de la vitalité, de la volonté inébranlable qui caractérise les Don Juan. Sa faible virilité indéniable l'apparente au personnage selon Maranon. C'est que, presque toujours dans le monde d'Audiberti où triomphe un sexisme travesti, la femme, vierge guerrière comme Pic-Saint-Pop, nymphe enfant comme la Hobereaute, ou sorcière comme Mme Cirqué, mène le jeu, active, dynamique, prend les devants, séduit, conquiert, voire viole l'homme qui est, lui, passif, fragile, timoré. L'auteur verrait volontiers Don Juan au féminin. L'exhibitionnisme de Félicien dissimule une infériorité mal acceptée. Du personnage baroque, Audiberti a conservé un rêve compensatoire et des attitudes de parade. Mais le rêve n'est pas plus crédible que la parade n'est soutenue. Le complexe de Don Juan ne fait pas les don juans.

Le catalogue qui est un fait essentiel au mythe, apparaît en tant que tel dans plusieurs autres pièces. Dans *Les Naturels du Bordelais*,

---

(13) Gregorio Marañon : *Don Juan et le donjuanisme*, p. 121.
(14) *La Fête noire. Op. cit.*, p. 22.
(15) *Ibid.*, p. 25.

pièce que nul n'a rapprochée de *La Fête noire*. — Or Audiberti écrit
l'une, en 1948, quand Vitaly crée l'autre et un personnage, désignant
le héros, a ce mot sans équivoque : « La bête noire crèvera » (16) —
Guy-Loup de Glasouillé-Donju subjugue les femmes. La référence au mythe est claire et le donjuanisme est associé à l'idée
de salissure. Au premier acte, le jeune homme vient d'être acquitté
en cour d'assises où l'avait conduit la mort mystérieuse de sa fiancée.
Le voici aussitôt promu « le roi des femmes » (17). Devant l'immeuble
où il dîne s'agglutinent des milliers de femmes en folie chez qui
l'idée de la mort a éveillé un désir effréné de jouissance sexuelle. Au
deuxième acte, il doit affronter toutes les femmes de son entourage
qui ne se contentent pas d'effusions platoniques. Tour à tour, la
fille, l'épouse, la bonne de son hôte, une aventurière arrivée là on ne
sait comment veulent expérimenter la virilité du « charmeur ».
Celui-ci aussi se targue d'une liste : « Je me suis voué à me taper
le plus de femmes possible (...). Je m'astreins à l'addition de toutes
ces bouches (...) et de toutes ces boucles pour composer une maîtresse unique, allégorique, anonyme et multiple qui vous résumât
toutes dans votre identité. J'ai couché avec des poitrinaires, des
vérolées... ». Suit une énumération complaisante des femmes possé-
dées, toutes interchangeables : « ... Marxa, Jeannette, Renée, Nicole,
Christiane, Nadine, Chantal, Blanchette, Clotilde » (18). Le catalogue
symbolise une quête inassouvie. « ... cette réponse qu'à travers vous
autres je cherche, car c'est une réponse que je cherche, comme
un chien » (19). Si Guy-Loup semble, comme Don Juan, sûr de lui
et dépourvu de toute émotivité, la blessure secrète de Félicien est
en lui mal cicatrisée. Il n'entre guère de romantisme dans sa quête
mal définie, que ne nourrit aucune soif de l'infini ou nostalgie de
l'absolu. Ce n'est pas à la Beauté idéale qu'aspire le jeune homme,
au-delà des singularités concrètes. On ne décèle chez lui aucune
revendication libertaire de l'amour fou, à peine une révolte ado-
lescente contre l'opulence béate de son milieu social et qui épargne
la morale établie.

Les siens ont abandonné le jeune homme, une fois acquitté.
Désespéré, il se pend, n'ayant été qu'un pantin, maintenant cassé,
donc inutile, aux mains de Gonfaloni, ce maître à penser pervers,
avorton obsédé qui assouvit sa frénésie libidinale par l'intermédiaire
des jouvenceaux qu'il initie à ses théories morbides. Mais la pièce
est trop brouillonne et touffue pour que le personnage de Guy-Loup
soit fouillé. La présence à ses côtés d'une mère possessive incite à
penser que le conflit œdipien n'est pas étranger à son comportement,

(16) *Les Naturels du Bordelais. Op. cit.*, p. 280.
(17) *Ibid.*, p. 202.
(18) *Ibid.*, p. 245.
(19) *Ibid.*, p. 235.

mais l'hypothèse est fragile, mal étayée par une intrigue trop disper-
sée. Le mythe de Don Juan se dilue dans une abracadabrante thèse
joppoliste et dans le labyrinthe d'un bavardage vaudevillesque. La
débaroquisation de la légende va donc de pair avec la dégradation
du héros.

Dans *Les Femmes du Bœuf*, le boucher Lafède héberge chez lui
vingt-neuf femmes de tous âges et de toutes conditions, dont ne peut
approcher sa masse colossale. Frustrées, toutes ces femmes rendent
secrètement visite, à tour de rôle, au fils du boucher, un adolescent
un peu simple, presque angélique, qui garde les troupeaux dans la
montagne. A elles toutes, elles composent la « fée changeante et
jolie » (20) qui enchante le sommeil du pastourel dont la commère
du bourg disait pourtant : « Ce n'est pas une femme, ce n'est pas
un homme » (21). La réussite érotique est donc clairement associée
à une comédie onirique. On est fort loin du machiavélisme viril du
véritable Don Juan. Audiberti donne une coloration romantique au
mythe. Par ailleurs la multiplicité des femmes séduites importe moins
que le fait qu'elles aient été enlevées au père. La rivalité œdipienne,
de toute évidence, préside à l'ardeur sexuelle du jeune Lafède. Le
boucher était exclu de l'amour — « Je suis plein de femmes et tout
seul » (22) — ; il se résigne à céder la place de paterfamilias — avec
toutes les prérogatives polygamiques attachées à icelle — au fils
que les femmes ont pour ainsi dire intronisé dans l'âge adulte. « Alors,
te voilà grand maintenant. L'homme est le fils de la femme. Sa mère
le commence, ses maîtresses le finissent. Tu es un homme. Un homme
achevé » (23).

La référence à la légende donjuanesque est plus explicite encore
dans deux pièces mineures. Dans *L'Armoire classique*, Jean-Claude, le
« tombeur » — ou trompeur — professionnel se laisse tromper,
ridiculiser même, par la mise en scène que lui ont préparée ses
proches. Faute d'avoir réussi à séduire l'épouse de son ami, l'homme
à bonnes fortunes épousera la cousine de celui-ci, une vieille fille
sans charme. On serait en présence du motif banal de la séduction
(Or, rappelons-le encore une fois, si Don Juan est le séducteur, tout
séducteur n'est pas un don juan), si une allusion fugitive n'était
faite à la lista numerosa du héros légendaire : « ... Tu as envie
de coucher avec moi pour battre ton record, hé ! Don Juan » (24).
Mais l'idée n'est pas développée. Dans *Bâton et Ruban*, Vauban est
présenté comme un homme-à-femmes. Moribond, il convoque toutes
les maîtresses qu'il collectionna au hasard de ses campagnes et de

(20) *Les Femmes du Bœuf*. Théâtre, t. I, p. 124
(21) *Ibid.*, p. 116.
(22) *Ibid.*, p. 117.
(23) *Ibid.*, p. 126.
(24) *L'Armoire classique*. Théâtre, t. IV, p. 263.

ses garnisons. Alléchées par la promesse d'une rente, elles se précipitent chez lui par « escadrons insoupçonnés » (Le personnage historique légua par testament une somme d'argent à cinq anciennes maîtresses que mentionne Audiberti). A chacune il a attribué un numéro d'ordre, ayant soigneusement consigné ses aventures sentimentales. Sur sa liste alternent fille de poissarde et épouse de major, à l'étonnement de ses proches.

> « Madame Fétil. — Monsieur de Vauban ! Monsieur de Vauban !
> Vous connûtes donc autant de faiblesses que de forteresses !
> Ragot. — Trois cents.
> Madame Fétil. — Et quand vous conquériez une place, du même coup vous faisiez une conquête !
> Ragot. — Trente-trois. Trois cent trente-trois. » (25)

Cette frénésie de conquête amoureuse vise, on l'apprend bientôt, à exténuer la nostalgie de deux amours impossibles — réels ou imaginaires — fondus en une figure féminine idéale et inaccessible. Telle quelle, l'explication, à dire vrai plus romantique que baroque, du donjuanisme de Vauban, est seulement esquissée. Comme trop souvent dans son œuvre, Audiberti, à vouloir aborder de front plusieurs thèmes ou sujets, n'en a traité à fond aucun.

Des trois invariants que distinguait J. Rousset, le dernier qui donnait son sens à la pièce de Tirso et l'insérait dans l'idéologie baroque est complètement absent des œuvres d'Audiberti. Toute relation avec le surnaturel ou, à défaut, le merveilleux a été soigneusement estompée. Nul représentant du ciel n'a à châtier une proclamation athée ou une insurrection antithéiste. La provocation au sacré, il est vrai, est prise en charge au deuxième acte de La Fête noire par l'Eglise catholique elle-même ; la fonction de la cérémonie baroque, nullement indispensable à l'action, serait alors essentiellement compensatoire. Quant à la subversion de la société, c'est Alice qui en assume le rôle, quand elle perturbe le rite d'exorcisme, de catharsis sociale dont Félicien a réglé la mise en scène. Quand la métaphysique se dégrade en psychologie, le mythe s'appauvrit singulièrement. Or c'est au motif de la séduction érotique que se ramène, chez Audiberti, le « cas Don Juan », sans que l'auteur ait choisi entre un freudisme simplifié et un romantisme attardé.

Il n'y a pas comme chez Tirso le baroque de véritable antagonisme entre le créateur et son personnage. On perçoit au contraire une connivence parfois douloureuse où semblent s'exprimer des hantises et des inquiétudes très personnelles. La coloration œdipienne d'une obsession qui jouxte souvent la névrose est probable. L'affection excessive de la mère, la représentation du père comme obstacle (ce qui renvoie à Monorail, Quoat-Quoat et Le mal court),

---

(25) Bâton et ruban. Théâtre, t. V, p. 147.

la folle et aveugle passion de l'auteur pour quelques femmes, dont Claire Goll et Diane de Riaz, son culte de la comédienne sont autant d'éléments autobiographiques qui transparaissent dans l'œuvre. Audiberti, déçu par ses expériences de la femme, s'est compensatoirement rêvé Don Juan, mais un Don Juan réduit à une image parcellaire et vulgarisée, celle d'un homme à bonnes fortunes : ni ennemi de Dieu, ni hors-la-loi, un petit-maître médiocre, un acteur sans génie. Les innombrables aventures que se prêtent ses don juan sont imaginaires ou invérifiables. Jean-Claude se résigne bien facilement à épouser un laideron, Guy-Loup est dépouillé de toute autonomie de volonté, Félicien projette ses désirs insatisfaits dans un catalogue purement verbal ; et quel crédit accorder à un Vauban moribond qui ressent cruellement l'échec de ses ambitions réformatrices ? Tous les conquistadors amoureux d'Audiberti pourraient reprendre à leur compte ce mot du narrateur-héros de *La Nâ* : « Aucune de ces femmes ne m'appartiendra. Toutes pourtant je les désire. » (26) Car l'inconstance dont se glorifie le héros de Tirso et de Molière n'est plus qu'un trompe-l'œil, un masque, un rôle qui dissimule les affres de l'échec, une comédie vaine que donnent et se donnent des héros pitoyables. Que Montherlant le classique malmène un mythe baroque, rien d'étonnant à cela. Mais qu'Audiberti aussi le tourne si obstinément en dérision laisse rêveur sur la pertinence des étiquetages. Sans doute est-ce que Don Juan, mythe baroque, donc aristocratique et catholique, et par ailleurs ultrasexiste, ne peut survivre que dégradé et son héros ridiculisé dans une société démocratique, laïque et où la femme s'émancipe. Il reste un « grandiose et indispensable nigaud » (27). Ghelderode déjà écrivait : « Don Juan est un personnage déclassé, surfait, dépareillé » (28). Il demeure que, chemin faisant, Audiberti a recoupé une autre obsession baroque, celle de l'ostentation et de la dissimulation, donc du théâtre.

(26) *La Nâ*, p. 125.
(27) « Don Juan grandiose et indispensable nigaud ». *Spectacles*, n° 3 (1958, s d), pp. 3-6.
(28) Michel de Ghelderode : *Don Juan*. Théâtre, t. IV, p. 61.

CHAPITRE X

OSTENTATION ; DEGUISEMENT ; THEATRE

> « L'intérieur est trépignant.
> L'extérieur va grimé grinçant. »
> (Bryen. *Jepeinsje*, p. 30.)

Depuis les travaux de Jean Rousset, la critique privilégie dans la thématique baroque l'ostentation et son corrélat la dissimulation. De Matamore à Tartuffe, le héros baroque se donne pour ce qu'il n'est pas et n'est pas ce pour quoi il se donne. Seules comptent les apparences, les qualités visibles. « La métamorphose, l'inconstance baroque sont toujours liées au déguisement, au jeu, au déploiement théâtral d'un rôle, d'un personnage endossé, puis rejeté comme un vêtement » (1). Cette frénésie exhibitionniste, cette passion du travesti, ce goût pour le théâtre s'inscrivent dans une dialectique de l'être et du paraître qui renvoie la critique au grand art baroque romain. « Corisca, Hylas, Alidor, Dorante, maîtres d'illusion, jouent de leurs cent masques, funambules multiformes et changeants, magiciens d'eux-mêmes, glissant de métamorphose en métamorphose, parce qu'ils ne sont jamais eux-mêmes mais tout occupés de paraître autres qu'ils ne sont : parure, livrée, perruque, rôle, déguisement, ils semblent transposer les jeux de l'architecture baroque, architecture de décor dont la structure a pour fonction de soutenir la façade » (2).

Il y a de l'histrion dans maint personnage d'Audiberti. Félicien ne supporte pas d'être laissé à sa solitude tragique. Lucentio est dit par l'auteur «emphatique et déclamatoire» (3). Jacques Cœur,

---

(1) Jean Rousset : *L'Intérieur et l'extérieur*, p. 137.
(2) Jean Rousset : *La Littérature de l'âge baroque en France*, p. 50.
(3) *La Mégère apprivoisée*, p. 26.

lui, veut sans cesse éblouir son entourage par ses défis, ses bravades superfétatoires, des actes gratuits et démesurés. « Le jardin, le bœuf, moi, autant de gestes de théâtre pour séduire, pour conquérir. » (4) lui lance Marcelle, son épouse. Cette obsession de la montre culmine normalement dans la construction d'un fastueux palais, baroque avant l'heure, surchargé de balustrades, de corniches et de cheminées. La Hobereaute est « soucieuse du décor » (5), des conventions sociales. Mme Cirqué dit de sa fille : « Les attitudes, chez elle, c'est dans le sang » (6). Mgr de Morvellon est, lui aussi, baroque par la gravité majestueuse de son allure, l'affectation de ses poses et la théâtralité de sa rhétorique. Tout aussi désireux de produire des effets sont le colonel Octavio Prado Roth de *La Poupée* qui, à la moindre occasion, parade comme sur un tréteau et le gendarme Médard de *La Guillotine* qui « fait une entrée théâtrale, plein d'une fausse assurance » (7). Tous valorisent leur extériorité sociale, se gonflent, exagèrent leurs attitudes comme s'ils craignaient de n'être pas reconnus par autrui à leur véritable valeur.

A ce motif de l'ostentation doivent être rapportés les costumes extravagants de certains personnages, Zozoblastopoulos, Mme de Concourt ou la Poupée par exemple. Dans *La Brigitta*, le couturier Raoul a ce mot révélateur : « chacune de nos robes constitue une pièce de théâtre » (8). La perruque représente un cas extrême d'artifice vestimentaire. Vauban cristallise sur la sienne l'opposition — politique et sociale pour l'essentiel — du réel et du superficiel, de l'apparence et de la vérité. Pour être reconnu, considéré dans une société aristocratique, il faut s'affubler d'ornements inutiles. La perruque concentre les regards sur sa construction ordonnée et fausse et les détourne du visage. Son baroquisme a été justement souligné par un critique : « Panier et perruque sont conçus comme des façades, de même qu'une construction baroque, cela signifie qu'ils comptent sur un spectateur, mieux qu'ils lui assignent une place : à une distance mesurée et en face. Ils ont de commun avec les façades baroques le fait qu'on ne doit pas examiner de près si elles tiennent leurs promesses. Ils assignent par là non seulement une place au spectateur mais aussi un rôle » (9). Audiberti ne va pas aussi loin : Vauban songe surtout à la vanité des rites sociaux :

> « Encore si les perruques, si les écharpes, si les grandes manches
> de théâtre possédaient la vertu de détourner les balles, les gre-
> nades. Quoi ? Non ! Pensez-vous ! »

(4) *Cœur à cuir*. Théâtre, t. IV, p. 16.
(5) *Opéra parlé*. Théâtre, t. III, p. 135.
(6) *La Logeuse*. Théâtre, t. III, p. 19.
(7) *La Guillotine*. N.R.F., n° 142 (1.10.1964), pp. 646-647.
(8) *La Brigitta*. Théâtre, t. V, p. 216.
(9) Richard Alewyn : *L'Univers du baroque*, p. 54.

« Les gens des ateliers, des navires, des entrepôts, la voilà la
chair du royaume, la voilà sa chair vive et non pas sa perruque » (10).

Mais après avoir à plusieurs reprises repoussé la sienne que lui
présente son secrétaire, il l'exige d'urgence dès qu'une rumeur
dehors annonce l'arrivée possible du roi. On n'échappe pas sans
peine aux pesanteurs sociales ni aux habitudes de l'étiquette.

Il semble qu'Audiberti ait perçu les affinités entre les princes
de ce monde et les héros baroques. Dans *Dimanche m'attend*, il qualifie Pie XII de « théâtral et maniériste » (11). Le second terme est
volontairement à double sens puisqu'il conserve l'idée d'apprêté,
de maniéré, mais renvoie aussi à la Contre-Réforme dont sont héri-
tées les pompes vaticanes. Mal à l'aise dans les catégories historico-
stylistiques, l'écrivain a confondu le pré-baroque qu'est le manié-
risme italien avec le plein-baroque de la Rome pontificale où triomphe
le Bernin. La priorité donnée aux valeurs de décor et de parade
caractérise l'architecture et le théâtre préclassiques, mais chez le
jeune Corneille, l'ostentation est animée par un idéal héroïque et
volontariste qui fait défaut aux héros d'Audiberti, pures façades,
sauf peut-être Jacques Cœur dont l'assise financière cautionne l'emphase. Il y a un matamore astucieux en Félicien qui se fait reconnaître une bravoure en trompe-l'œil.

Une variation sur ce motif est le thème du déguisement, succé-
dané imparfait de l'ostentation insoutenable et de la métamorphose
interdite. En effet, à qui ne peut se changer durablement — la matière charnelle se prête mal à l'évasion vers l'altérité — ni tenir
convenablement une pose avantageuse, il reste la possibilité de celer
son être vrai. Le déguisé prétend imposer à autrui, traité nolens
volens en spectateur, un moi fallacieux, une image composée. Il
mime l'altérité sans en assumer les charges, la réversibilité du rôle
demeurant possible. Le locataire de *Pomme Pomme Pomme* disparaît derrière des identités, costumes et postiches qui font de lui
un personnage d'autant plus inquiétant que protéiforme. Il apparaît
successivement « barbe en pointe, robe de chambre rougeâtre et chapeau d'été », puis en « somptueux pyjama groseille et or », ensuite
avec de « longues moustaches noires », en « canadienne à col de
mouton » et affublé d'un képi, peu après en « haut bonnet d'astra-
khan » et dans un « pardessus à boutons plats », enfin le « visage
rasé » et en habit de cour, « culottes, jabot, dentelles ». Il quittera la
scène en imperméable. Il aura auparavant révélé qu'il jouait sur
ordre un rôle de caméléon, étant de profession prestidigitateur. Ses
déguisements successifs composent un supplément d'extériorité illusoire adapté au personnage satanique qu'il veut imposer à Dadou.

(10) *Bâton et ruban*. Théâtre, t. V, pp. 125 et 129.
(11) *Dimanche m'attend*, p. 139.

Son discours volubile se charge d'allusions malignement méphistophéliques assorties à ses postiches. La dissimulation et l'ostentation
débouchent donc sur la mystification. Il n'est pas sans intérêt alors
qu'Audiberti ait fait de son faux locataire un Protée de music-hall,
un maître d'illusions. Chez Zozo, tout est trompeur, faux, sabre
truqué, travestis, postiches, verbiage scientifique, nom même. Mais
ces artifices appuyés ont pour fonction de désigner ceux, plus feu-
trés, dans lesquels sont installés les adolescents dorés du square
Lamartine.

Il est d'autres déguisés dans le théâtre d'Audiberti. Vincenzio,
dans *La Mégère apprivoisée*, se travestit en pédant pour surveiller
à loisir son garnement de fils. La duchesse de *Pucelle* se camoufle
en bourgeoise pour assister incognito et sans déroger à la représentation du mystère populaire. L'équivoque béquilleuse des *Naturels du
Bordelais* se déguise grossièrement en Pierre Gonfaloni afin de littéralement traumatiser Guy-Loup et hâter sa mise à mort. Enfin,
Lotvy, devenu bandit, s'approche de la Hobereaute sous l'habit d'un
moine, trompant ainsi la vigilance du baron Massacre. Mais cette
ruse révolte l'épouse irréprochable qui exige de son amant qu'il
soit un preux authentique, non un hors-la-loi masqué. Elle le somme
donc d'affronter son mari en combat régulier, ainsi des actes de bravoure confirmeront son souvenir d'un Lotvy héroïque. Cette exigence
se fait jour après un spectacle où les baladins itinérants étaient
les bandits déguisés et où le père nourricier de la Hobereaute jouait
l'ours. Un élément ludique entre dans ces travestissements conformément à l'étymologie, bien oubliée, du mot illusion. Par là, on
approche la grande vision baroque. « C'est en se travestissant qu'on
devient soi-même ; c'est le personnage qui est la personne. Dans
le monde du trompe-l'œil, il faut le détour de la feinte pour atteindre
la réalité » (12). Audiberti a rarement fait du travestissement un
psychodrame spontané ; il a cependant écrit : « Un se masque afin
de se travestir. Mais Lariguette ! Loin de se travestir, il se fait davantage voir » (13).

Le double jeu est une variation plus politique sur le même thème,
où l'on devine l'influence des films policiers. Dans *La Poupée*, on
ne sait plus au bout du compte qui est révolutionnaire et qui travaille pour la police. Le prolétaire Ezequiel est en contacts avec le
ministère de l'Intérieur, mais le capitaliste Terremoche participe au
complot. Même l'inoffensif étudiant Pascual se découvre in extremis
être le capitaine Barral ; pourtant, Coral se porte garant de ses
convictions politiques. Dans la même pièce, les conjurés se livrent
à un simulacre de conciliabule partisan que Mirt rétrospectivement
juge ainsi :

(12) Jean Rousset : *Op. cit.*, p. 54.
(13) *Le Sabbat ressuscité par Leonor Fini*, p. 68.

Mirt. — Mais, dites-moi, pourquoi cette mise en scène si compliquée ?
Coral. — Il fallait vous avoir, vous compromettre.
Mirt. — En somme, c'était du théâtre.
Coral. — Pas pour Ezequiel. (14)

Mais la défroque du colonel convertit le révolutionnaire Coral en homme à poigne d'un régime fort. On revient au point étudié précédemment. Le thème du double jeu est le sujet du *Ouallou*. De son bureau, le gouverneur de la sécurité, Milador, supervise des trafics de grande envergure ; l'honnête serviteur de l'Etat croit pactiser avec le maffioso Glinglin. Pourtant, le véritable patron de l'entreprise est l'ordonnateur du Musée Royal, un aristocrate désuet. Tout l'univers de la pièce est truqué : l'osmose est continuelle entre les bas-fonds et la police d'Etat. On peut donc douter de l'intégrité du policier Pocopiano qui prend le pouvoir après avoir mis tous les coquins au Ouallou. De fait, il s'y expédie lui-même. Malheureusement pour Audiberti, ce thème, baroque s'il en fut, est bâclé par l'excès de bavardage. On regrette l'étourdissante verve burlesque avec laquelle Ghelderode avait montré la duplicité de sa Brugelmonde imaginaire dans *D'un Diable qui prêcha merveilles*.

Dans *Le mal court*, le même thème est cette fois traité avec un rare bonheur. L'innocente Alarica s'éveille au premier acte dans un univers de conte de fées où tout est beau, pur et vrai, où les fils de grands rois épousent les princesses déshéritées. Elle aura tôt fait d'apprendre que le monde n'est pas ce à quoi rêvent les jeunes filles. Les gens ne sont pas ce qu'ils disent être ou font croire qu'ils sont. Son mariage avec Parfait faisait partie d'un chantage diplomatique ; celui-ci ayant été efficace, on n'a plus de raison de conclure l'affaire. Le galant chevalier qui, se faisant passer pour le roi, a abusé d'Alarica avait pour mission de la déshonorer à toutes fins utiles. Même sa fidèle nourrice Toulouse l'espionnait pour le compte de l'Occident. Parole trahie, sentiments bafoués, vertu éclaboussée : l'initiation de la princesse est brutale. Le train du monde est un commerce de faux. La « véritable vérité » est que « partout l'on triche. Partout, l'on fait comme si... » (15). Puisqu'il faut des dupeurs et des dupés, des forts et des faibles, Alarica sera des premiers. Une fois désintégrées ses illusions candides et après avoir un temps caché son jeu, elle entre dans la ronde du mal pour le combattre avec ses propres armes. Elle s'adapte à une jungle féroce, « ignoble », où l'hypocrisie sert le machiavélisme, où la décence favorise la débauche. La pièce que Gilles Sandier rapproche opportunément de *La Règle du jeu*, invite à la lucidité critique le spectateur qui doit attendre le baisser du rideau pour avoir en sa possession tous les éléments de la vérité.

(14) *La Poupée*, p. 46.
(15) *Le mal court*. Théâtre, t. I, pp. 183 et 185.

Il faut démonter les rouages de la société, les truquages habiles, les conformismes mystifiants. C'est bien à la problématique baroque de l'être et du paraître, de l'ostentation et de la dissimulation que se ramène l'histoire d'Alarica, même si elle se colore de significations politiques, morales et sociales étrangères aux auteurs du XVIIᵉ siècle pour qui la satire des ridicules tient lieu de critique du désordre établi.

Sur le thème de l'agent secret effleuré dans *Le mal court*, Audiberti raffine dans *Quoat-Quoat*. Le jeune Amédée se croit chargé d'une mission périlleuse au Mexique, mission qui l'assujettit au règlement du capitaine. Or, au moment où va être exécutée sur sa personne la sentence de mort prévue par le dit règlement, se dévoile le véritable agent secret, une capiteuse négociante en vins. Lui-même devait seulement donner le change, jouer pour autrui l'agent secret déguisé en voyageur. De même dans *La Guillotine*, la princesse Elisabeth, pour échapper à la Terreur, vit cachée chez un sectionnaire républicain et passe pour la sœur du gendarme Bégou. Son oncle, le Duc, lui tient lieu de père. Le « père de comédie » et la « contrefaçon de sœur » font fonctionner une guillotine d'appoint que rend nécessaire la recrudescence de la Terreur. Jusqu'ici, on est en présence du motif banal en soi du déguisement-camouflage, de la dissimulation d'une identité. Mais Audiberti prend plaisir à compliquer les jeux de miroir. Les deux aristocrates et le républicain Nettner montent une habile mise en scène destinée à persuader le naïf Bégou de tirer sur un Robespierre qui, lui font-ils croire à l'aide de travestis et de costumes de théâtre, aspire à la tyrannie et pactise avec les réactionnaires. Le représentant du peuple, officiellement partisan d'une République pure et dure, était donc de mèche avec les contre-révolutionnaires de l'intérieur. Sous leurs oripeaux plébéiens, les aristocrates conspiraient. La phraséologie activiste n'exclut pas la complicité avec les adversaires de classe. A qui se fier ?

Dans *La Guillotine* apparaît la dimension sociale du déguisement, qui implique la théâtralité. Elisabeth se présente en costume tragique, « travestie à l'orientale », déclame des vers, étant censée être actrice. Son grand rôle consiste à jouer le rôle d'une actrice menacée de la guillotine pour avoir représenté une pièce subversive prônant l'assassinat du tyran. Mais précédemment, ne se révélait-elle pas au naturel en imitant drôlement son oncle ? (16). Son recours au jeu théâtral la rapproche de la Crista de *La Logeuse* qui suit des cours d'art dramatique et aime se déguiser « dans des hardes orientales, des châles à franges, des turbans » (17). Son goût pour la scène influe manifestement sur son comportement qui est poseur, affecté,

---

(16) *La Guillotine. Loc. cit.*, p. 643.
(17) *La Logeuse*. Théâtre, t. III., p. 19.

histrionesque. A peine débarrassée de son travestissement, elle redevient elle-même en mimant avec Antoine son amoureux la comédie de leur futur bonheur petit-bourgeois. L'hérédité joue en elle car sa mère, en toute lucidité, elle, se fait comédienne de sa propre vie : « Je joue à ce que je suis » (18).

Par besoin ou par tempérament, par nécessité ou sur ordre, les héros d'Audiberti se font acteurs. Dans *La Mégère apprivoisée*, Grumio et Curtis singent Petrucchio et Catarina s'invectivant, puis Lucentio et Tranio échangent leurs vêtements, c'est-à-dire leur extériorité sociale individuelle. Clarisse se prête à la mise en scène qui doit condamner Amédée, mais se prend au jeu et tombe amoureuse de celui qu'elle a perdu :

> Le Capitaine. — Tu plaisantes... Tu achèves de dépenser ton élan de comédienne (...)
> Clarisse. — Je ne plaisante pas. Je veux faire ma vie. (19)

La Béquilleuse, on l'a vu, se travestit en Pierre Gonfaloni à l'aide de grosses lunettes et d'une moustache noire — deux accessoires de théâtre. Après une entrée fracassante, elle se livre à un simulacre de jeu où Guy-Loup qui n'est pourtant pas dupe de son déguisement grossier se laisse convaincre d'entrer. Elle sera le philosophe et lui le disciple studieux. Mais le jeune homme s'investit corps et âme dans le jeu. On ne badine pas avec le jeu.

> Guy-Loup. — Mais nous étions en pleine comédie.
> La Béquilleuse. — Comédie ? Vous êtes très fort, vous, si vous séparez la comédie et la réalité. » (20)

L'interversion des identités s'inscrit dans la logique de cette fantaisie histrionesque. Jeannette et Joannine pénètrent ainsi dans l'univers du comme si, mais conservent une distance critique vis-à-vis de leurs rôles respectifs, car, on l'a vu, les deux femmes n'en forment qu'une. Plus intéressant est le cas de *Quoat-Quoat*. Amédée est seul en scène avec le gendarme qui le garde. Tandis que celui-ci somnole, il se coiffe de son chapeau. Suit alors un sketch de plus en plus chargé d'angoisse : la feinte soutenue devient nouvelle réalité.

> Amédée. — Attention ! Si vous me touchez, c'est à vous que vous ferez mal (...). Vous c'est moi (...). Je suis le gendarme. (21)

De fait, l'osmose est parfaite entre les deux personnalités. Car si le gendarme prend l'accent, les tours, l'éloquence d'Amédée, celui-ci assume les souvenirs du gendarme jusqu'à ce qu'éclate la fragilité

---

(18) *Ibid.*, p. 45.
(19) *Quoat-Quoat*. Théâtre, t. I, p. 43.
(20) *Les Naturels du Bordelais*. Théâtre, t. II, p. 270.
(21) *Quoat-Quoat*. Théâtre, t. I, pp. 51-52.

de la comédie. Mais c'est effrayé que le jeune homme réintègre son identité de condamné à mort. « Quel cauchemar ! Quel délire ! Celui que nous sommes, celui entre tous que nous, les hommes, chacun nous sommes, restons-le jusqu'à la mort » (22).

Le besoin d'échapper ne serait-ce que provisoirement aux limites de leur moi, cette soif d'évasion, analysée plus haut, expliquent que les héros audibertiens aiment à se théâtraliser, à se dissocier de leur identité sociale. Fort logiquement, la représentation d'une pièce dans la pièce caractérise la théâtralité audibertienne. Ainsi s'intitutionnalisent fugacement les déguisements et interversions d'identité. Dans *La Poupée* — film et pièce —, Coral et Mirt se rendent dans un cabaret populaire. La séquence est prétexte à un spectacle coloré sans grande signification et qui au théâtre est stylisé. Une théorie sociologique du spectacle est esquissée par le militant : « L'homme qui trime toute la journée a besoin de ce qui le change de lui-même » (23). L'idée n'est pas développée. Notons cependant que le double de Marion Moren paraît sur une scène, d'abord parce que la véritable Marion est elle-même théâtrale et sophistiquée, mais surtout parce qu'à la fin de l'action, ses proclamations enflammées abusent les prolétaires qui, eux, ne jouaient pas leur émeute.

Le thème du théâtre dans le théâtre est traité d'une manière plus baroque dans *Opéra parlé*. Les bandits-baladins donnent une représentation pour distraire la neurasthénique Hobereaute. Rasibus y est un illusionniste-prestidigitateur qui enveloppe dans une pléthore de gestes ostentatoires et inutiles quelques gestes efficaces. Virtuose masqué, il récapitule en son jeu la métamorphose et le trompe-l'œil baroques que surdétermine son éloquence de bateleur dont voici un extrait significatif : « ... Et maintenant que les couleuvres, les licornes, les salamandres, toutes les haquenées du diable composent autour de ma petite main la sphère des métamorphoses... » (24). Si Audiberti est passionné par le théâtre, il aime à en fréquenter les coulisses plus que les parterres. L'être même du comédien l'envoûte qui sans cesse feint, exhibe, change des identités usurpées et, véritable caméléon, volatilise, l'instant d'un jeu, la sienne propre. Plusieurs de ses héros sont acteurs d'occasion ou de profession, notamment Martir Colos dans *Le Victorieux* et Jean-Désiré Lazerm dans *Les Jardins et les fleuves*. Paulette Plumard joue son rôle dans le film que tourne Raoul Saintonge au deuxième acte de *La Brigitta*. Dans *La Fourmi dans le corps*, les « abeilles » répètent un ballet. Chaque mouvement de la pantomime commente un blason du corps

(22) *Ibid.*, p. 53.
(23) *La Poupée*, p. 45.
(24) *Opéra parlé*. Théâtre, t. III, p. 131. Rasibus se permet de dire : « Il faut que vous sachiez bien que moi je ne suis pas un batelier de foire » (p. 132).

féminin (Audiberti vient de préfacer *Les Jardins de Priape* de Robert Arnaut). La fonction de cet intermède chorégraphique mécanisé est essentiellement socio-politique. Le divertissement cristallise d'abord le conflit entre jansénistes et mondains, mais surtout il accuse l'artificialité d'une microsociété aristocratique, oisive et heureuse en marge, croit-elle, de l'Histoire. La société industrielle moderne, dont la finalité est fondamentalement utilitaire, sépare strictement les temps du labeur et du loisir. Pour le monde élitiste du baroque, l'absence de travail représente la norme. Il faut sublimer l'oisiveté par une surenchère dans la piété ou la frivolité. La fuite dans l'euphorie du divertissement scénique ressortit à l'historicité du baroque plus qu'au nœud thématique étudié dans ce chapitre.

Le mystère joué dans *La Pucelle* a une fonction autre. Gilbert, amoureux de Jeanne, a composé la pièce pour la retrouver. La magie du spectacle lui fournit chaque soir une image éphémère et illusoire de sa bien-aimée : « Quand on jongle/le mystère/elle revient. Je me flatte qu'elle revient. Pour que cela qui s'est passé se soit pour de bon passé, il faut que cela, de nouveau, se passe et cela se passe sur le théâtre » (25). Audiberti joue donc sur le double sens du mot mystère. La fiction incarnée dans des êtres vivants se substitue à la réalité énigmatique, incompréhensible. Mais Gilbert ajoute : « La scène est une messe, mais une fois le spectacle replié, moi, je me remets à douter » (25). Or, un jour, le jeu devient réalité. On embauche Jeannette pour suppléer la titulaire du rôle, défaillante. Ce soir-là, on improvise et l'épouse de Mathieu Fricot est brûlée vive, rejoignant enfin son double, Joannine. Le poète, affolé, découvre alors qu'il a joué à l'apprenti-sorcier et que le théâtre est des jeux le plus sérieux. « Il a fabriqué l'action réelle ! La légende sort de l'histoire, mais elle y rentre tout à coup » (26). Dès 1947, Audiberti parle de sa pièce comme achevée, pourtant, le texte n'en est publié qu'en 1950. Entre temps, Cayatte et Prévert ont réalisé *Les Amants de Vérone*, dont l'argument est le suivant : Georgia double la vedette qui joue le rôle de Juliette dans un film. On engage le verrier Angelo pour doubler l'acteur qui tient celui de Romeo. Et les deux « doublures » s'éprennent l'un de l'autre ; mais leur amour connaîtra l'issue tragique voulue par Shakespeare. Le destin des personnages de fiction s'impose aux comédiens, comme si leur rôle oblitérait leur vie. Malgré les différences évidentes entre les deux œuvres (Jeannette n'est pas actrice et elle est « sœur » de Joannine...), on peut se demander si Audiberti n'a pas remanié sa pièce après avoir vu le film. Tant que l'on ne connaîtra que le dernier état, publié, de *Pucelle*, la question demeurera sans réponse.

(25) *Pucelle*. Théâtre, t. II, p. 173.
(26) *Ibid.*, p. 180.

Une théâtralité de l'Histoire est suggérée dans *Pucelle*. Or, on se souvient de la thèse soutenue par Jan Kott dans *Shakespeare notre contemporain* : « L'histoire est un théâtre qui n'a pas de spectateurs et ne comporte que des acteurs » (27). Le critique se réfère à la grande tradition baroque qui culmine chez Calderon, Shakespeare et Vondel :

> All the world's a stage/And all the men and women merely players.
> Toda la vida humana/Representaciones es (28)...

Il est tentant de mettre au regard de ces phrases celles ou Audiberti semble reprendre à son compte la conception baroque du theatrum mundi.

> « Partout les humains vont et viennent, partout, chacun fidèle à son rôle dans l'entrecroisement d'une intrigue où nous-mêmes nous baignons, une intrigue multipliée à l'infini des circonstances, des hypothèses, des possibilités. »
> « L'existence m'apparaît comme la machination d'un mystère si fantastique et théâtral que je tremble toujours de ne pas remplir congrûment le rôle qui m'y fut assigné. »
> « Adieu petit monde où ne surabonde que l'atrocité. Adieu le théâtre où l'on doit se battre pour être cité. » (29)

Voilà pour l'œuvre théâtrale. La même idée se retrouve dans les romans. Il est question dans *Dimanche m'attend* de la « théâtralité de la vie » (30). Et l'on lit les passages suivants dans *Le Maître de Milan* et *Marie Dubois* :

> « Tout était comédie, la guerre, les lettres, la mort. Tout était forme, apparence, comédie. »
> « Il eut, une fois de plus, le sentiment d'être dans un monde incertain, dans un théâtre humain, il avait le rôle de l'acteur principal, mais il était, en même temps, un figurant qui n'a pas lu la pièce, qui ne la lira jamais, c'était son rôle, un figurant, pas même un spectateur, ou moins encore quelqu'un qui n'entrera jamais, on le laisse dehors, il a pourtant le rôle principal. » (31)

La convergence de tous ces extraits est nette. D'interindividuelle, la perspective est devenue sociale puis philosophique. Si la comédie sociale et le théâtre échangent si aisément leurs valeurs, c'est qu'ils ont pour principes communs le décor, le trompe-l'œil, la manipulation. Audiberti, semble-t-il, confond la conception baroque du Thea-

---

(27) Jan Kott : *Shakespeare notre contemporain*, p. 143...
(28) Shakespeare : *As you like it* (II, 7) ; Calderon : *El gran Teatro del mondo*, v. 427-428.
(29) *La Mégère apprivoisée*, p. 25 ; *La Fête noire*. Théâtre, t. II, p. 29. *Pomme, Pomme, Pomme*. Théâtre T.V., p. 99.
(30) *Dimanche m'attend*, p. 46.
(31) *Le Maître de Milan*, p. 59 ; *Marie Dubois*, p. 28.

trum mundi avec l'idée plus banale que le monde est truqué. La première se rencontre dans des phrases éparses — intuitions hasardées, pressentiments non rationalisés plutôt que Weltanschauung cohérente. Lorsque Sartre fait dire à l'un de ses héros : « Nous jouons devant des toiles peintes. Allons, beau parleur, donne-moi la comédie. Sais-tu ton rôle ? » (32), il se sert d'un cliché que ne corrobore pas le contexte : nul ne saurait baroquiser sa pensée et son œuvre. Il s'agit un peu de cela chez Audiberti, bien que la logique de sa thématique appelle l'idée de Theatrum mundi. Dans *L'Opéra du monde*, seul le titre est baroque, mais il conviendrait mieux au *Soulier de Satin* ou aux *Paravents*.

La coordination des divers motifs étudiés dans ce chapitre est nette, comme l'est la cohérence des thèmes analysés précédemment. S'agit-il de coïncidences fortuites ou d'un projet concerté ? Les thèmes peuvent-ils s'organiser en réseau au regard d'une compréhension unifiante ? En d'autres termes, s'ordonnent-ils en quelque structure cumulative ? Le pointillisme thématologique que l'on a pratiqué ici risquerait de solliciter abusivement la plasticité des motifs, si après avoir souligné la richesse du champ thématique on n'enregistrait pas la concentration de ceux-ci. Or, si l'on distingue dans le théâtre audibertien les thèmes développés (ou majeurs), les thèmes effleurés (ou suggérés), les thèmes d'apparat enfin, on s'aperçoit que la convergence est sans doute moins probante. Il faut relativiser le sens et la valeur de certains motifs. Quand un journaliste écrit qu'il se produit quelque part un « coup de théâtre » ou un « changement de décor sur la scène politique », il utilise des clichés banalisés sans leur conférer, même implicitement, une portée baroque. A en rester à la surface des choses, on découvre chez Audiberti tous les éléments thématiques que Rousset et Genette ont décelés chez les baroques ; il est rare pourtant qu'ils interfèrent massivement, qu'ils s'entrelacent dans une même pièce. A part les déguisements du faux locataire et une allusion au Theatrum mundi, qu'y a-t-il de vraiment baroque dans *Pomme Pomme Pomme* ? Les thèmes du déguisement, du jeu, voire du rôle ne suffisent pas à baroquiser *Quoat-Quoat* où le capitaine déclare : « Un navire est un monde », non « le monde est un théâtre ». La constellation thématique est plus dense dans *La Fourmi dans le corps* et *La Poupée* dont l'historicité, ou le contenu social, corrobore les éléments baroques, ou dans *La Fête noire*, bien que le mythe de Don Juan y ait été imparfaitement traité. Pour achever cette étude, on s'efforcera de montrer la cristallisation des éléments baroques dans deux pièces, jusqu'ici peu étudiées, *La Logeuse*, où paraît Circé, et *L'Effet Glapion*.

(32) Jean-Paul Sartre : *Le Diable et le bon Dieu*, I, 2, 4.

CHAPITRE XI

LA LOGEUSE OU L'ECOLE DES METAMORPHOSES

Audiberti choisit rarement pour ses personnages des noms lourds d'un symbolisme évocateur ; il est souvent malaisé de dépister des intentions allusives. *La Logeuse* fait exception. Le nom de Mme Cirqué est transparent, par conséquent traduit une volonté évidente de symbole que l'auteur a explicitée dans sa préface à un extrait paru en 1955 dans *Profils* : *Circé*, « *La Logeuse* ». Certes, un texte antérieur affirme : « Quiconque révélerait qu'il s'agit de l'enchanteresse Circé me causerait le plus grand tort » (1). Il faut voir là à défaut d'une boutade une affirmation inconséquente. Sans doute l'expérience de l'éternel instable que fut Audiberti a-t-elle pu influer sur une pièce dont la rédaction suit de près la publication par Ionesco de son *Nouveau Locataire*. Ne lit-on pas, à la même époque, dans une de ses chroniques à *La nouvelle N.R.F.* : « Cette logeuse se prend pour une femme très bien qui tire, les temps sont durs, quelques profits de monnayer le surplus de sa surface. Elle est, d'ailleurs, une dame très bien, ou assez bien, ou quelconque, ou même assez bizarre » (2). Circé continue, après 1954, d'obséder l'auteur qui écrit dans *L'Abhumanisme* : « Olympienne, sacerdotale, fille de Jupiter et sœur de la Sibylle, la magicienne, Médée ou Circé, propose la coupe qu'emplit la drogue de la jeunesse ou bien elle manie les sphères étincelantes où de pâles serpents convulsent le futur » (3). La même phrase se trouve reproduite avec d'infimes nuances dans *Le Sabbat ressuscité par Leonor Fini*. Voilà qui inciterait à voir aussi dans Mme Cirqué celle qu'il nomme « l'enchanteresse » (4)

---

(1) « Circé ? Motus ! ». *Le Figaro littéraire*, n° 436 (28.8.1954), p. 10.
(2) « On ne bâtit plus ». *La nouvelle N.R.F.*, n° 4 (1.4.1953), p. 753.
(3) *L'Abhumanisme*, p. 132 ; *Le Sabbat ressuscité par Leonor Fini*, p. 7.
(4) « Leonor Fini ». Art. cit. p. 166.

et dont Armand Lanoux écrit : « Il y a en elle de la Circé » (5), si d'autres documents probants venaient corroborer cette fragile hypothèse.

Circé figure au premier rang dans le panthéon baroque. J. Rousset a répertorié l'impressionnante série de ses apparitions dans le théâtre, les ballets et les opéras des XVIᵉ et XVIIᵉ siècles. A sa longue liste, on pourrait encore ajouter un poème épique de Lope de Vega et *Les Charmes de la faute,* de Calderon. La magicienne aurait dû réapparaître triomphalement au XXᵉ siècle. Il n'en a rien été. Joyce, Giono et Dalla Piccola ne lui réservent aucun sort particulier, lorsque leur œuvre dérive depuis le texte de l'*Odyssée.* Seuls Giraudoux, dans *Elpénor,* Jean Cassou, dans une nouvelle, et Audiberti se sont souvenu d'une Circé qui s'est évanouie dans un monde en constante métamorphose, mais dont l'esprit demeure présent dans les fêtes, les jeux de masques et de rôles, les carnavals de nos temps troublés. Malgré sa richesse, le mythe de Circé n'a encore été que rarement passé au crible de la mythanalyse moderne. Pour Gabriel Germain, il transposerait une cérémonie rituelle d'initiation et intégrerait des éléments d'origine orientale, en l'occurrence suméro-sémitique ; le duel érotique de Circé et Ulysse rappelle celui de Samson et Dalila, sinon celui de Gilgamesh et d'Enkidu (6). On mentionnera aussi la brève mais dense analyse qu'en donne J. Rousset dans *La Littérature française de l'âge baroque* : « Circé, c'est la magicienne qui d'un homme fait un animal, et de nouveau un homme ; qui prête et retire à chacun tous les corps, toutes les figures ; plus de visages, mais des masques ; elle touche les choses et les choses ne sont plus ce qu'elle étaient ; elle regarde le paysage et il se transforme. Il semble qu'en sa présence, l'univers perde son unité, le sol sa stabilité, les êtres leur identité ; tout se décompose pour se recomposer, entraîné dans le flux d'une incessante mutation, dans un jeu d'apparences toujours en fuite devant d'autres apparences » (7). Telle que Homère en a fixé les traits au chant X de l'*Odyssée,* Circé n'est donc pas une magicienne comme les autres ; fille du Soleil et d'une Océanide, elle n'a rien d'une hideuse Locuste. L'aède ne l'appelle-t-il pas « la déesse aux belles tresses » (8) ? Dans la famille des immortels, son originalité provient de ce qu'elle ajoute aux techniques ordinaires de la séduction amoureuse, à ses charmes, le pouvoir de ses philtres. Femme mal-aimée, amoureuse insatisfaite, elle transforme en animaux les hommes qui abordent son île au moyen des breuvages qu'elle concocte dans le secret de

---

(5) « Instants d'une psychanalyse critique : Leonor Fini ». *La Table ronde,* nº 108 (déc. 1956), p. 179.
(6) Gabriel Germain : *Genèse de l'Odyssée,* pp. 130-150 et 249-274.
(7) Jean Rousset : *La Littérature française de l'âge baroque,* p. 16.
(8) Homère : *L'Odyssée,* chant X, vers 210.

son antre. Elle métamorphose entre autres les compagnons d'Ulysse en pourceaux, mais grâce à la protection d'Hermès, le fils de Laertes rompt le charme et contraint Circé, sous la menace de son glaive, à rendre aux imprudents leur forme humaine. Un tel mythe avait de quoi plaire aux écrivains baroques, car il personnifie une préoccupation essentielle de leur ontologie mobiliste. De l'histoire de Circé, ils retiennent principalement que la déesse des métamorphoses dénoue l'union précaire des corps et des esprits, désintègre les personnalités, bref, commande secrètement à un monde de formes en mouvement constant.

Mme Cirqué, la logeuse, vit dans un appartement cossu du VIIe arrondissement. C'est, au dire d'Audiberti, une « belle femme, de haute taille, dans les quarante-cinq ans, brune, agile, harmonieuse ». La pièce s'engage comme une comédie de mœurs dans la plus pure tradition boulevardière. La logeuse reçoit son nouveau locataire et règle les formalités pratiques de son séjour. De la banalité voulue des propos échangés ressort une affirmation insistante de Mme Cirqué : « Les hommes sont faits pour qu'on s'entende avec » (9). Des femmes, elle a au contraire mauvaise opinion. La conversation s'oriente vers la préparation du café. L'auteur avait pris soin d'indiquer dans la présentation du décor qu'une cafetière trônait en apparence dans la cuisine. Le café introduit l'idée de magie grâce à l'homologie phonique filtre-philtre. La triple répétition du mot est évidemment intentionnelle, comme un clin d'œil au public. M. Tienne, le locataire, s'installe, et la conversation se poursuit, désordonnée en apparence, bien que Mme Cirqué en contrôle soigneusement la progression. Elle attire ainsi, à deux reprises, l'attention de son interlocuteur sur la personnalité de sa fille, « un être exceptionnel », une artiste. Celle-ci paraît alors, qui, ex abrupto, lance à sa mère quelques invectives — « Sorcière ! Herboriste ! Empoisonneuse ! » — et à M. Tienne des avertissements : « Elle veut vous faire croire qu'elle en veut à votre porte-monnaie, ma logeuse de mère ! C'est d'une autre façon qu'elle vous pompera (...). Trop tard. Le philtre est bu. Le charme agit déjà » (10). La véritable personnalité de Mme Cirqué se laisse donc pressentir, mais pour le spectateur averti, elle n'est encore qu'une des « sorcières » chères à Leonor Fini et à l'auteur de *Pucelle* et du *Soldat Dioclès*. Son identité exacte se précise quand Christine et M. Tienne engagent la conversation. L'hostilité de la logeuse aux autres femmes s'explique : elles sont toutes des rivales en puissance qu'il faut coûte que coûte éloigner. La précédente locataire s'est pendue, la bonne se meurt d'anémie, quant à Christine, « c'est elle qui l'a faite » comme elle est. Que le locataire lui objecte, débonnaire : « Elle est votre mère »,

(9) *La Logeuse.* Théâtre, t. III, p. 11.
(10) *Ibid.*, p. 20.

la jeune fille insiste : « Faite, fabriquée, arrangée » (11). Sous-jacente est donc l'idée d'une surcréation, d'une transformation des êtres par sa volonté agissante. On retrouve là une préoccupation constante d'Audiberti : comment se constituent les identités sociales ?

Donc Christine révèle à M. Tienne que sa mère est une dangereuse nymphomane qui rend les hommes fous d'elle pour les mener, maniaques, à sa guise. De son voisin elle a « fait un musicien (...). Avant, il était dans l'automobile. Elle lui a fourré dans la tête qu'il était un as du violon » (12). Son mari, qui fut ministre, vit cloîtré dans un recoin de l'appartement où — émasculation symbolique — il confectionne des chapeaux. C'est elle encore le « on » qui a persuadé le concierge qu'il était « doué pour la voyance, pour les tables tournantes ». Christine, elle-même, se posant en rivale redoutable et autrement séduisante, elle l'a rendue excentrique, fofolle, exaltée et a détourné ses préoccupations vers les artifices de l'art dramatique. M. Cirqué qui intervient alors lève les dernières ambiguïtés en comparant le locataire à Ulysse : « Comme vous-même, il affrontait des tanières inconnues » (13). Tout est donc clair : l'intrusion du nouveau locataire chez Mme Cirqué, c'est mutatis mutandis celle du héros grec dans le domaine de Circé. On notera cependant une dissemblance intéressante avec le mythe. Dans le monde clos et protégé de son île, la déesse d'Homère est aussi solitaire que Diane la chasseresse. La logeuse, elle, est mariée et mène une existence de petite bourgeoise. En lui donnant une famille, Audiberti humanise son héroïne, la dépouille de son aura tragique. Certes la Circé grecque, selon certains auteurs, avait auparavant été l'épouse d'un roi Sarmate sur lequel d'ailleurs elle avait expérimenté son art maléfique ; devenue odieuse à ses sujets, elle dut se réfugier en Etrurie. Le fait que M. Cirqué a été ministre montre que l'auteur, consciemment ou non, confond deux épisodes de la vie de Circé.

L'ancien ministre, devenu fabricant de chapeaux, suit encore de loin le cours des événements et est capable de donner son avis sur une question embrouillée. La dépossession de son moi premier n'est donc pas totale : il est tenu sous le charme tyrannique de son épouse plus que métamorphosé. De même chez Homère les compagnons d'Ulysse ont des pourceaux la voix et les soies, mais en eux persiste leur « esprit » d'autrefois.

> « Madame Cirqué. — La politique, Fanfanou, tu l'aimes toujours ?
> Monsieur Cirqué. — Georgette, je n'aime que toi.
> Madame Cirqué. — Tu regrettes, c'est évident, tu regrettes. » (14)

(11) *Ibid.*, p. 22.
(12) *Ibid.*, p. 23.
(13) *Ibid.*, p. 25.
(14) *Ibid.*, p. 27.

La passion de l'héroïne — « biologique fureur de domi-
ner » (15) — est exclusive, totalitaire ; elle ne souffre pas le partage, elle exige d'autrui soumission à son implacable volonté, plasticité de l'être social, malléabilité du caractère. C'est pourquoi la
logeuse emprisonne son mari dans une chambre et dans des tâches
féminines, lui fait jouer auprès de la grande déesse qu'elle est un
rôle de parèdre. Mais sa castration de symbolique est devenue effective. Vieilli, désabusé, nostalgique de la politique, M. Cirqué ne
peut plus satisfaire la libido insatiable de son épouse. Les décoc-
tions aphrodisiaques sont impuissantes à stimuler ses ardeurs, les
produits vétérinaires ne font guère plus d'effet. La logeuse les
essaiera donc sur M. Tienne dont elle estime la virilité et qui
demeure imperméable à ses avances. Le dernier élément constitutif
du mythe est donc mis en place. La métamorphose en animal
s'effectue dans l'irréel, car l'animalité n'est qu'une sexualité
suractivée et affranchie de toute contrainte éthique.

M. Tienne vient rejoindre la logeuse pour un mauvais prétexte
que celle-ci a tôt fait de percer, elle à qui rien n'échappe — elle
partage avec Alarica et la Hobereaute le privilège de sens surdévé-
loppés ; Circé, fille du Soleil, sait voir. Comme Christine le laisse
entendre, c'est bien lui, le quadragénaire solide, la nouvelle proie
que guette sa mère. Pensant que la drogue mise par elle dans le café
a agi, elle renonce à toute prudence, baisse le masque : « Mon cher,
sachons qui nous sommes. Voulez-vous ? Sachons d'abord qui je
suis. Un déguisement, moi, j'étouffe. Le mal est fait pour être fait.
Je le fais » (16). La petite bourgeoise économe est aussi sensuelle
et sans scrupules qui propose froidement à M. Tienne, puisque son
« éléphant de mari », c'est le néant, à savoir une apparence virile
non cautionnée par une réalité (sexuelle), de faire de lui, M. Tienne,
son associé puis, on le devine, son amant. « C'est ici, indique Audiberti, que la logeuse abandonne le personnage qu'elle a assumé
au début et se révèle dans toute la violence de son tempérament » (16). Ainsi s'abolit la contrainte qu'imposait à Mme Cirqué
son rôle de ménagère et apparaît sans fard son vrai visage de femme
insatiable. Circé occupait une place de choix dans la hiérarchie des
Olympiens, deux générations seulement la séparaient d'Ouranos et
Gaïa, les ordonnateurs du Chaos. Pourtant, les Dieux ses pairs la
privèrent de l'immortalité en raison de sa malfaisance. Ici, c'est
elle-même qui se débarrasse, de son propre gré, de son rôle et de
ses attributs, inopérants, pour satisfaire ses instincts. De même
la Hobereaute, fée de la forêt, devient jeune fille à marier, puis
épouse soumise. L'étymologie renforce la comparaison. Une des
origines du nom Circé est le mot grec kirkos qui signifie épervier,

_____

(15) « Circé : « La Logeuse ». Profils, n° 13 (automne 1955), p. 84.
(16) *La Logeuse. Op. cit.*, p. 36.

ou hobereau. En écrivant *La Logeuse* après *Opéra parlé*, Audiberti en eut-il conscience ? C'est peu probable. Il faudrait prouver au moins qu'il ait lu *Genèse de l'Odyssée*, ce qui, en l'état actuel, est impossible.

Constatant que le philtre n'a pas agi, Mme Cirqué s'offre, comme Circé à Ulysse, moins pour séduire M. Tienne que pour le réduire à sa merci par le contact charnel, le dépouiller à son profit de son énergie vitale. Elle sent faiblir l'efficacité de ses charmes qu'elle compense par l'artifice de mises en scène habiles ou des provocations agressives. « Comment voulez-vous que je sois douce, pommade, huile d'olive, quand pas un foutu chien ne se soucie de moi ? Ne m'embrassent que ceux que j'embrasse. Il faut que je caresse pour être caressée. » Ainsi s'explique aussi sa jalousie pour les « sauterelles » de vingt ans. Mais M. Tienne lui lance sans ménagement : « Les mâles ne font pas toujours les premiers pas » et « Vous êtes assommante comme toutes les grosses mères qui font du bruit pour qu'on s'occupe d'elles » (17). Les choses ne sont sans doute pas aussi simples. Comme Alarica, la logeuse rêve du grand amour. « Sa violence vitale, écrit Audiberti, la pousse à essayer des hommes, car elle attend toujours celui, jadis Ulysse, qui, au-delà des technicités de l'étreinte, saura faire preuve sur elle, enfin, d'une prédominance qui la comblera dans sa nostalgie personnelle de subissante féminité » (18). La dévoreuse d'hommes est donc en fait semblable aux autres femmes qu'elle dit mépriser. Quand elle avoue à M. Tienne : « Je deviens ce que par-dessus tout je déteste et que pourtant je ne me lasse pas de vouloir que je sois... Je deviens une femme... une femme... pour toi », elle signifie que pour elle féminité équivaut à passivité, obéissance, soumission. Ne dit-elle pas peu après : « J'avais faim d'être une femme si c'est être femme qu'être en dessous » (19) ? On la croit une « bête féroce », une déesse redoutable, elle est une femme mal aimée. Cela, M. Cirqué l'a senti mieux que tout autre : « Sous un air terrible, elle n'est que délicatesse, inquiétude, fragilité » (20). Qu'un homme la subjugue et prenne à son compte les attributs de la virilité et la voici réduite à sa seule féminité, douce, tendre, comblée. Androgyne malgré elle, Mme Cirqué rêve d'abdiquer son autorité en faveur de l'homme qui la domptera, semblable en cela à la Catherine de *La Mégère apprivoisée*. Audiberti se fait de la femme une idée convenue, conventionnelle même : ou bien elle se résigne à être un objet de plaisir — *Le Cavalier seul* — ou bien elle accapare une autorité que l'homme lui abandonne — *Le mal court*, *Les Femmes du bœuf*, *La Fourmi dans le corps*.

(17) *Ibid.*, p. 43.
(18) « Circé : « La Logeuse ». Art. cit., p. 84.
(19) *La Logeuse. Op. cit.*, pp. 37 et 58.
(20) *Ibid.*, p. 41.

L'érotique audibertienne est une relation de servitude, elle s'ordonne autour de deux figures mythiques antagonistes et symétriques, Don Juan et Circé. Il faut qu'une volonté se courbe sous une autre volonté, qu'une liberté s'anéantisse devant une autre liberté pour que deux êtres puissent s'aimer. On ne saurait être plus pessimiste.

Une fois éclairé le personnage de la logeuse, l'auteur met en évidence la puissance de sa persuasion. Antoine a suivi ses conseils et, comme envoûté, vidé le tiroir-caisse de l'établissement où il travaille. « On aurait dit, avoue-t-il, qu'une force me poussait... » Mme Cirqué, qui en a fait un escroc par sa seule suggestion, connaît la raison de son acte : « Je dis trois ou quatre mots, cet étourneau se met à voler dans tous les sens. Une goutte de moi suffit pour les changer (...). Il était épris de ma fille. Il se le figurait. Mais c'est pour moi qu'il bouillait ! » (21). Le chant mélodieux de la Circé homérique enchantait ; ici il n'est qu'à attendre que l'idée sussurée fasse son chemin sans qu'il soit nécessaire de recourir à une quelconque drogue. Antoine ne boit pas de café ; le message de la logeuse est naturellement jussif. Par son verbe, Mme Cirqué subjuguera de même et manipulera, tels des pantins, les deux inspecteurs venus arrêter le voleur. Le plus jeune, agressif à son entrée, oublie vite l'objet de sa mission, se laisse désarmer et se perd en compliments galants. Il abandonne son masque de policier brutal et son argot de métier, renonce à perquisitionner et se refuse même à frapper le coupable. Bref, le voici aussi sentimental que Loup-Clair, le policier humaniste de *Marie Dubois*. Son collègue se déchaîne alors contre lui pour le plus grand amusement de la logeuse.

M. Tienne intervient à ce moment. Lui aussi est chez Mme Cirqué pour des raisons professionnelles. S'il a jusqu'ici résisté aux sortilèges, ce n'est pas, comme Ulysse, grâce à une protection surnaturelle, mais parce qu'il était en service commandé. Il vient, avec un mandat de la préfecture, mettre hors d'état de nuire l'enchanteresse. Abasourdie, elle se donne comme à un seigneur et maître, telle Circé au guerrier d'Ithaque, mais sans plus de succès. « Dans ma propre caverne, je rencontre ma force. Elle n'est plus à moi. Mon regard me domine par des yeux étrangers ». Pour la première fois sans doute, elle avoue : « j'aime » (22). Mais M. Tienne, inflexible, l'emmène à l'asile que lui destine la société policée. « ... douze cas de démence, cinq suicides, trois meurtres. Vos amis deviennent fous. Vous faites de vos amis des assassins. Quiconque vit chez vous risque sa vie » (23). Reste à délivrer les pourceaux. Ulysse avait contraint Circé à faire tomber les soies de ses compagnons. Point n'est besoin de magie dans la pièce d'Audiberti. Personne n'osait

(21) *Ibid.*, p. 47.
(22) *Ibid.*, p. 60.
(23) *Ibid.*, p. 63.

répliquer à Mme Cirqué dont la volonté annihilait celle d'autrui et rendait impossible toute révolte contre sa « tyrannie ». Il suffit qu'elle s'en aille pour que « l'atmosphère commence à changer ». Le concierge qui voyait des morts se découvre « congestionné » par l'enchanteresse, le voisin renonce à la musique, les policiers redeviennent serviteurs de la loi, Antoine épousera Christine. Les hommes qu'elle avait ensorcelés se retrouvent eux-mêmes. Le cycle des métamorphoses bouclé, la pièce pourrait s'arrêter là.

Audiberti n'abandonne pas son héroïne et fait rebondir l'action. Une amnistie renvoie chez elle la logeuse que semblent attendre tous les personnages de la pièce, comme invinciblement attirés par une force mystérieuse. La métamorphose qu'elle avait infligée aux hommes s'est révélée irréversible à l'expérience. Le voisin est organiste au couvent contigu, le concierge employé aux pompes funèbres, Antoine kleptomane ; Christine est toujours exaltée et nerveuse, les deux policiers sont devenus les gardes du corps de M. Cirqué qui reprendrait volontiers son tablier, le plus jeune est resté amoureux de Mme Cirqué. Celle-ci rend son mari à la politique ; humble, il s'exécute. Alors elle peut s'adresser triomphalement à tous les mâles qu'elle a courbés sous les sortilèges de sa volonté. « Cette île où je suis la maîtresse, vous ne savez pas en sortir » (24). Elle les a dépouillés de leur être illusoire et les tient, dociles, incarcérés dans le moi qu'elle leur a révélé. Et chacun d'articuler piteusement sa nouvelle qualité :

> « Antoine. — Voleur.
> Monsieur Cirqué. — Loir-et-Cher.
> Grégoire. — Charognard.
> Pierre. — Maestro.
> Le jeune inspecteur. — Cornichon.
> L'inspecteur âgé. — Intoxiqué. » (25)

Pendant les deux premiers actes, M. Tienne avait délibérément donné le change, porté le masque du professeur courtois et compassé et dissimulé méthodiquement sa véritable profession et ses sentiments profonds, tout en laissant, de temps en temps, percer dans ses paroles la pointe ironique de celui qui possède la clef des événements. Une fois sa mission accomplie, « /son/ œuvre achevée », il cède après coup aux injonctions ensorcelantes, à la magie du verbe et des drogues : il démissionne de ses fonctions. Il prendra auprès de Mme Cirqué la place que son mari lui abandonne pour se consacrer à la politique, place qu'elle lui avait vainement offerte jadis. Une chambre est désormais vacante. Une annonce a paru dans le journal et déjà un candidat se présente...

(24) *Ibid.*, p. 94.
(25) *Ibid.*, p. 95.

La comédie d'Audiberti est un jeu de rôles et de métamorphoses. Chacun des protagonistes se transforme au fil de l'action, selon qu'il est ou non soumis à l'emprise despotique de la logeuse. Mme Cirqué désintègre les personnalités, c'est-à-dire les consciences de soi et les images sociales. Elle transmute les hommes en ce qu'ils sont déjà virtuellement, elle leur fabrique une nouvelle identité et fait apparaître les tendances refoulées, la vocation latente, le vrai destin de chacun. Sa volonté, son charme et son café contraignent qui l'approche à se rencontrer et à se reconnaître tel qu'il est, sans masque. La sorcière est donc une sorte de psychothérapeute qui pratique le dédoublement cathartique. M. Tienne n'a pas manqué à la règle. Il se donne d'abord pour ce qu'il n'est pas, un professeur, et maîtrise ses impulsions instinctuelles. Mais en lui c'est le fonctionnaire qui résiste aux sortilèges, l'homme y est sensible comme tout un chacun. Le conflit se résout au troisième acte quand le personnage se confond avec son image, enseignant et amoureux, mais toujours l'homme sûr de lui qui avait subjugué la dominatrice. « Ce masque, vous avez compris, vous êtes intelligent ! Vous avez compris que c'était votre véritable visage. Il m'avait convaincu. Or, moi, même quand on me trompe, on ne me trompe pas » (26). A l'inverse en démystifiant les artifices de la logeuse, leurs motivations et leurs techniques, M. Tienne lui arrache son masque, donc la métamorphose et rompt le charme qui retenait les autres prisonniers — « L'unique espoir, c'était ce type (...) Moi changée, vous changiez » (27) — avant de succomber à son tour. Mme Cirqué a dû, elle aussi, de son côté renoncer, provisoirement, à son personnage complexe, construit, quand le policier-professeur a mis à jour sa réalité de femme mal aimée et fait voler en éclats le monde qu'elle avait édifié autour d'elle. Mais ce monde était réel et sa destruction instituait une comédie d'illusions trop fragiles pour subsister durablement.

Audiberti joue donc avec virtuosité du clavier des métamorphoses et de l'oscillation baroque entre apparences et réalité. Sa pièce ressemble fort peu pourtant à l'aristocratique fête baroque décrite par J. Rousset. C'est que la palingénésie d'un mythe exclut répétition mécanique et imitation littérale. Chaque époque s'y investit différemment, ce qui signifie que le matériau légué par l'histoire, la légende ou la tradition écrite peut être transposé et réinterprété. L'auteur conserve la ligne générale du mythe circéen, mais il le déracine et l'intègre à son univers personnel où voisinent les logeuses pittoresques, les sorcières de Leonor Fini et tant de visages rencontrés ; enfin il le réactualise dans l'univers naturaliste et figé de la comédie bourgeoise. Alors qu'Anouilh et Cocteau introduisent le xxe siècle

(26) *Ibid.*, p. 99.
(27) *Ibid.*, p. 95.

dans les mythes antiques à force d'anachronismes, Audiberti au contraire insère dans notre temps une légende de Circé qu'il dépouille de ses aspects tragiques en l'embourgeoisant et religieux en la désacralisant. Il réduit l'épisode conté par Homère à un fait divers bizarre dont rend compte la psychologie classique de la volonté. Un O'Neill aurait vraisemblablement invoqué la psychologie abyssale, un Brecht mis en cause une aliénation socio-économique et des conditionnements idéologiques. Seuls les professions et les caractères sont touchés par les artifices de la nouvelle Circé. Les corps sont épargnés. Or c'est par là justement que le mythe passionnait les dramaturges et ordonnateurs de fêtes baroques. En ce sens, Arrabal, dans *L'Architecte et l'empereur d'Assyrie* est beaucoup plus proche qu'Audiberti des sources baroques traditionnelles.

Il reste à élucider la part de l'animalité dans *La Logeuse*. Mme Cirqué rêve d'un éclatement salvateur qui mettrait fin aux affres de l'incarnation. Tel s'interprète en dernière analyse son rêve de dépendance. « Je l'attendais. Lui, je pensais, lui me changera. Moi changée, vous changiez. Vous deveniez des soleils de cristal. Vous démarriez dans la splendeur illimitée » (27). Le jeu des métamorphoses auquel elle se livre se rattache donc au projet des héros abhumanistes. Mais elle ne possède pas l'enthousiasme juvénile d'Alarica ou de la Hobereaute et se complaît dans un semblant d'efficacité, un fantôme de pouvoir. « Sitôt que je vous parle, que je vous regarde, vous tremblez, vous bafouillez, vous vous décomposez. Il vous vient des têtes de bêtes. Elles ont le relief de votre vérité (...) Ce qui m'épouvante, c'est le reflet de ma sentence sur vos museaux » (28). La Circé antique est une maîtresse des fauves (potnia thérôn) que les romains ont assimilée à Feronia, la déesse des affranchissements. Jung, on le sait, voit dans les symboles thériomorphes des figurations déguisées de la libido. Mme Cirqué aime dans les mâles qu'elle affronte leur « vigueur » animale, stimulée ou non par des produits vétérinaires. Pour Audiberti l'abhumaniste, l'homme n'est qu'une apparence civilisée, le produit d'une convention. Sa nature subsociale profonde, c'est l'animal. Dans les convulsions d'un monde déboussolé, la bête, a-t-on vu, se libère en l'individu supposé raisonnable qui devient un loup pour ses semblables et laisse libre cours à ses instincts sexuels ou sanguinaires. Cela la logeuse le sent, mais ne trouve que le medium du langage pour en donner la preuve.

Le pouvoir persuasif de Mme Cirqué s'appuie sur l'efficacité suggestive du langage. Des mots, même usés, on glisse aisément aux choses. Pris au sérieux, le verbe est créateur : désigner, c'est remodeler, voire transformer. Les innombrables dénominations animales dont use la logeuse représentent autant de coups de sonde dans

(28) *Ibid.*, p. 94.

l'être caché des personnages, autant de révélations obliques. Il peut s'agir de simples apostrophes péjoratives ; elle traite ainsi Christine successivement de grenouille et de guenon et les femmes en général de sauterelles (29). Plus motivée est l'association méprisante aux deux policiers de l'image des gorilles : les deux rustauds adopteront en effet cette profession (30). Des comparaisons banales font néanmoins sens surtout quand elles comportent des connotations sexuelles insistantes. On dit couramment d'un homme qu'il est malin comme un singe ou qu'il se bat comme un lion. Cette imagerie ne prête guère à conséquence quand elle ne s'accumule pas dans un contexte donné. Mme Cirqué compare les jeunes gens pour leur souplesse à des chats ; sa balourdise fait de son mari un éléphant. Les hommes rassemblés au troisième acte sont appelés « chiens de mer dégoulinants » et « perroquets grelotteurs » (31). On pourrait multiplier les références. Audiberti s'amuse à trouver l'image inédite, inattendue, savoureuse. Antoine est d'abord appelé moineau puis étourneau, parce qu'il est un jeune irréfléchi (cliché courant) et parce qu'il vole (jeu sur les deux sens du mot). Le protéiforme M. Tienne, professeur et policier, est un caméléon (32). Dans ce dernier cas, la métaphore animale est la désignation la plus efficace de l'individu. Les autres personnages recourent au même procédé. Le locataire lance aux policiers : « Vous n'avez donc pas peur d'être pris pour des coqs ». Le sursaut de dignité de M. Cirqué est une reconnaissance détournée : « Après tout, je ne suis pas un cheval » (33). La fréquence et la convergence de toutes ces apostrophes, assimilations, identifications et désignations rattachent l'une des plus suggestives significations du mythe circéen, à savoir l'animalité de l'homme, à l'anthropologie baroque telle que Michel Foucault l'a mise en évidence dans son *Histoire de la folie à l'âge classique* (34).

La culture grecque avait refoulé l'inquiétant mythe de Circé qui n'inspira guère les successeurs d'Homère. Avec Audiberti, la magicienne devient une héroïne de l'abhumanisme déclinant. L'autodidacte retourne aux sources du mythe dont il restitue le sens caché. *La Logeuse* toutefois ne pose pas de questions angoissantes au spectateur ; c'est avant tout une bonne comédie de boulevard où la satire et le comique équilibrent la quête pathétique de Mme Cirqué. La pièce mérite pourtant l'appellation de baroque car elle condense plusieurs thèmes essentiels du répertoire baroque même si la manière de traiter ces thèmes a fort peu de rapports avec l'esthétique baroque.

(29) *Ibid.*, pp. 33, 42 et 43.
(30) *Ibid.*, p. 50.
(31) *Ibid.*, pp. 46, 43, 41 et 90.
(32) *Ibid.*, pp. 45, 47 et 61.
(33) *Ibid.*, pp. 57 et 28.
(34) Michel Foucault : *Histoire de la folie à l'âge classique*, pp. 33-34 (Ed. abrégée).

CHAPITRE XII

L'ANNEE DERNIERE A ORLEANS

> « L'imaginaire est ce qui tend à devenir réel. » (André Breton. Il y aura une fois. *Clair de terre*, p. 100.)

L'Effet Glapion a fait pendant plusieurs saisons les beaux jours du théâtre La Bruyère. La télévision l'a fait connaître à des millions de spectateurs. Pourtant si l'on s'en tient aux composantes sociologiques de l'action, cette « parapsychocomédie » est un simple vaudeville où abondent les plaisanteries éculées et les calembours faciles d'un satiriste boulevardier. Audiberti aimait la pièce et crut nécessaire d'en éclairer la thèse dans un article d'*Arts* repris dans l'édition définitive. Certes le public de la rive droite est fervent de gaudrioles adultérines et aime les spectacles aisément assimilables qui lui renvoient des images choisies, euphorisantes du monde tel qu'il apparaît dans les mythologies sociales du temps. Or, on voit poindre dans *L'Effet Glapion* des réminiscences originales d'idées qui jamais n'effleurèrent les très conformistes J. Deval et J. de Létraz. Dans le texte cité, Audiberti évoque ainsi le surréalisme, l'occultisme et la fantaisie scientifique. De fait, l'idée directrice de la comédie se fonde sur un lieu commun de la pensée surréaliste. Ce qu'on appelle le réel fait coexister des possibles, concrétisés ou non. On connaît la thèse d'André Breton : « Tout porte à croire qu'il existe un certain point de l'esprit d'où la vie et la mort, le réel et l'imaginaire, le passé et le futur, le communicable et l'incommunicable cessent d'être perçus contradictoirement » (1). L'idée d'un va-et-vient entre les opposés est précisée dans *Les Vases communicants* où l'auteur parle de « jeter

(1) André Breton : *Second manifeste du surréalisme*, pp. 76-77 (Ed. Idées 1972).

un fil conducteur entre les mondes par trop dissociés de la veille
et du sommeil, de la réalité intérieure et extérieure, de la raison et
de la folie » (2). Entre le banal et le fantastique, le vécu et l'imaginaire, la frontière est poreuse, perméable. La richesse débordante de
la vie transcende les compartiments que prétend lui imposer notre
débile raison raisonnante. Tel que le livre à chacun la perception
sensible, le monde n'est pas intangible, son architecture n'est pas
une donnée irréfragable, car on ne peut la dissocier de la conscience
qui sans cesse métamorphose les objets qu'elle reconstruit, mettant
en cause les bornes réalistes de la représentation. La sensation immé-
diate et la conscience claire, toutes deux partielles et « aliénées »,
occultent les facettes extravagantes, mais non moins réelles, du
monde. Le réel brut et le réel imaginaire s'entrelacent, échangent leurs
objets, le second brisant les cadres du premier, dès qu'on lui laisse
le champ libre. Par sa remise en cause de l'idée même de réalité,
Audiberti retrouve le cœur de la problématique surréaliste.

Fut-il lui-même surréaliste ? Assurément non. Il ne participa
jamais aux activités du groupe, ne signa aucune de ses pétitions. Il
écrivit une fois dans *Le Minotaure* et répondit à une enquête de
Breton et Eluard. Il approcha exceptionnellement du premier dont
le fascinait le rayonnement intellectuel, mais ne fut pas de ses
intimes. Il fut proche de Benjamin Péret, comme lui pigiste au
Petit Parisien, sans que son compagnon l'ait véritablement marqué.
Il s'intéressa à la personne d'Artaud. Mais peut-on considérer ce
dernier comme un surréaliste, alors qu'il fut exclu du mouvement
dès 1928 ? Restent Bryen et Fini, qui occupent une place très margi-
nale dans la révolution surréaliste. Son apolitisme impénitent et son
amour hugolien des formes fixes ont tenu Audiberti à l'écart du
mouvement, mais il en a subi l'influence, ne serait-ce que par
l'intermédiaire de *La Nouvelle Revue Française*.

On trouve dans *L'Effet Glapion*, transposée, l'idée surréaliste que
la pensée de la réalité ne peut fonctionner en l'absence des fantaisies
incontrôlées qui la soutiennent. Blaise Agrichant, le héros, réfère
cette idée, banale au fond, et en l'occurrence débarrassée de tout
sous-entendu mysticisant, à une soi-disant psychologie abyssale. L'inspiration freudienne de Breton n'est donc pas oubliée. On sait que
le psychotique ne distingue pas le perçu et l'imaginé : les digues qui
maintiennent refoulé l'inconscient se sont effondrées chez lui, pro-
voquant la désorganisation de l'appareil psychique et des troubles
du sens du temps. Mais il ne s'agit pas de maladies mentales dans
la pièce d'Audiberti, tout simplement de la constatation courante
que chacun vit dans le rêve autant sinon plus que dans le réel.
L'existence quotidienne enseigne qu'une part de la vie psychique
s'écoule en songes éveillés où des séquences de passé affleurent à

(2) André Breton : *Les Vases communicants*, p. 103.

la conscience. L'imaginaire remodèle le vécu actuel ou révolu, dans la mesure où les pulsions subjectives et les intimations objectives de l'environnement se surdéterminent mutuellement, où des faits bruts sont fantaisistement réinterprétés. Avec les événements mentalement ou oniriquement reconstitués à distance, interfèrent leurs représentations déformées. La temporalité dont l'inconscient n'a aucune perception se dérègle : le passé et le présent se confondent. Il n'existe en effet aucune différence de statut entre les images produites par une rêverie créatrice ou une fantaisie imaginative d'une part, et celles issues d'une rêverie réminiscente de l'autre. L'imprécision poétique de la mémoire met sur le même plan les deux formes de non-être actuel que sont l'imaginé et le remémoré, la pure invention et la reconstitution d'événements. Tel est, selon Audiberti, l'effet Glapion. « Les phénomènes que je mets ainsi sous le parrainage du professeur Emile Glapion qui, je l'espère, ne m'en voudra pas, constituent la vie secrète et continue de l'esprit. Bornons-nous à considérer les réminiscences spontanées, les illusions fugaces, les songeries éparpillées (...). L'effet Glapion embrasse et recouvre, par exemple, la masse fantasmagorique et carnavalesque des pensées *baroques* et des hallucinations qui travaillent une jeune femme quand, toute une longue journée, elle reste seule au logis en tête-à-tête avec son cerveau, ses nerfs, ses sens » (3).

Le nom du professeur, sa sonorité bizarre et déconcertante, font douter du sérieux de ses théories. De fait, l'humour surréalisant d'Audiberti corrige ce qu'il pourrait y avoir de didactique dans son sujet. L'extravagance farfelue de *L'Effet Glapion* fait songer aux thèses abracadabrantes qu'il soutient dans *Les médecins ne sont pas des plombiers* et *Les Naturels du Bordelais*, œuvres où science et médecine se trouvent fort malmenées. Au fond, ce qui chez les surréalistes avait une portée subversive ne concerne plus que le domaine des relations intersubjectives. Le public bourgeois n'a rien à craindre de l'effet Glapion qu'il ira ranger avec le don d'Adèle et le complexe de Philémon au magasin des bizarreries parascientifiques qu'admet son confort intellectuel. Bien inoffensive est en effet une déflagration déréalisante qui épargne la société et son organisation. « Vivre, c'est rêver » (3). Et un personnage de la pièce déclare : « Que veut chacun ? Se dépouiller de l'habitude d'être soi, donner sa chance à l'un des possibles inclus dans la panoplie du genre personnel » (4). L'homme veut — mais le peut-il ? — échapper aux limites de la banalité quotidienne, se libérer des entraves de la logique dont Breton faisait la plus haïssable des prisons : voilà le dernier avatar du projet abhumaniste.

(3) Programme du théâtre La Bruyère.
(4) *L'Effet Glapion*, p. 167.

Une lettre inédite à Paulhan fixe à *L'Effet Glapion* une source biographique dont on aurait tort de se contenter. Car le schéma global de la pièce — nul ne s'en est souvenu — est grossièrement exposé par C. Bryen dans *L'Ouvre-Boîte*, ce qui suffirait à en attester la parenté avec le surréalisme. Le peintre rapporte une expérience à laquelle il aurait assisté chez un certain docteur Grandniais de Montrouge. Celui-ci, grâce à un appareil de son invention, le Synego, lui aurait présenté le spectacle d'une de ses vies possibles, notamment ses amours avec une princesse étudiante en médecine (5). Il suffit de dédoubler le docteur Grandniais en Blaise Agrichant et Emile Glapion pour obtenir le sujet de la parapsychocomédie. Au début de la pièce, un couple orléanais reçoit un ami gendarme à déjeuner. Leur conversation dessine un plan de référence qu'on appellera le plan A. Il suffit de quelques mots (princesse Augusta, hussards étrangers, marier...), pour déclencher la mécanique des réminiscences et installer les trois personnages dans un passé recomposé. Monique et le gendarme se retrouvent un an plus tôt. Elle est encore célibataire, mais aime secrètement le médecin dont elle est l'assistante. Il lui rend une visite non dépourvue d'arrière-pensées intéressées. Un autre plan apparaît, le plan B 1. Une fois évoqué, le passé prolifère de façon désordonnée au gré de libres associations délirantes ; ce qui donne les plans B 2, B 3, etc. Il suffit d'un mot du gendarme pour qu'apparaisse une vieille dame rhumatisante qui se métamorphose en bandit puis en chambellan-colonel-aide de camp lamerlinguois. Monique, de son côté, devient la princesse Augusta et, fugitivement, la bonne du docteur. L'architecture du passé se dérègle, les événements se bousculent, les identités se télescopent ou se chevauchent.

Ce foisonnement hallucinatoire, cette sarabande de transformation sont régis par quelques lois simples, où le langage tient un rôle fondamental. Toute histoire racontée ou repensée est livrée à la conscience selon une optique subjective. La mémoire, sélective et déformante, restitue ce qui peut aider à la formulation d'un désir réprimé. La métamorphose de Monique en princesse s'explique, d'une part par la similitude de nom entre la princesse et la bonne du médecin, de l'autre par la lecture intensive de la presse rose, les infra-mythologies qu'elle distille favorisant les rêveries bovarystes. De même le gendarme, toujours obsédé par Monique, peut regretter rétrospectivement de ne pas l'avoir approchée sous un déguisement et par association d'idées se dit qu'il fallait beaucoup d'audace pour commettre un hold-up alors qu'il y avait deux mille gendarmes dans la ville. L'idée germe : les identités de Gilly et du gendarme se confondent, dans la cervelle de qui peu importe. La métamorphose du fantasque capitaine en vieille femme peut s'interpréter par la

(5) *L'Ouvre-Boîte*, pp. 165-167.

crainte de Monique d'être importunément courtisée par celui-ci, devenu protéiforme. L'apport d'Audiberti consiste donc en une actualisation, une matérialisation sur la scène du subconscient des personnages. Les associations automatiques d'idées et les libres interprétations déformantes des faits jouent un rôle déterminant dans l'effet Glapion. Mais pour établir une connexion plausible entre les réfractions hétéroclites de la réalité révolue, pour intégrer les plans B 1, B 2, B 3, ..., à la chaîne de l'action dramatique et conférer à celle-ci un minimum de cohésion et d'intelligibilité, l'auteur doit, comme on dit communément, donner quelques coups de pouce, poser des jalons. Ainsi use-t-il des erreurs involontaires que les freudiens appellent les lapsus révélateurs. Gilly le bandit, futur baron Frombellbed, menace d'alerter son consulat, puis nomme Blaise « major ». Quelques répliques plus loin, c'est Monique qui parle de lui comme d'un inspecteur (6). L'héroïne profère encore des paroles étranges :

> « Il me plairait de compter des pirates blonds dans mes aïeux. »
> « J'aurais voulu que mes enfants soient installés comme des princes. »
> « Si j'étais, moi, cette princesse... » (7)

Il lui échappe aussi des phrases en un jargon supposé lamerlinguois, puis son accent se modifie. Frombellbed n'a plus qu'à la revêtir des habits princiers pour qu'elle devienne celle dont rêvait l'assistante du médecin. Mais n'est-elle pas déjà la princesse dissimulée par un incognito de circonstance puisque son double, la bonne, révèle qu'elle mange le boudin à la façon lamerlinguoise. Le passage du tutoiement au vouvoiement constitue un autre mode de transition entre les épisodes, de même que la reconnaissance d'un déguisement et le changement d'habits à vue, deux procédés non linguistiques cette fois. Le malade se révèle être Gilly qui se découvre Frombellbed.

Ce « montage » de « séquences » est le propre du songe qui accumule en quelques secondes de vastes périodes phantasmatiques. Il est cependant peu fréquent que celui-ci se présente sous forme de tableaux composés, qu'il s'organise en récit continu. C'est pourquoi Audiberti se sert de techniques cinématographiques (retours en arrière, fondus enchaînés, surimpressions, retouches, ralentis, accélérés par exemple). Mais le brassage, le déplacement, la condensation, la dramatisation des souvenirs (on remarquera que plusieurs de ces termes appartiennent au vocabulaire de la psychanalyse) sont d'inégale valeur à la scène. Les truquages cinématographiques, les effets spéciaux, le jeu sur le chromatisme des pellicules n'ont guère d'équivalent au théâtre. L'exploration onirique du passé, on l'a vu avec

(6) *L'Effet Glapion, pp.* 159, 172 et 160.
(7) *Ibid.*, pp. 171, 200 et 204.

Pucelle, nuit à l'intelligibilité de l'action. « Le rêve est, le plus souvent, un mauvais thème dramatique » (8). Ce sont les éclats de rire provoqués par le jeu de Jacques Dufilho, les effets verbaux, à la rigueur la satire de certains conformismes qui assurèrent le succès de la pièce, non la thèse psycho-abhumaniste. Lorsque avec *La Brigitta* s'essouffle la verve comique de l'auteur, il ne subsiste qu'une mécanique laborieuse dépourvue de tout charme poétique où rien n'est épargné pour « faire onirique ». Le résultat est désolant : un mauvais pastiche de *l'Effet Glapion*.

L'effet Glapion, c'est donc un ensemble de phénomènes psychiques et de procédés dramatiques : l'échange d'identité, le transfert d'attributs sociaux, la juxtaposition ou la superposition des perspectives temporelles, l'efflorescence des subjectivités, les associations saugrenues, etc. C'est de chacun, de son imagination, voire de son grain de folie, que dépendent les représentations du réel, la conscience de soi. Les chimères permettent une évasion bon marché à qui ne se satisfait pas de son sort ou tout simplement s'ennuie. « Pour le moment, écrit Audiberti dans le programme de *l'Effet Glapion*, nous n'en sommes pas encore à nous dédoubler. Chacun roule en monorail. Chacun suit sa voie ». Mais il suffit d'un soupçon de fantaisie pour en sortir et créer ex nihilo un univers autre. « Cette bonne femme, c'est moi (...). Je la créai. Je la composai (...) Gilly vécut le temps que vous m'avez cru lui » (9). Protée revêt les masques qu'on lui prête.

Il n'est pas étonnant que l'on retrouve dans la pièce les motifs, chers à Audiberti, du déguisement et de la métamorphose. « Ici même, chez vous, je me suis introduit sous bien des déguisements, tantôt facteur, tantôt plombier », déclare Frombellbed qui poursuit un peu plus loin : « Autour de celle dont je suis le sujet, le page, le soldat, je me multipliai dans une foule de passants et de figurants, sans qu'à nul instant mon visage, mon visage à moi, transperçât le crin factice ou le fard corrosif dont je grimai mon dévouement médiéval » (10). Ne surprend guère non plus la présence du thème théâtral qui en est le prolongement obligé. Quand Monique a réussi à subtiliser l'arme du bandit, le médecin ne peut s'empêcher de lui lancer, admiratif : « Bien joué, toi ! Une seconde, je me suis demandé si vraiment... Quelle comédienne ! » (11). Et Blaise exprime sans doute la pensée d'Audiberti lorsqu'il tire pour son épouse et son invité la leçon de leurs « glapionnages » délirants : « Vous prétendez, à douze mois de distance, trier les événements, mettre dans un sac

(8) René Clair : Avant-propos à Georges Charensol : *René Clair et les Belles de nuit*, p. 11.
(9) *L'Effet Glapion*, p. 198.
(10) *Ibid.*, pp. 205 et 206.
(11) *Ibid.*, p. 157.

ceux qui se sont produits, dans un autre ceux qui auraient voulu se produire. Vous entreprenez un sacré boulot (...). Comment s'y reconnaîtrait-on quand chaque tête interprète et modifie à sa façon la *comédie* générale que tous ensemble nous jouons sans en savoir ni le titre ni l'auteur ? Cette comédie, n'allez pas la chercher du côté des bizarreries, des singularités. Sa substance, c'est l'existence » (12), avant de conclure : « Qu'est-ce qu'il en restera, pourtant, dans quelque temps, de la *scène* actuelle où tout a l'air si solide, si construit ? » (12). Par-delà les contorsions de sa ligne dramatique, le sens immanent de la pièce et de cette équation baroque du monde et du théâtre est une invitation à prendre conscience de la fragilité du premier et des prestiges du second.

Ce qu'on a d'abord décrit comme un vaudeville surréalisant condense les thèmes fondamentaux du répertoire baroque, travestissement, métamorphose, ostentation et dissimulation, comédie sociale et theatrum mundi, qui, tous, s'intègrent dans un ensemble plus vaste, les aventures du Réel. Cette lecture de *L'Effet Glapion* permet d'éclairer rétrospectivement plusieurs autres pièces. Dans *L'Ampélour*, par exemple, le prêtre, l'aveugle et le boucher ne composent-ils pas la figure de l'empereur débarqué de Sainte-Hélène que parce que les villageois en ont souvent parlé à la veillée et que la ferveur du grognard les a convaincus que l'événement est possible ? Tous glapionnent en ce sens qu'ils voient la « réalité » autrement qu'elle leur apparaît dans le temps où leurs sens et leur raison les soumettent à l'empire du devenir historique. De même Jeannette se métamorphose en Joannine comme Monique en Augusta. Avec Gilbert, la paysanne a glapionné, fabriquant littéralement la Pucelle « bleue et or ». La moindre cohérence de la pièce provient de ce que le processus de matérialisation de l'imaginaire n'est pas explicité et que ne sont pas aménagés les enchaînements indispensables à la compréhension de l'action. Au lieu d'être diachroniquement actualisée par un déguisement révocable, la métamorphose est concrétisée pour ainsi dire synchroniquement par la confrontation du personnage réel (Jeannette) et de son double imaginaire supposé incarné (Joannine). L'illusion, reine, peut devenir la réalité... ou masquer celle-ci.

L'interférence du réel et de l'imaginaire est une constante de l'œuvre audibertienne et on y trouve maintes manifestations de l'effet Glapion. Un personnage d'*Urujac* déclare : « Plus j'avais peur et plus solidement je le fabriquais cet ogre paternel » (13). Et les explorateurs de la préhistoire auvergnate renoncent à leur expédition lorsqu'il se rendent compte qu'ils ont été les jouets de leur propre imagination. Il est question dans *Cent Jours* du « spiritisme

(12) *Ibid.*, p. 244.
(13) *Urujac*, p. 93.

de la vie » : « Penser à Madagascar suffit pour qu'un soldat français malgache apparaisse devant vous (...). Il y aurait donc, dans notre univers, des univers divers. Dans certains, la voyance généralisée fonctionnerait, dans d'autres non » (14). La même idée est exploitée systématiquement dans un roman postérieur à *L'Effet Glapion*, *Les tombeaux ferment mal*. On y lit notamment : « Je divague dès que je m'efforce de rebâtir l'exactitude de l'événement. Vous ricanez ? Vous triomphez ? Je suis bon prince. Supposons que toute cette histoire se passe dans ma tête. Supposons. N'en concluez tout de même pas à l'inconsistance extérieure absolue de ce qu'au cours de mes crises je perçois » (15). Tout au long du livre — qui n'est pas sans rapport avec les romans et films de Robbe-Grillet — l'ambiguïté demeure : les événements relatés ont-ils eu lieu ou se déroulent-ils dans la cervelle des personnages ? Et Armide Boselly fait écho à Blaise Agrichant quand elle déclare : « Je me demande, dans ce bric-à-brac, comment vous pouvez distinguer entre ce qui relève du présent et ce qui relève du passé » (16).

Les rêves fugitifs, les désirs réprimés, les lubies mal refoulées, les songeries chimériques, les souhaits censurés peuvent donc accéder à l'existence grâce à l'effet Glapion. Il suffit d'un peu d'autosuggestion, de ressemblances physiques pour qu'éclate l'identité des personnes. Félicien compense dans l'imaginaire ses échecs amoureux, ses frustrations affectives. La bête noire dévoreuse de filles, expulsée par lui, est vite acceptée par la collectivité. Si l'on s'en tient à la morphologie événementielle de *La Fête noire*, on aboutit à d'insurmontables contradictions : le héros à la fois est et n'est pas le monstre meurtrier. Si on applique à la pièce les conclusions de *L'Effet Glapion*, les difficultés majeures se résolvent. Le héros malheureux, blessé en sa chair par les refus répétés que lui opposent les jeunes filles, a extrojecté un double imaginaire monstrueux qui assouvit sa rage de vengeance sadique. De même, Pierre Gonfaloni a inventé dans son œuvre et projeté dans la vie ces grillons abhumains qui vont, propageant le mal.

Au fond, qu'ils métamorphosent, démultiplient ou redoublent leur moi, les personnages d'Audiberti glapionnent. Par le biais de l'évasion imaginaire, ils estompent, du moins provisoirement, le réel social qui fait peur au poète et les problèmes qui l'obsèdent — le mal, la mort, la femme. Mais Jeanne d'Arc est brûlée et Marialène tuée avec la complicité des siens. Il est parfois dangereux de prendre au sérieux les produits de son imagination, de trop croire à ses rêves,

(14) *Cent Jours*, pp. 150-151.
(15) *Les tombeaux ferment mal*, p. 112.
(16) *Ibid.*, p. 210. « Le passé n'est jamais que du présent qui s'y prend à deux fois » (*Urujac*, p. 137).

de vouloir opérer « une synthèse de réel et d'irréel » (17). On ne suspend pas impunément ses facultés critiques. Car c'est là qu'Audiberti diverge d'avec Breton et les surréalistes. Pour ceux-ci, l'imaginaire est un procédé nouveau de connaissance et un agent de subversion culturelle ; mais il n'exclut ni des ambitions doctrinales, ni une fascination pour la rigueur scientifique. « Le surréalisme n'aime pas perdre la raison ; il aime tout ce que la raison fait perdre » (18). La lucidité importe peu au dramaturge dont les héros ne cherchent pas à percer le sens de leurs hallucinations. Sauf dans les comédies gaies de la dernière période, qui veut échapper à ses limites retombe, désespéré d'avoir entrevu un autre monde et de s'en être laissé chasser. Audiberti est fondamentalement pessimiste sous des dehors optimistes. La déréalisation par le merveilleux et le burlesque disloque la cohérence tragique d'un monde désespérant. Les sortilèges de l'effet Glapion — et de la littérature sur laquelle il règne — estompent les réalités que ne peut changer l'homme.

Bien en-deçà du surréalisme, c'est sans doute à la vision baroque qu'il faut apparenter *L'Effet Glapion*, et notamment au thème de la vie comme songe. On se souvient des affirmations shakespeariennes : « Life's but a walking shadow ». « We are such stuff / As dreams are made of ». De cette équation baroque de l'existence et d'un rêve, on trouve au moins un écho explicite dans la pièce d'Audiberti. « La vie est faite d'illusions. Parmi ces illusions, certaines réussissent. Ce sont celles qui constituent la réalité » (19). Le sens de cette formule est différent de celui que Calderon prête à d'équivalentes. *La vida es sueño* est une allégorie apologétique nourrie de christianisme mystique. Le dramaturge espagnol y montre comment l'Homme, abusé par le Libre-Arbitre et L'Ombre (Le Mal) s'est engagé sur les voies du péché. La concordance est plus nette avec Shakespeare dont les drames reflètent les espoirs brisés, les idéaux reçus de l'Humanisme et dont les comédies ont un arrière-fond amer. Mutatis mutandis, c'est à un absurdisme quasiment aussi désespéré que celui du grand élisabéthain que les « glapionnages » audibertiens veulent apporter une issue provisoirement consolante.

(17) *L'Effet Glapion*, p. 140.
(18) Ferdinand Alquié : *La Philosophie surréaliste*, p. 151.
(19) *L'Effet Glapion*, p. 141.

CHAPITRE XIII

LE DRAMATURGE

Jean Rousset caractérise le baroque au théâtre par les traits suivants : « spectacle, mouvement, structure composite souvent décentrée (intrigue multiple, héros disloqué, durée éparpillée), déguisement et trompe-l'œil » (1). Distinguant plus nettement l'esthétique dramatique de la thématique, le même auteur précise la notion capitale de structure composite. « Il y a consonance en effet entre un héros traité comme un jouet et comme un être de métamorphoses et une composition disloquée, ouverte, organisée sur plusieurs centres ; l'action se multiplie, le temps s'étale, les lignes se rompent, les fils s'entrelacent, les acteurs se déplacent, la matière foisonne, donnant une impression de mouvement, de complication, de surcharge » (2). Cette définition cristallisée d'une dramaturgie débridée a le mérite d'établir une nette connexion entre la Weltanschauung mobiliste qui sous-tend la thématique baroque et les structures formelles dans lesquelles celle-ci s'insère. Jacques Scherer aboutit à une conclusion identique. « La dramaturgie archaïque du XVIIᵉ siècle (1600-1630 environ) est caractérisée d'abord par l'abondance des moyens mis en œuvre. Les personnages y sont très nombreux, l'action y dure aussi longtemps qu'il est nécessaire, les éléments spectaculaires y sont recherchés le plus possible, les thèmes romanesques abondent, les formes lyriques et oratoires y sont employées sans discrétion : on est sensible à leur valeur littéraire, non à la pertinence de leur utilisation dans la pièce ; l'usage du monologue, des stances, de la stichomythie, de la sentence va jusqu'à l'abus. Mais cette dramaturgie est fort désordonnée : nulle rigueur dans l'agencement des intrigues, guère de souci de vraisemblance, nulle préoccu-

(1) Jean Rousset : *La Littérature de l'âge baroque en France*, p. 53.
(2) *Ibid.*, p. 74.

pation d'équilibrer les actes (...). Ce qui fait sa valeur, c'est la vie ardente qui l'anime : rien ne choque les spectateurs de cette époque où les bienséances ne comptent pas ; le public peut tout voir et tout entendre. L'âge classique ne gardera de cette vie et de ce goût impénitent du spectacle que l'essence. Enfin, la dramaturgie archaïque est plus littéraire que théâtrale : même quand un auteur a vécu en contact constant avec les comédiens, comme Hardy, il pense ses pièces en écrivain plus qu'en homme de théâtre ; de là résultent des difficultés de mise en scène qui ne deviendront sensibles qu'à un public plus exigeant » (3). Les mêmes traits se retrouvent pour l'essentiel dans le théâtre élisabéthain, le théâtre du siècle d'or espagnol et chez un isolé comme Vondel. Liberté, irrégularité, poésie et spectacle sont les maîtres mots de cette dramaturgie dont la rationalisation classique émondera l'exubérance.

Pourquoi Audiberti se tourne-t-il tardivement vers le théâtre ? Les raisons souvent avancées ne convainquent qu'à moitié. L'écrivain est assuré de toucher un plus vaste public, ce qui peut le séduire au moment où il se découvre une vocation timide de penseur. Mais l'ambition doctrinaire n'est pas évidente dans *Quoat-Quoat*, et Audiberti n'est pas Sartre. Les précédents de Mauriac et Montherlant intéressent deux auteurs bien étrangers aux fréquentations du poète. Pourtant, toute une génération de romanciers et de poètes est attirée à la scène après la guerre. Marcel Aymé, Jean Tardieu, Georges Neveux, Emmanuel Roblès relaient Giraudoux et Jules Romains aux côtés des dramaturges de profession que sont Anouilh et Salacrou. Audiberti ne fait donc pas cavalier seul dans cette voie. Mais avant 1945, son expérience du monde se cristallise déjà en une constellation thématique où l'évasion ailée (*Carnage*, *Le Retour du divin*), le monstre (*Urujac*, *La Nâ*), le double (*Monorail*) préfigurent les idées maîtresses de l'abhumanisme, mais aussi appellent un traitement théâtral. De fait, un chapitre de *La Nâ* est à l'origine de *La Bête noire*, un passage de *Monorail* est développé dans *Quoat-Quoat* et *Opéra parlé* reprend le sujet de *Carnage* transposé au Moyen Age. Plus généralement, l'idée de l'incarnation qui tourmente l'auteur de *Race des hommes* se situe au cœur du spectacle scénique où le fait capital est l'intercession physique des acteurs. De même, l'idée de métamorphose se concrétise, se matérialise sur le plateau grâce à la médiation active du metteur en scène. Enfin, l'idée de theatrum mundi permet le passage d'un genre à l'autre. Donc l'art dramatique se révèle le mode d'expression idéal pour la Weltanschauung baroque du poète que *Des tonnes de semence* montrait hanté par la création démiurgique. C'est ce qu'établit nettement ce texte important où Antonin Artaud réclame hautement son dû :

(3) Jacques Scherer : *La Dramaturgie classique en France*, p. 427.

« Le théâtre est un masque et un miroir (...). Vrai masque et faux miroir, il signifie non seulement le goût du travesti, mais l'appel au changement. Plus loin que son but amuseur il lui revient d'établir et d'historier cet appel dans sa tonalité principale, à savoir notre nostalgie d'une race humaine ou post-humaine dont les caractères physiques et psychiques seraient modifiés dans le sens d'une moindre aptitude à la souffrance et à la cruauté. Le meilleur du théâtre sera de nous allouer des ouvrages prenant appui sur notre sensibilité normale pour s'épanouir vers un autre ciel. » (4)

La même idée est reprise en des termes plus claudéliens dans un texte ultérieur. « S'il (l'écrivain) écrit un drame, il le fera selon son élan coutumier, c'est-à-dire dans le sens de la création biblique primordiale à prolonger » (5). Le baroquisme latent de la thématique audibertienne s'actualise dans le miroir théâtral dont l'irréalisme poétique se nourrit des obsessions et conflits qui structurent la psyché de l'auteur. Celui-ci a découvert avec ravissement quels pouvoirs nouveaux s'offraient à lui. Il s'est fait des amis, a trouvé des conseillers et des payeurs, pas toujours avisés, s'est pris au jeu enfin.

Alors qu'au XXᵉ siècle, Claudel, Ghelderode, voire Arrabal, redécouvrent le théâtre baroque, y puisant sujets, thèmes, formes et modèles, Audiberti ne semble guère connaître Calderon, Vondel et Shakespeare quand il entre dans la carrière théâtrale ; à plus forte raison Hardy et Rotrou. D'ailleurs, la scène et les acteurs n'apparaissent dans son univers imaginaire qu'en 1947, avec *Le Victorieux*, qui suit d'un an la création de *Quoat-Quoat*, ce qui confirmerait, si besoin était, leur absence antérieure des préoccupations d'un écrivain qui transpose généralement dans son œuvre un vécu réel à peine déformé. Audiberti ne fréquente les parterres que lorsqu'il y est contraint, vers 1953, pour des raisons professionnelles et alimentaires. Le répertoire de ses goûts dramatiques est fort étriqué. Hugo ne l'intéresse que comme poète et romancier. Hernani et Ruy Blas le laissent indifférent. Donc, l'auteur ignore tout des impératifs dramaturgiques quand il se tourne vers la scène. Il a cependant derrière lui une courte pièce, *L'Ampélour*, qui, en 1937, partagea avec la *Maïe* de Roland Purnal le prix de la pièce en un acte. Audiberti a souvent affirmé n'avoir jamais songé à une carrière théâtrale. « *Quoat-Quoat*, avant d'être une pièce de théâtre, fut un poème » (6). Mais la véracité de ces assertions si souvent réitérées est difficile à établir, Audiberti s'enfuyant dans des considérations générales ou des boutades dès qu'on lui demande d'expliciter son travail de création.

(4) « Grands et petits théâtres ». *La Revue théâtrale*, n° 7 (avril-mai 1948), pp. 19-27.
(5) « Circé ! Motus ! ». *Le Figaro littéraire*, n° 436 (28.8.1954), p. 10.
(6) « Je suis venu au théâtre par la littérature ». *Arts*, n° 728 (24-30.6.1959) p. 8.

Une chose est néanmoins certaine. André Reybaz et Catherine Toth jouent une version à peine remaniée de *Quoat-Quoat*. Par la suite, le succès du *Mal court* aidant, le poète consacre l'essentiel de son activité à la scène sans toutefois renoncer ni au roman ni à la poésie. Son apprentissage se fait sur le tas, comme on dit, au contact de Georges Vitaly : « ... Ensuite, a commencé mon calvaire d'homme de théâtre. Je me suis mis à organiser le spectacle (...). Au poète s'est enchevêtré le metteur en scène » (7).

Une expérience directe du théâtre transparaît dans *Les Jardins et les fleuves*. Jean-Désiré Lazerm, à la fois acteur et metteur en scène, y revit la destinée de Molière. Son dialogue avec l'auteur Alain Ghoddhe en qui, bien plus que Giraudoux ou Gheldérode, il faut voir Audiberti lui-même, témoigne des préoccupations nouvelles du dramaturge que ce dernier est devenu.

> « Monsieur Lazerm, le code des lois du théâtre est-il en vente quelque part (...). Ce qui est courant dans la musique, dans l'escrime, dans la chorégraphie, c'est-à-dire la référence à un ensemble de règles constantes, précises, le théâtre, celui que je respecte et que vous honorez, le théâtre n'en a pas souci (...). Le théâtre dépend de la littérature et, dans la littérature, l'imprimé prime (...).
>
> — Très cher monsieur Alain Ghoddhe, tant qu'on ne joue pas, la littérature embrasse et contient le théâtre, je vous l'accorde volontiers. Mais dès qu'on joue, le théâtre déborde, il outrepasse la littérature. Je m'explique, le théâtre est un art complexe. Le rôle du manuscrit est grand. Mais d'autres facteurs interviennent, le décor, la musique, les voix, la lumière, les acteurs, les spectateurs. » (8)

Il faut sans doute voir dans cette controverse significativement interrompue, un écho des discussions animées — *Arts* parla même de brouille — qu'eurent Audiberti et Vitaly après l'échec retentissant des *Naturels du Bordelais*. Il demeure que, même familiarisé à cette époque avec le monde du spectacle et les nécessités de la scène, l'écrivain n'en a pas pour autant révolutionné la théorie et la pratique dramaturgique. Ce n'est pas à lui qu'il faut demander un petit Organon pour le théâtre. Les préfaces ou introductions à ses pièces n'apportent guère d'éléments intéressants et les entretiens qu'il accorde aux journalistes ne varient guère dans leur matière. S'il existe une dramaturgie audibertienne, elle est donc implicite, informulée.

« Mon parti est pris. Je ne discute plus. Je mets les atouts de mon côté. Désormais je construis, je coupe, je suspends. Pas de laïus. Luth zéro » (9). L'auteur n'a guère persisté dans ces résolutions de 1954. Comme Claudel à qui il ressemble, malgré qu'il en ait, il

---

(7) *Entretiens avec Georges Charbonnier*, p. 107.
(8) *Les Jardins et les Fleuves*, pp. 290-291.
(9) « Circé ? Motus ! ». Art. cit.

exclut a priori toute idée de sélection, d'organisation. Maintes fois, il a exprimé son désintérêt complet pour les règles de composition. G. Vitaly cite de lui ces deux mots : « Je ne reconnais que le jeu perpétuel de l'invention. » et « Ce que j'écris est une végétation aveugle dont le secret ne m'est pas donné » (10). Faut-il alors, après Guy Dumur, parler d'un « théâtre en liberté » ? « Comme Ghelderode, Audiberti est assoiffé de liberté et incapable de supporter la moindre contrainte du théâtre traditionnel : de là chez lui, le désordre dans la composition, la gratuité dans les situations, l'arbitraire dans les personnages » (11). L'auteur semble écrire ses pièces, comme d'ailleurs ses romans et ses essais, avec autant de désinvolture que de précipitation. En ce sens, la comparaison avec les dramaturges baroques ne manque pas de pertinence. De même qu'à eux, les notions de bienséance et de vraisemblance lui apparaissent vides de sens. Au deuxième acte du *Mal court*, Alarica est censée se montrer nue devant les dignitaires et les spectateurs ; au début de *La Poupée*, Palmas dédouble Marion Moren in naturalibus. Ghelderode, il est vrai, avait ouvert la voie avec sa scandaleuse *Farce des ténébreux* que Vitaly, lui-même, créa à Paris en 1953. Mais qui se soucie encore des bienséances chères aux théoriciens classiques ? Plus intéressante aux yeux du critique est la complication extravagante de mainte intrigue, complication qui tient au baroquisme de certains thèmes (la métamorphose, l'évasion, etc.) ou personnages (Circé, Don Juan), mais aussi au fait qu'Audiberti ne se soucie guère de narrer une histoire plausible et cohérente. Les méandres des actions épousent le non-sens du monde. L'anecdote n'a qu'une importance secondaire dans certaines pièces, dans d'autres elle se dissout dans une confusion efflorescente d'événements incongrus ou bizarres. Dans *Les Naturels du Bordelais*, un banal fait divers tourne au cauchemar fantasmagorique ; dans *La Fourmi dans le corps*, la chronique historique laisse place à un divertissement hautement fantaisiste. « Aucune pièce d'Audiberti ne peut se réduire à son sujet ni à l'époque qui lui sert de cadre, ni les personnages eux-mêmes ne suffisent à rendre compte de tout ce qui les dépasse. A partir de quelques obsessions centrales, il crée un univers capable de tout contenir et qui met en question les fondements mêmes de cet univers » (12).

La critique et le public se sont souvent étonnés de l'absence d'unité, du mélange des tons et de l'irréalité des pièces d'Audiberti, oubliant qu'elles ne sont rien d'autre que des pièces et que leur univers ne prétend pas copier le nôtre. La scission entre le réalisme

(10) Georges Vitaly : « Jacques Audiberti et la Fête noire ». *Paris-Théâtre*, n° 235 (1966), p. 1.

(11) Paul Surer : *Cinquante ans de théâtre*, p. 292.

(12) Guy Dumur : « Audiberti ou le théâtre en liberté ». *Théâtre populaire*, n° 31 (septembre-décembre 1958), p. 158.

et la poésie s'abolit dans ce théâtre où, de par la volonté d'un démiurge facétieux, tout est possible. Bref, c'est à une réalité purement théâtrale, c'est-à-dire sans aucune attache avec un monde gouverné par la raison ou soumis aux lois de l'Histoire, que sont conviés les spectateurs de *Quoat-Quoat* et de *La Logeuse*. L'imagination capricieuse d'Audiberti jette sur la scène des héros étranges aux prises avec des situations qui défient le bon sens. Des émanations de phosphore annoncent les coups d'état ; un souverain offre son trône au premier cavalier venu ; Jeanne d'Arc se dédouble et Turenne prophétise sa mort prochaine, etc. Cette fantaisie échevelée a souvent été interprétée à contresens. Profusion végétale n'est pas synonyme de vagabondage incontrôlé. Seul, le spectateur distrait ou réfractaire à la poésie a le droit de parler d'actions fumeuses ou décousues. Gérard Farcy a utilement démystifié l'idée communément admise selon laquelle la dramaturgie d'Audiberti ne serait qu'anarchie, déréglement, arbitraire. Corrigeant la formule de G. Dumur, il est amené à décrire un « théâtre en liberté surveillée » (13) qui offrirait au public « non point un chaos, mais un cosmos ». On retiendra sa rationalisation de la société audibertienne : les personnages se répartissent en quatre catégories, les figurants, les fantoches, les héros et les médiateurs. Les premiers composent la foule anonyme et bariolée qui évolue à l'horizon de *La Fête noire*, de *Pucelle*, du *Cavalier seul*, de *La Fourmi dans le corps*, de *La Poupée*. Si peu individualisés sont-ils que dans ces deux dernières pièces on peut, signale l'auteur, leur substituer des silhouettes découpées et des mannequins. Les seconds, au contraire, sont soigneusement typés : bavards ou bornés, ils ont la raideur un peu mécanique des marionnettes et des pantins. Egalement inadaptés au réel et fermés au sentiment, les dignitaires drolatiques du *Mal court*, le « staff » clérical de *La Fête noire*, les parents de Joannine et les Fourmis de Remiremont promènent sur scène leurs idées fixes et leurs obsessions ; de même, les gendarmes de *La Logeuse*, les snobs de *La Brigitta* et les révolutionnaires de *La Poupée* sont englués dans leurs tics professionnels et leur langage stéréotypé. Tous sont les victimes prédestinées de la verve satirique d'Audiberti, qui en eux fustige les corps constitués, l'Eglise, l'armée, la justice, les nantis et les figures paternelles. Beaucoup plus rares, les troisièmes sont animés d'une ardeur à vivre qui les fait vouloir échapper au carcan de la condition commune. Leur vigueur physique, leur soif d'absolu, la force de leur désir font d'Alarica, Joannine, Mirtus, la Hobereaute, Mme Cirqué, Jacques Cœur et Pic-Saint-Pop des porte-parole privilégiés de l'abhumanisme. Enfin, pour équilibrer cette société, les quatrièmes, ni grotesques ni héroïques, permettent par leur seule présence aux

(13) Gérard Farcy : *Le Théâtre d'Audiberti. Dramaturgie et cosmonomie*, p. 15.

héros d'entrer en contact avec les hommes. Gilbert de Nugy est le propagandiste et le desservant du culte johannique ; le maître Parfait introduit la nymphe dans la société civilisée ; la mère de Mirtus est la seule femme qu'il ait jamais aimée, etc. Ce classement purement fonctionnel a surtout le mérite de conférer une certaine rationalité aux intrigues qui, si confuses semblent-elles, peuvent alors se lire ou, si l'on veut, se décrypter selon deux niveaux distincts. En apparence, celle de *La Logeuse* ou des *Naturels du Bordelais* se réduit à un fait divers assez peu vraisemblable agrémenté de péripéties abracadabrantes, l'action d'*Opéra parlé* à un mélodrame à l'historicité des plus fantaisistes. Or, Audiberti lui-même laisse entendre à G. Charbonnier que là se trouve seulement une part des sujets : « ... Par l'intermédiaire de la présence humaine et de la voix humaine, non seulement les aventures psychologiques et les personnages peuvent être évoqués, mais également, à l'arrière-fond, les tenants et les aboutissants de l'ordre universel » (14).

Pour saisir la cohérence intime d'une pièce, il convient donc de creuser au-delà ici de l'anecdote policière, là du mélodrame pseudo-historique. Dessous la gangue de la prosaïque réalité quotidienne, historique ou sociale, où évoluent les fantoches burlesques, se cache le dur noyau mythique où les héros souffrent et meurent solitaires. Car la chronologie est instructive : Audiberti écrit ses pièces majeures, de *Quoat-Quoat* à *Opéra parlé*, au moment même où il propose son abhumanisme et justement ce sont les mythes abhumanistes, ou plutôt leur conflit avec la vie quotidienne qui tend à les refouler, qui donne aux œuvres leur unité profonde. En ce sens, J. Lemarchand, toujours perspicace, avait raison d'écrire de *La Hobereaute*, contre l'opinion générale : « Dans son énorme fantaisie, la pièce d'Audiberti est d'une logique minutieuse » (15). Dans *La Logeuse*, il ne s'agit ni d'un témoignage sociologique sur la crise du logement, ni de l'étude clinique d'un cas de nymphomanie. Le fait divers sert de prétexte et d'écran ; est fondamentalement en cause le mythe baroque de Circé. De même, *La Fête noire*, *Le Cavalier seul*, *Opéra parlé* et sans doute *Pucelle* mettent en scène une interprétation abhumaniste de la Passion. Celle-ci, estime Audiberti, est vécue par tout homme qui, pour abolir le Mal, en fait l'expérience dans son âme et sa chair. Félicien s'immole lui-même sous les espèces parodiques d'une fausse bête noire et devient, depuis un Golgotha lozérien, l'objet d'un culte spontané que l'Eglise s'efforce de contrôler en vain. De même, Joannine, la vierge guerrière, Mirtus le preux chrétien et la païenne Hobereaute assument la sainteté de la souffrance pour en délivrer la race des hommes. Si donc l'intrigue des pièces citées se perd en

(14) *Entretiens avec Georges Charbonnier*, p. 109.
(15) Jacques Lemarchand : « La Hobereaute ». *La nouvelle N.R.F.*, n° 71 (1.11.1958), p. 888.

détours gratuits et capricieux méandres, leur trame mythique, toute nourrie d'angoisses et d'obsessions personnelles, est d'une rigueur implacable, bien que difficilement perceptible au simple niveau de la narration événementielle.

Cohérence cachée ne signifie cependant pas construction limpide. La structure du double registre disperse l'intérêt et complique l'organisation des pièces. L'écrivain doit résoudre avant la chute du rideau des conflits et énigmes multipliés. *Le mal court* fait exception. La plus « classique », a-t-on dit, des œuvres d'Audiberti se singularise en effet par la simplicité de son intrigue et l'évidence de sa signification morale : une naïve princesse, victime de politiciens sans scrupules, découvre la réalité du mal que lui avaient soigneusement dissimulée ses proches et décide d'entrer à son tour dans la ronde, impitoyablement. L'architecture d'*Opéra parlé* est, bien que plus complexe, encore ferme. L'action s'organise selon deux fils que réunit le personnage principal. L'antique religion des druides cède provisoirement la place à l'ordre catholique. La dernière nymphe païenne se fait épouse chrétienne pour compromettre l'Eglise du Christ. La Hobereaute forme avec Lotvy un couple mystique et avec le baron Massacre un ménage bourgeois. Déchirée entre l'appel de son cœur et les exigences confondues de sa mission et de la morale catholique, elle étreindra dans la mort son amant malheureux qui — symétrie hautement instructive — a entre temps répudié la Foi dont il était le missionnaire armé. Si on compare la pièce au *Soulier de Satin*, dont Audiberti a pu inconsciemment s'inspirer, on doit constater que son action est moins surchargée d'épisodes annexes et que l'intérêt y est sensiblement plus soutenu. Si la pièce de Claudel est une cathédrale du Seicento, celle du poète antibois est tout au plus une église bavaroise de la même époque.

L'esprit n'est guère satisfait en revanche par l'intrigue de *La Fête noire*. Au baisser du rideau, l'énigme centrale demeure irrésolue. Alice et Félicien s'étreignent en un baiser funèbre, mais Audiberti s'est débarrassé de l'encombrante tarasque après en avoir proposé ou suggéré plusieurs explications contradictoires. Le docteur à la fois est et ne peut être la bête noire. Le monstre n'a-t-il vécu que dans l'imagination populaire ? Qui alors a égorgé Mathilde, les autres vierges lozériennes et à la fin Bellenature ? L'indéniable connivence entre la névrose de Félicien et l'apparition du monstre meurtrier reste équivoque. Le spectateur de la pièce n'est pourtant pas censé connaître le fonctionnement de l'effet Glapion. Que dire alors des *Naturels du Bordelais* ? Si le mal propagé par Guy-Loup a fini par contaminer toute la planète et provoque la cascade des métamorphoses prophétisées par Pierre Gonfaloni, le dénouement fantasmagorique de l'œuvre esquive les questions que se sont posées deux actes durant public et personnages. Le jeune homme a-t-il réellement étranglé Clotilde ? Bien plus que son suicide, simulé ou vrai, l'intervention tardive du maître et le meurtre par celui-ci de Marialène s'intègrent mal à une intrigue déjà passablement cahotante. Aux actions confuses correspondent des dénouements arbitraires. « Jacques Audiberti souffre d'une curieuse infirmité. Il ne peut pas terminer une pièce (...). Il fait une fin comme d'autres se marient. Sans passion » (16). Le ballet final des *Naturels du Bordelais* et de *La Fourmi dans le corps*, la bousculade de *Pomme Pomme Pomme* visent à irréaliser dans la féerie dionysiaque la faiblesse de l'issue.

La comptabilisation purement arithmétique des personnages est peu probante, même si on disjoint les figurants faiblement individualisés. Les héros ne sont prodigués que dans les premières pièces, *Quoat-Quoat, Le mal court, Les Naturels du Bordelais*. Alarica est constamment et activement en scène, la plupart du temps escortée de sa nourrice qui manifestement tient l'emploi de la confidente classique, emploi qui, au troisième acte, se révèle être un rôle en trompe-l'œil. Jamais les fantoches que sont le cardinal de la Rosette, le maréchal Silvestrius et le roi Célestincic n'accaparent longtemps l'attention du public ; le roi Parfait n'apparaît qu'au deuxième acte ; quant à F..., il est opportunément escamoté derrière un paravent. Amédée, lui, ne sort de scène que peu avant la chute du rideau, mais il est à remarquer qu'il demeure prostré et muet pendant toute la fin du premier tableau, tel un figurant accessoire. Par contre, Guy-Loup, bien que prodigué, est souvent privé de la parole, tantôt parce que ses proches le traitent en jouvenceau irresponsable, tantôt parce qu'il doit subir l'assaut intéressé d'équivoques furies Le cas de *La Fête noire* est exceptionnel et révélateur du travail créateur du poète. Félicien est en permanence au premier plan pendant le premier et le troisième acte, mais le grand spectacle clérical du deuxième le réduit à l'état de figurant, ce qui nuit à l'équilibre interne de la pièce. Dans *Le Cavalier seul*, Mirtus, qui sans cela écraserait la pièce de sa présence, voit son entrée retardée aux deux premiers actes et partant mise en valeur, Audiberti maniant avec doigté cet instrument dramaturgique efficace qu'est l'attente. Il est à noter que dans toutes ces œuvres, le personnage principal est, malgré lui, un solitaire sexuellement frustré par le jeu des politiques, un règlement draconien, sa névrose ou une vocation forcée. Dans les pièces ultérieures, les héros, moins prodigués, sont aussi mieux intégrés à la société humaine par des liens familiaux ou érotiques. Si Félicien est repoussé par les femmes, Mme Cirqué, pourtant pourvue d'une famille, attire à elle les hommes, comme un aimant la limaille ; si les nombreux succès du truculent célibataire Mirtus sont éphémères, la Hobereaute se laisse écarteler entre deux guer-

---

(16) Mathieu Galey : « Le cas Audiberti ». *Cahiers des saisons*, n° 24 (hiver 1961), p. 459.

riers qu'Audiberti oppose en un conflit manichéen. L'altière Pic-Saint-Pop, ultime porte-parole de l'abhumanisme, personnage dynamique, expansif, théâtral, rejette au second plan, grotesques ou impuissants, les nonnes et les militaires. Mais de par son inspiration et de par son élaboration, *La Fourmi dans le corps* tranche nettement sur les dernières pièces de l'auteur. Lorsque s'épuise sa verve abhumaniste, Audiberti se contente de variations boulevardières sur la structure du triangle, mais au lieu d'écrire un *Partage de midi*, il se contente de *L'Effet Glapion* et de *Pomme Pomme Pomme* où les héros sont à nouveau prodigués sans toutefois que l'action retrouve la concentration de *Quoat-Quoat* et du *Mal court*.

Le grand nombre de ses personnages rapproche Audiberti des auteurs préclassiques. Si l'on exclut *L'Effet Glapion* et *Pomme Pomme Pomme* où Protée se boulevardise, on arrive à la moyenne approximative de onze personnages par pièce, moyenne qui est celle du jeune Corneille et de ses prédécesseurs immédiats. Parmi toutes ces créations, les unes voient leur rôle réduit à de courtes, épisodiques, mais significatives apparitions. Les amants honteux de Mme Cirqué exécutent une ronde autour d'elle, puis se blottissent peureusement contre elle lors des crises des deuxième et troisième actes avant de disparaître ensuite, inutiles. Leur fonction est donc autant décorative que dramatique. En revanche, Mme Palustre, l'Ermite, l'Enfant, l'Archevêque et ses valets se perdent dans la foule des figurants une fois débité leur boniment ; leurs brèves interventions n'influencent guère le cours des événements. Seul Bellenature réapparaîtra au troisième acte de *La Fête noire*. Mais le spectateur, lui, risque de perdre le fil de l'intrigue : l'énigme de la bête n'est pas éclaircie et le couple formé par Félicien et Alice se trouve rejeté au second plan. Immotivée du point de vue de l'action, la prolifération des fantoches ecclésiastiques a une utilité purement dramaturgique. Leur anomie les désigne comme créations purement théâtrales, donc les fait témoigner de la non-réalité de l'histoire représentée. En ce sens, l'inutile dilatation de *La Fête noire* et des *Naturels du Bordelais*, les rebondissements incongrus de *La Fourmi dans le corps* signifieraient la déréalisation baroque de l'intrigue.

Audiberti manifeste donc un goût typiquement baroque pour les personnages à l'accoutrement, aux tics ou au langage extravagants. L'irruption imprévue d'une figure « carnavalesque » (17) produit un effet de surprise en même temps qu'elle rompt le fil de l'action, comme c'est le cas dans *Les Naturels du Bordelais* et *La Brigitta*. Pour l'auteur, l'un compense l'autre. Plus généralement, ses pièces sont encombrées de fragments hétéroclites, digressions, parenthèses, qui brisent l'unité de leur mouvement. Audiberti ne peut s'empê-

(17) *Les Naturels du Bordelais. Op. cit.*, p. 217.

cher, lorsque sa verve satirique ou sa fantaisie imaginative l'y pousse, d'insérer morceaux de bravoure, tableautins pittoresques, intermèdes divertissants ou péripéties cocasses qui nuisent à la cohésion de l'action et en ralentissent la progression. Cette pratique de l'excursus permet de mieux différencier le baroquisme de certaines pièces et le désordre des autres. *Le mal court*, *Pucelle* et *Altanima* possèdent une structure assez rigide ; les notions classiques d'intrigue, d'enchaînement et de progression y ont quelque sens. Dans *Le mal court*, la cohésion est constante et limpide entre la trame philosophique — la révélation et la propagation du mal sont nécessaires à son éradication — et le déroulement de l'action. Aucune péripétie ne fait diversion ; l'intérêt est continuellement nourri et soutenu par les coups de théâtre et les quiproquos ; le nombre des personnages est réduit et les fantoches n'introduisent que des déraillements fonctionnels. Enfin, le strict respect des règles classiques confère à l'œuvre une condensation exceptionnelle dans le théâtre d'Audiberti. Dans *Pucelle*, la composition en retable, la circularité de la durée, les jeux de miroir assurent, aux dépens de son intelligibilité, la cohésion de la pièce, tandis que le double registre permet un va-et-vient entre le mythe abhumaniste naissant et la lettre prosaïque de la légende chrétienne. Aux grotesques la place est strictement mesurée. L'écuyer Hennoi sert d'annoncier et les parents s'effacent dès que paraît Joannine. *Altanima* enfin est un drame lyrique de facture traditionnelle, au rythme lent, mais sans digression inutile.

Le cas du *Cavalier seul* est particulièrement intéressant. A première vue, le déroulement des trois actes semble fort décousu. L'auteur s'attarde à brosser de savoureuses reconstitutions pseudo-historiques. Mais il ménage aussi dans une pièce en apparence touffue de subtiles symétries. Le fait qu'un seul acteur joue le prêtre catholique, le patriarche grec et l'ouléma, que la mère de Mirtus, l'impératrice et la mère de l'Homme aient le même visage unifie considérablement l'action. Les Fois diffèrent, mais toutes les religions se ressemblent. Le héros languedocien ne peut s'arracher à sa fascination œdipienne. C'est un Christ abhumaniste qui, après avoir victorieusement repoussé les tentations de la mondanité, de la chair et du pouvoir, laisse son frère de misère aller sa Passion et décide pour son compte d'assumer sans illusion sa condition d'homme. G. Sandier, admirateur fervent de la pièce, en écrit : « ... Sur ces assises, la baroque cathédrale, lyrique et bouffonne, s'élève en croisant ses thèmes comme des ogives : Dieu et l'Eglise (et leurs accouplements monstrueux), l'Homme et la Femme (et leurs diverses amours), l'Orient et l'Occident (et leurs fétiches), la Guerre et la Croisade (avec leur commune, naturelle et criminelle imposture). Et à la clé de voûte, un triple thème : le Mal, le Christ, l'unité secrète de la création » (18). L'organisation interne de la pièce atteint une habileté rare chez Audiberti. Chaque élément — thème, personnage, scène —, se fond harmonieusement dans un ensemble où, comme dans la grande architecture baroque, la surcharge décorative se révèle, à l'examen, rigoureusement fonctionnelle.

Dans les dernières pièces, au contraire, les actions proprement dites se diluent en une série de sketches coordonnés de façon très lâche. Transitions délirantes, rebondissements vaudevillesques, fondus enchaînés, changements ou transferts d'identités, rien n'a été épargné pour rassembler en un tout intelligible les gags et pitreries où excella le talent d'un Jacques Dufilho. La technique cinématographique du retour en arrière, déjà employée dans *Pucelle* vient encore compliquer la compréhension de l'intrigue. C'est en fin de compte l'effervescence burlesque unie au scintillement verbal qui sauve *L'Effet Glapion*. Encore les théories du professeur justifient-elles les déraillements de l'action. La même composition kaléidoscopique donne de piteux résultats dans *Pomme Pomme Pomme* qui résiste mal à une éventuelle comparaison avec *Quoat-Quoat*, et surtout *La Brigitta*. Les digressions farfelues, la satire enjouée, les sketches, les effets de cabaret, l'inflation verbale désintègrent l'action de ces deux pièces. Si, grâce au petit nombre des personnages, à la présence intermittente du mythe d'Adam et Eve et à une indéniable maîtrise de l'espace scénique la première conserve un mince intérêt, la seconde voit son intrigue se liquéfier d'excursus en excursus. Les innovations qu'a voulu introduire ou systématiser l'auteur se révèlent malheureuses. La transformation instantanée des lieux et les retours en arrière ne font qu'augmenter la confusion du chaos où se perd le spectateur le mieux intentionné. « D'aucuns ont parlé de « baroque ». Mais la prolifération du décor dans le baroque ne se réduit pas à un simple jeu formel saugrenu, pas plus que les thèmes du déguisement et de la métamorphose ne s'expriment dans des gags et des clowneries épisodiques » (19). La liberté effervescente du poète inspiré a fait place aux trucs convenus du faiseur insouciant des structures. L'étude de la fabrication des textes non dramatiques sort du cadre de cette étude. **Pourtant,** *Les médecins ne sont pas des plombiers, Cent Jours, Molière, Les Enfants naturels, Dimanche m'attend* ressortissent à la même esthétique qui, en l'occurrence, se justifie par l'insertion de fragments anciens.

La fonction dramaturgique de l'excursus est variable. Baroque, il joue le même rôle que les peintures de Pozzo et les sculptures de Mochi dans une église romaine du XVIIᵉ siècle : il attire l'attention et met en valeur, en feignant de les occulter, les structures ration-

---

(18) Gilles Sandier : *Op. cit.*, p. 33.
(19) Françoise Kourilsky : « La Brigitta ». *Théâtre populaire*, n° **48** (Quatrième trimestre 1962). p. 104.

nelles de l'ouvrage. Un emboîtement de figures simples sous-tend de même les lignes brisées de la nef de Saint-Yves-de-la-Sapience. En ce sens, le baroquisme du *Cavalier seul*, et à un moindre degré d'*Opéra parlé* et de *La Logeuse*, est exemplaire, car l'enchevêtrement des événements y est organisé discrètement par le projet abhumaniste du héros légendaire. Au contraire, lorsque l'excursus devient fin en soi, simple prétexte à virtuosité verbale ou spectaculaire, on invoque bien à tort un art baroque qui stricto sensu exclut l'à-peu-près, l'immotivé. La luxuriance spontanée de l'invention audibertienne demande donc pour s'orienter vers une dramaturgie authentiquement baroque que les excursus burlesques provoqués par l'intervention des fantoches ou l'expansion de la parole soient équilibrés structurellement par un mythe abhumaniste, lui-même imprégné de baroquisme thématique. Faute de quoi triomphe une esthétique de l'insolite, de la gratuité incongrue qui n'a que des rapports fortuits avec l'art illustré par le Bernin.

CHAPITRE XIV

SIRE LE MOT

> « Par les mots le poète recommence le monde. » (*La nouvelle Origine*, p. 37.)

« Parmi tant de manuscrits que je lis, et depuis si longtemps, j'ai lu en abondance de faux Péguy, de faux Claudel, de faux Camus, de faux Brecht, de faux Ionesco. Je n'ai jamais rencontré un faux Audiberti » (1). Bien que Jacques Laurent et Claude Martine aient habilement pastiché l'auteur dans *Le Diable Vauvert*, une de leurs *Huit Perles de culture*, nul ne songe à contredire sérieusement cette affirmation de Jacques Lemarchand. La singularité du discours audibertien ne fait guère de doute, tant dans ses poèmes que dans ses articles, ses romans et ses pièces. Pourtant, aucun linguiste, aucun stylisticien ne s'est encore minutieusement penché sur une œuvre dont l'immensité effraie un peu. On attend avec impatience que la thèse de Michel Giroud éclaire la constitution, le fonctionnement et les lois de la langue, de la rhétorique et de la poétique audibertiennes. On se contentera ici de simples aperçus, l'essentiel demeurant d'apprécier le baroquisme du théâtre.

La caractéristique la plus évidente du verbe d'Audiberti est assurément sa luxuriance. Lecteurs, spectateurs et critiques s'en sont, selon leurs goûts et humeurs, irrités, délectés ou accommodés. « Verbiage incohérent... bavardage insupportable... dialogue décousu », tranche Jean-Michel Renaitour (2). Au contraire, Pierre Marcabru

---

(1) Jacques Lemarchand : « Ils ont sifflé Audiberti ! » *Le Figaro littéraire*, n° 1004 (15-21.7.1965), p. 3.
(2) Jean-Michel Renaitour : *Le Théâtre à Paris en 1959*, p. 203.

écrit : « Cette langue est d'une richesse extraordinaire, d'une richesse spontanée, non point le résultat de l'avarice et de l'usure, mais au contraire née de la dissipation de tout un patrimoine de bavard et cela avec une prodigalité de grand seigneur » (3). Avec un peu de recul, Jean-Louis Dejean formule une opinion plus nuancée : « La richesse du verbe qui renaît de ses propres trouvailles comme les embrasements successifs d'un feu d'artifice enchante l'oreille avant de la fatiguer » (4). La notion même de richesse, ou d'abondance, que connotent les métaphores quasiment rituelles du flot jaillissant ou de l'éruption volcanique est trop floue pour être acceptée telle quelle. Le concept de baroque, dans la mesure où son contenu stylistique et linguistique est rigoureux, doit permettre l'indispensable réduction des approximations impressionnistes.

Le style est question de vision, non de technique, la cause en est entendue depuis plus de soixante ans. Pourtant, on a rarement relié la prolixité d'Audiberti à son abhumanisme. Quelques textes fondamentaux méritent d'être rappelés :

> « Abhumanisme et philologie ne font qu'un (...). Le langage est depuis belle lurette abhumaniste. Il éclate, il pourrit, il fourmille. Désintégré, réchauffé, il trou-billonne, cervelle et écriture, il argonautise dans les faubourgs, il coq-à-l'âme dans les salons, il déboise dans les tables tournantes, gueule dans les affiches déchirées, le chant des ivrognes, le jeu des enfants, le cri des journaux. » (5)

L'influence du néo-dadaïste Bryen est ici capitale. Mais c'est dans un texte un peu antérieur, l'avant-propos à *La Pluie sur les boulevards*, qu'Audiberti a le plus nettement précisé quels pouvoirs il attribuait au verbe poétique :

> « Le théope, par la mimique vocabulaire, prétend reproduire l'œuvre de Dieu, c'est-à-dire à la fois la refléter et l'engendrer. Il prétend aussi agir sur l'œuvre de Dieu en agissant sur son œuvre à lui, version plus ou moins gauchie de l'œuvre de Dieu (...). Reproduire l'œuvre de Dieu, c'est tout concevoir, tout recommencer, la glaise géographique, les montagnes, les holoturies, les moissons, l'Histoire, les poussées périodiques, les immobiles étagères, tout par les voies d'une numération scansible présumée analogique et chargée d'un haut transfert. C'est accomplir cette opération dans l'ivresse d'un sentiment génétique créateur. Agir sur l'œuvre de Dieu, c'est surtout, agir sur la matière alphabétique du poème, instrument supputé d'une action directe sur Dieu lui-même au-delà de l'exercice littéraire sans que d'ailleurs d'une telle action le mécanisme soit analysé pas plus que le but n'en fut jamais défini au-delà de l'essor et de l'élan diffus. » (6)

(3) Pierre Marcabru : C. R. de La Mégère apprivoisée. *Arts*, n° 640 (16.10.1957), p. 4.

(4) Jean-Luc Dejean : *Le Théâtre français d'aujourd'hui*, p. 83.

(5) *L'Ouvre-Boîte*, pp. 66 et 68.

(6) *La Pluie sur les boulevards*, p. 13.

En donnant vie aux diverses virtualités contenues dans le monde tel qu'il est, la production poétique prolonge donc la création divine ; Audiberti, sur ce point, s'inscrit dans la lignée de Hugo et Claudel. Lui-même a d'ailleurs hésité sur le sens à donner à cette prolongation de l'acte démiurgique initial. Dans *La nouvelle Origine*, son « art poétique », il semble concevoir que le poète inspiré relaie le divin Créateur, parachève son œuvre : « Les romanciers, et de nobles mathématiciens, décrivent le monde. Le poète, aussi, sous les espèces du romancier, il peut se préoccuper de le décrire, de le recenser. Mais, bien plus exactement, il l'écrira. Le fera. Prolongera la création (...). Ne calquera pas le monde à même le papier, ni le démarquera, ni le photographiera. Il le fera positivement, comme s'il était, lui (...), le créateur » (7). Par contre, dans *Véronique*, est introduite l'idée d'une correction, d'une rectification active. « La grande affaire pour un artiste, c'est le « contrefaire » l'univers. Le refaire et, en même temps, le contredire » (8). Entre-temps, l'ultra-nimisme est devenu l'abhumanisme ; les idées de Joppolo donnent un sens nouveau à l'action du poète sur le matériau langagier et la scène du monde. « Ma mission ? Rafraîchir, par l'expression poétique, le monde créé, le replonger dans son principe. Il retourne à son origine. Il repasse dans le bain initial. Poète, je crée, je renomme pour une durée indéterminée » (9). Cette conception presque hugolienne du verbe corrobore le phantasme audibertien du Moi-Dieu. « L'efficacité verbaliste » confère une « investiture de puissance » (10). Mathilde ne déclare pas autre chose à Félicien : « Vous pouvez, comme Dieu lui-même, créer de la vie avec rien » (11). N'est-ce pas aussi l'essence intime de l'intellectronique de Zozoblastopoulos, moderne Méphistophélès, ennemi, assassin peut-être, voire successeur du Dieu-père dans l'Eden du square Lamartine ? « La formule articulée, dit-il, suffit, comprenez-le donc ! Elle suffit à provoquer le phénomène intellectroniquement » (12).

La « nouvelle origine » dont Audiberti se voulut vers 1942 le héraut s'apparente aussi au projet mallarméen de retrouver le monde à sa source, c'est-à-dire à l'instant où le chaos s'organise en cosmos. Nommer un objet, c'est se l'approprier, le saisir dans le mouvement de son devenir. Certes, l'auteur de *Hérodiade* se soucie peu, comme les baroques, de reproduire l'instant d'un surgissement ; le langage lui sert plutôt à dévoiler les opaques mystères de la chimie universelle. Lorsque dans *Monorail* Audiberti écrit :

(7) *La nouvelle Origine*, p. 80.
(8) *Véronique. Clair de terre*, n° 3 (1946), p. 78.
(9) *Dimanche m'attend*, p. 76.
(10) *La nouvelle Origine*, p. 38.
(11) *La Fête noire. Théâtre*, t. II, p. 30.
(12) *Pomme Pomme Pomme*. Théâtre, t. V, p. 41.

« Les hommes, par les mots, sont les maîtres du monde » (13), il
fait du mot plus que le comprimé allusif de la chose qu'il est censé
désigner. Ailleurs, il envisage en effet une espèce de dynamisme
inhérent au verbe et qui lui permettrait de happer le réel.
« Conscience du monde, l'âme poétique fera venir le monde dans
les mots, par les mots » (14). Le recours à une terminologie spiri-
tualiste est significatif. La musique des sons est impuissante à
évoquer un objet si elle n'est pas activée par le souffle du poète.
La même idée se retrouve dans *La Pluie sur les boulevards* : « Si
la fameuse magie verbale ne consiste pas dans une action sur le
monde à partir du mot, il est encore loisible de la chercher dans un
engouffrement du monde dans le mot » (15). Pour cela il faut distinguer l'état immédiat de la parole de son état actif ; le langage
des poètes n'est pas un système de signes inertes. « La parole est
aussi une forme de vie » (16). A la mobilité incessante du monde
baroque correspond par conséquent la vitalité effervescente, le
dynamisme créateur des mots transfigurés par l'inspiration poétique. Le Verbe institue un ordre autonome et cohérent par lequel
s'élabore, sinon un autre monde, du moins une aperception, une
image autre de celui-ci. Faute de pouvoir changer effectivement un
univers qui persévère dans son absurdité, le « théope » en mime
verbalement une transsubstantiation purifiante ; en jouant selon
ses règles propres avec les signifiants, il refoule l'angoisse que susci-
tent en lui les signifiés. « On peut penser qu'en modifiant le langage
on modifierait du même coup la réalité du monde » (17).

> « Il peut se vanter d'avoir soulevé un fameux lièvre, ce brave
> Moulement, avec son indéterminisme volontaire (...) le lièvre à la
> fois chimérique et bien vivant d'un nouveau langage, d'un nouveau
> formulaire du monde — un monde qui serait le monde et qui ne le
> serait plus, un monde où deux et deux ne feraient plus quatre qu'une
> fois sur cinq. » (17)

Là aussi, l'originalité d'Audiberti n'est pas totale. A la même
époque, son ami Léon-Paul Fargue défendait la même idée dans sa
préface à *Sortilèges du verbe* de Matila Ghyka : « J'aime le diplo-
tame, le dépotame, le dilépothèse, chers à Valéry Larbaud, le mont-
sombron à roulisses, le télénophe, le démon nidaine et la station
de métro Lèvres se courbent (...). Il me semble alors que le monde
sort de son bain, frais et musclé, que tout va être remis en question,
les contributions, les visages laids, les sensibilités de forts en thème,
les colles des rats de bibliothèque, les croisements de route, l'amour,

(13) *Monorail*, p. 207.
(14) *La nouvelle Origine*, p. 34.
(15) *La Pluie sur les boulevards*, p. 16.
(16) *L'Ouvre-Boîte*, p. 173.
(17) *Monorail*, p. 301.

l'Extrême-Orient, le parapluie, la calvitie et autres problèmes. Tout sauf le verbe qui nous sauve et nous réconforte » (18). Le « trésor du langage » (19) est inépuisable pour qui veut en faire la chasse.

Le verbe poétique, pour être créateur, doit s'affranchir du système ordinaire, dénotatif et codifié, donc s'appuyer sur une créativité linguistique. Seule la libération des mots autorise l'évasion hors du monde. Audiberti traite le langage comme une pâte malléable, mieux comme une chair matérielle dont il sait jouer et jouir avec art. « J'aime faire vivre les mots, même en dehors du sens qu'on leur accorde. J'aime les faire vivre comme des êtres, des entités vivantes » (20). Le poète considère les signifiants comme des objets concrets, comme des bibelots d'inanité sonores qu'il choque, entasse, fait rebondir avec allégresse. A K. Jelenski, il déclare : « Ma manière d'écrire n'est pas exactement celle d'un écrivain ; c'est plutôt celle d'un manipulateur de ces objets solides que sont les mots » (21). Un personnage d'*Altanima* ne parle-t-il pas du « poids des mots » (22) ? Sous ces affirmations se tient une théorie implicite du signe linguistique. Les mots en l'occurrence ne sont pas des signes généraux, objectifs, rationnels, bref les véhicules des idées. De là provient sans doute l'inaptitude de l'auteur à la spéculation philosophique, au maniement des concepts. « Dans le cas d'Audiberti, écrit Mandiargues, la pensée était en quelque façon déclenchée par la poussée ou par la floraison des vocables » (23). Le noème naît du choc des sons, il ne lui préexiste pas. La fonction référentielle des mots est perçue comme secondaire par rapport au plaisir ingénu que l'on peut tirer des combinaisons phonétiques. « Un mot vient qui peut contrevenir à la raison mais pas à l'harmonie, c'est-à-dire à la raison poétique » (24).

Survalorisation des signifiants, relative indifférence aux signifiés : selon une formule fameuse de Mallarmé qu'Audiberti interprète librement, l'initiative est aux mots. « Les mots n'auront jamais dit leur dernier mot » (25). Son langage est un langage de poète, un langage ouvert, plus soucieux d'innovation que de codification. Pourtant la cohésion n'est pas parfaite entre la quête d'un nouveau formulaire du monde et le plaisir aux jeux asémantiques. Il semble

(18) Léon-Paul Fargue : Préface à Matila Ghyka : *Sortilèges du verbe*, p. 10.
(19) *Les Naturels du Bordelais. Op. cit.*, p. 257.
(20) *Dimanche m'attend*, p. 76.
(21) Kot Jelenski : « Entretiens avec Audiberti sur le métier d'écrivain ». *Preuves*, n° 157 (novembre 1965), p. 4.
(22) *Altanima. Op. cit.*, p. 218.
(23) André Pieyre de Mandiargues : « A force de mots ». *N.R.F.*, n° 156 (1.12.1965), p. 1067.
(24) *Dimanche m'attend*, p. 76.
(25) *Cent Jours*, p. 250.

que l'auteur ait hésité ou oscillé entre deux conceptions du langage. Serait-ce que, comme pour les baroques, à ses yeux « la seule merveille, c'est le langage » (26) ?

De même que dans une architecture baroque chaque partie doit abdiquer son autonomie, se fondre dans le tout de l'ouvrage, de même Audiberti brasse, amalgame en un conglomérat original les signes qu'il a empruntés par-ci par-là aux idiomes, dialectes et patois existants. Sa langue est un agrégat de codes imbriqués. « Les mots, nos mots, écrivait-il, nous les repenserons (...). Nous les referons (...). Si nous répugnons à former un nouveau lexique, revocabulons celui que nous avons. Prenons dans leur origine le lexique et le monde » (27). Bref, il faut « accroître, prolonger et, cependant, destituer, pervertir, corrompre la langue traditionnelle » (28). La revanche contre la cruauté du monde passe, comme chez Fargue, par le défi aux conformismes d'un lexique usé. La « fête des mots » qu'est, selon Geneviève Serreau, le théâtre d'Audiberti résulte d'une action vivifiante, remodelante sur le langage reçu. Cette action présuppose la maîtrise de celui-ci. « L'écrivain possède le langage. Il considère le langage non seulement comme son outil mais comme son fief, comme ses armes » (29), déclare assez platement l'auteur en 1964. Avant de « sortir de la prison langagière, habituelle, officielle, contemporaine » (30), il faut en avoir reconnu le moindre recoin. L'autodidacte habitué de la Bibliothèque Nationale fut toujours passionné par l'étude des langues, il aimait à consulter dictionnaires et lexiques spécialisés. Il apprit l'allemand au collège ; il parlait couramment l'italien, ce qui lui permit de traduire des textes du Tasse, d'E. de Filippo, de V. Bompiani et de B. Joppolo avec lequel il correspondit dans sa langue. Il comprenait moins bien l'anglais et l'espagnol, ce qui ne l'empêcha pas d'adapter en français *La Mégère apprivoisée* et des poèmes de G. Mistral. Il s'intéressa aux langues slaves, à l'arabe, au sanskrit. Pour *La Parisienne*, il fit un jour passer en italien la version espagnole d'un texte de Saint-Simon ! La philologie le passionne. Préfaçant *Les Jardins de Priape*, il avoue au détour d'une page : « Ce qui davantage me frappe, me touche dans ce recueil du XVIᵉ siècle, c'est la linguistique » (31). L'attachement d'Amédée à la vie lui fait regretter le latin, le grec, l'espagnol, « tous ces verbes transitifs, déponents... » (32). Audiberti maîtrise parfaitement les rouages les

---

(26) Gérard Genette : *Figures*, t. I, p. 183.
(27) *La nouvelle Origine*, pp. 87-88.
(28) *Ibid.*, p. 56.
(29) *Entretiens avec Georges Charbonnier*, p. 8.
(30) *Michel Giroud : Op. cit.*, p. 97.
(31) Préface à Robert Arnaut : *Les Jardins de Priape*, p. XXII.
(32) *Quoat-Quoat. Op. cit.*, p. 74.

plus compliqués de la syntaxe française, employant ostensiblement çà et là le passé simple désuet ou l'imparfait du subjonctif archaïque qu'exigent certaines subordonnées conjonctives. Plusieurs de ses personnages se révèlent, dans leurs digressions, férus d'étymologie, d'orthographe ou de grammaire (33). L'exubérance verbale d'Audiberti s'appuie donc sur des bases solides.

Quels sont donc les éléments qui interviennent dans la chimie du verbe audibertien ? L'auteur de *Cent Jours*, *Rempart* et *Les tombeaux ferment mal* ne s'est jamais arraché à l'emprise d'Antibes. Bien que ses pièces soient plus détachées du berceau patrial parce que moins autobiographiques, plusieurs en gardent des traces. L'auteur qui se met en scène au début de *Bâton et ruban* y insère une chanson dont, écrit-il, « les sonorités appartiennent à la langue d'oc ». Quelques passages du même idiome se rencontrent dans *La Guérite* et *La Guillotine*. Des mots d'un provençalisme éclatant jalonnent d'autres textes dramatiques. Ainsi « parpagnas » orthographié aussi « parpagnasse » revient dans *L'Ampélour*, *La Guérite*, *La Guillotine* et aussi *La Mégère apprivoisée*. On signalera encore pêle-mêle les calques ou emprunts suivants : « oustal », « estrasses », « escagasser », « escourche », « roustir », « nistonne », « cougourde », « gargousse », etc. Quel dialecte ou patois utilise Audiberti ? Lui-même donne la réponse : « Le patois renaît (...) un torrent pathétique supposé plus primitif et plus sincère que le français. Le patois, c'est-à-dire la langue d'oc telle qu'on l'articule à Antibes. Langue à moi-même étrangère quoique innée. Je la comprends très bien, sans toutefois la parler. Que je ne la parle pas ne veut point dire que je ne sais pas la parler. Je la possède mieux que le français, celui, tout au moins, des garagistes et des boxeurs. Je ne suis pas dans l'opportunité de la parler, voilà tout. Je ne la parlerais qu'à titre d'érudition ou par manière de comédie. Le patois, cependant, je l'écris » (34). De fait, à de rares exceptions près (« parpagnat » est attesté à Marseille vers 1930), les provençalismes d'Audiberti sont empruntés à l'antiboulenc, c'est-à-dire à l'usance dialectale de sa ville natale, usance qui diffère du provençal littéraire de l'arlésien Mistral. On remarquera que l'auteur l'utilise dans *La Fête noire*, pièce qui est censée se passer dans le Gévaudan. Mme Palustre s'y écrie, au deuxième acte : « C'est une cabre ! » (35). Or, la chèvre se dit cabro en provençal, cabra en niçois, mais tchabro en patois lozérien. L'intrusion de dialectalismes, si elle répond à l'intention consciente de « faire couleur locale », n'est donc pas motivée par le seul souci d'authenticité régionaliste,

(33) Cf. *Les Naturels du Bordelais*. *Op. cit.*, pp. 230, 251-252, 267-268 ; *Opéra parlé*. *Op. cit.*, p. 140 ; *La Fourmi dans le corps*. *Op. cit.*, pp. 180. 201.
(34) *Cent Jours*, p. 44.
(35) *La Fête noire*. *Op. cit.*, p. 75.

encore que la francisation atténue les différences entre le niçois, l'antibois et le languedocien. Elle témoigne de la spontanéité d'Audiberti écrivant. Lorsque fait défaut le mot juste à un auteur qui, quoi qu'il ait dit, souvent rédige des textes à la hâte, le parler d'Antibes lui fournit des équivalents colorés à peu de frais. « Et que le gascon y arrive si le français n'y peut aller », écrivait Montaigne. Habilement, Audiberti sait d'instinct conférer un relief stylistique aux écarts phonétiques et morphologiques qui différencient les patois et dialectes de l'idiome vernaculaire.

L'auteur utilise aussi à doses homéopathiques et aux mêmes fins les langues étrangères et anciennes. Le prieur de Mont-Wimer lit un texte en latin d'église qui exaspère l'ire de Massacre ; le cardinal de la Rosette balbutie un exorcisme devant Alarica en transe. La langue liturgique sert de support à une parodie discrètement satirique des rites catholiques dans *Pucelle*, tient lieu d'épreuve de vérité pour le capelan suspect de *L'Ampélour*, enfin met en évidence la cuistrerie compliquée de l'écrivain de *La Fourmi dans le corps*. Dans quatre cas sur cinq éclate l'inadaptation des fantoches ecclésiastiques face à l'émergence sauvage des mythes abhumanistes. Le latin désigne socialement et isole les clercs, partant discrédite l'Eglise romaine. Son utilisation épisodique se charge d'ironie critique. D'autres pièces sont parsemées de mots étrangers. Le chœur du peuple ferrarais communie dans sa langue aux heurs et malheurs de son armée ; de même au septième moment de *Cœur à cuir*, le chœur de la chiourme ponctue d'exclamations italiennes le discours de l'argentier devenu amiral de la flotte pontificale. Dans ces deux cas, les héros parlent français et les figurants la langue du pays où Audiberti situe la pièce. Le même souci de couleur locale transparaît lorsque la Mexicaine de *Quoat-Quoat* ou Pilar laissent échapper quelques bribes en espagnol. Cela suffit à identifier le personnage et le lieu de l'action. A de semblables fins l'auteur pastiche les sonorités arabes dans *Cœur à cuir* et *Le Cavalier seul*, slaves dans *Le mal court*. Enfin, l'intrusion de mots étrangers peut avoir une valeur dramatique. Le Protée de *L'Effet Glapion* est trahi par son « éruption polyglotte ». Deux mots allemands révèlent l'inquiétude grandissante de la hiératique abbesse de Remiremont. Les langues existantes ne satisfaisant pas aux besoins, Audiberti forge a nihilo des sabirs originaux. Joannine et le maître Parfait formulent quelques paroles dépourvues de toute signification. Ces tentatives prélettristes ne sont pas exceptionnelles dans l'œuvre du poète : il suffit de citer *Dieu, la femme* dans *Des Tonnes de semence* et sa collaboration à *Poésie de mots inconnus* d'Iliazd (où l'on retrouve les noms de Bryen, Artaud, etc.). Il faut mettre à part les mots anglais. Que ce soit dans *Pucelle*, *L'Effet Glapion*, *Pomme Pomme Pomme* ou *La Brigitta*, ils sont le plus souvent prononcés avec un fort accent français, c'est-à-dire assimilés de force, leur irrégularité soulignée puis réduite. Après avoir, par plusieurs articles, fougueusement combattu l'expansion des « vocables algonquins » (36), le « compagnon de route » d'Etiemble trouve là matière à effets comiques faciles et renouvelés. Au milieu du flot des mots usuels, se reconnaît çà et là le sourire burlesque d'un terme égaré, une dissonance contrôlée.

Tout aussi fonctionnel, dramatiquement motivé est l'emploi de mots désuets, sortis de l'usage. Les archaïsmes lexicaux sont rares, savamment distillés dans les pièces historiques. « Oncques », « céans », « escoube », « castel », « haquenée », etc. jouent le même rôle que les vocables étrangers. Ils transposent dans le langage l'éloignement des personnages dans le temps. Les quelques modifications régressives de la forme des mots sont discrètes et en général concordent avec les parlers provençaux et languedocien. Ainsi « pastre », « escouter », « mestre », « estoile » constituent de minuscules écarts archaïsants dont, comme Ghelderode, Audiberti est friand mais sait ne pas abuser.

L'insatiable curiosité de l'auteur s'étendait aux mathématiques dont le fascinait le langage autonome, symbolique et intégré, à la physique, à la chimie, à la médecine, à la psychologie et à l'ethnologie. Le savant est à ses yeux tantôt un surhomme admirable, tantôt un thaumaturge un peu charlatan. En tant qu'écrivain, Audiberti est à la fois attiré et irrité par le langage scientifique, véritable corps étranger au sein de l'idiome vernaculaire. Son obscurité au profane, sa densité en morphèmes helléniques, l'apparentent aux formules hermétiques. L'auteur le parodie joyeusement dans ses comédies boulevardières :

> « L'eau s'imprègne par électrolyse spontanée des protons périphériques du métal siliceux. »
> « Le métal d'un mesméroscope consiste dans un alliage de baryum volatil, de soufre organique et de chlorure de cobalt. »
> « Il emploie l'électrolyse carbogazeuse au sérum de cheval assorti d'anticorps mentalement galvanisés. » (37)

Il juxtapose des éléments hétérogènes, associe arbitrairement des termes empruntés d'une part au jargon technico-scientifique, de l'autre au langage usuel. Les codes scientifiques sont en principe constitués de signes logiques intégrés ; ils sont essentiellement monosémiques, excluant par nécessité cognitive toute possibilité de connotations et de variations stylistiques : en ce sens ils sont fondamentalement antipoétiques. Chez Audiberti, les énoncés pseudoscientifiques et les formules technologiques rappelleraient plutôt les slogans de la publicité commerciale. Au théâtre, ils

(36) *Le Ouallou. Op. cit.*, p. 195.
(37) *Pomme Pomme Pomme. Op. cit.*, p. 37 ; *La Brigitta. Ibid.* pp. 236 et 245.

donnent naissance à un fantastique verbal que matérialisent sur la scène des machines bizarres et engins insolites dus à l'imagination surréalisante de savants fantasques, tels Palmas, et à la manipulation des morphèmes. Les « tubes nécrogènes fulgurants silencieux », le « stylo buteur taciturne à mazout comprimé », le « pistolet-mitrailleur odontologique à air comprimé », les « autogyres molletonnés », etc. témoignent burlesquement d'une invention savoureuse qui en l'occurrence fait peu de cas du sémantisme des morphèmes lexicaux. La science, à Hiroshima, avait échappé à la raison ; Audiberti enrôle sa terminologie sous la bannière de l'abhumanisme pour transgresser la banalité des lexiques à défaut de mettre fin au règne du mal. Les disciplines se télescopent drôlement, ce qui donne « la mécanique rotatoire, la stratégie électronique, la microscopie interférente, la dynamique des gaz, l'embryogénie des métaux » (38). Sur le boulevard se mécanisent les canulars du pataphysicien.

Aux dialectalismes et aux mots étrangers Audiberti aime à substituer, quand les nécessités de l'intrigue en permettent l'usage, l'argot dont la fraîcheur expressive le ravit. « En France, écrit-il, de plus en plus, l'argot, imprimé, romancé, remplace le patois comme témoin du cœur primitif » (39). L'auteur a recours à la langue verte dans *La Logeuse*, *L'Effet Glapion*, *Boutique fermée*, *La Brigitta* et surtout *Le Ouallou*. On avait noté dans un précédent chapitre que plusieurs pièces comportaient une intrigue mélodramatique et policière. En tant que signum, l'argot permet à la microsociété des truands d'affirmer son anomie, d'exhiber fièrement sa singularité face aux convenances sociales et aux conventions lexicales de l'ordre établi ; aux policiers primaires de *La Logeuse* de valoriser, par contraste aussi, leur appartenance à une profession jalouse de ses codes.

> « Rédame-toi par ici, viande ! Monsieur le gouverneur, vous l'avez devant vous ce chiquard (...). Je ne crois pas qu'on aye jamais vu ça, un abdelkader de première bourre, moi ! moi ! Glinglin-les-Dormantes, forcé de se faire agrafer vivant. »
>
> « Le mironton a mis le cap, tout fumant, sur l'écurie de la poupée. On va jardiner un peu partout dans la chaumière. Et puis surtout pas de jérémie, pas de rebecca. Nous avons le fantomas avec toute la paraffine voulue. » (40)

Le lexique de l'argot correspond à la théorie des mots-objets qui est esquissée dans *La nouvelle Origine*. « Les mots de l'argot veulent ne pas être des mots, mais des chocs solidifiés qu'on pourrait prendre dans son poing ». Il n'est guère étonnant qu'Audiberti

---

(38) *Pomme Pomme Pomme. Op. cit.*, p. 96. Cf. *L'Abhumanisme*, pp. 76-77.
(39) *Molière*, p. 69.
(40) *Le Ouallou. Op. cit.*, p. 178 ; *La Logeuse. Ibid.*, p. 82.

ait proclamé la langue verte « dialecte abhumaniste » (41). Pour qui
en ignore les clefs, le discours argotique se présente sous la forme
d'une prose poétique, pittoresque et hermétique, où se trouvent
transgressées les tables de pertinence de la législation lexicale. Au
premier abord, le désir de signifier semble secondaire ; en fait,
chaque mot opaque a été surcodé au moyen de techniques simples
(troncation, substitution de morphèmes suffixaux, métaphore) en
sorte que du monde transparaît la vision, déformée, que s'en peut
faire une minorité vivant en marge de la légalité sociale. Audiberti
a noté le caractère cryptologique de l'argot. « Des écrivains recourent à l'argot. Prétendant se durcir de vocables truands censément
plus denses, plus nature que ceux du lexique reçu, souvent ils
obéissent, sans qu'ils s'en rendent compte, au souci de dissimuler
ce que pourraient avoir d'insupportable des récits de préférence
sexuels en langue normale, claire et directe » (41). Normalement,
le signifiant rend présente une image phonique du signifié tout en
écartant la réalité matérielle de celui-ci. Pour éliminer sans retour
cette réalité que ne doit pas pénétrer le non-initié, le locuteur
argotique substitue au signifiant attendu un signifiant crypto-
logiquement motivé qui à la fois travestit le contenu du message
et conteste l'ordre sémantique et morphologique du code usuel.
Audiberti saisit l'occasion de jeux phonétiques et de combinaisons
inattendues. Mais l'argot, comme les autres sublangages, est soumis
aux nécessités dramatiques sauf dans *Le Ouallou* où il tend à la
koïné. La violence un peu fruste du jeune policier s'exprime en des
éclats bruyants qui s'estompent à mesure qu'opère sur lui le charme
de Mme Cirqué. Quelques mots un peu crus fleurissent dans la
conversation des naturels du Bordelais qui se trouvent derechef
encanaillés : la fin de la pièce prouvera qu'ils avaient tramé un
mauvais coup contre Guy-Loup. Un terme d'argot révèle donc un
trait de caractère — la vulgarité foncière des bourgeois honnêtes —
ou un sublangage stéréotypé — celui des policiers. Il contribue
donc à désigner sociologiquement ou psychologiquement un personnage. Parfois aussi il tranche sur le contexte, mais Audiberti
se soucie médiocrement de l'unité de style, sauf dans *Altanima* : le
mot lui aura échappé.

L'argot fait partie du langage populaire dont il cristallise les
caractères essentiels. Audiberti n'a pas en vain arpenté la banlieue
parisienne pour le compte du *Petit Parisien*. De commissariat en
taudis, il a beaucoup observé et écouté. Mieux encore que *Marie
Dubois* et *Infanticide préconisé* où transparaît son expérience de
« tourneur », son théâtre lui a permis de reproduire et de confier
à des êtres de chair le parler familier d'un petit peuple dont au
fond il ne s'est jamais éloigné. A trop parler à son propos de délire

(41) *L'Abhumanisme*, p. 57.

ou de surréalisme, on en oublie que l'auteur, à bien des égards, demeure un réaliste, sinon un populiste, grand admirateur de Zola. De tous les dramaturges contemporains, il est sans doute, avec Genet, le plus authentiquement populaire. Ne savent faire parler les humbles que ceux qui les ont côtoyés, qui ne rêvent pas leur existence besogneuse. Quand on voudra, enfin, écouter ses dialogues, on constatera à quel point, sauf peut-être dans *Quoat-Quoat* et *La Fête noire* où Audiberti ne s'est pas encore dégagé du roman, ils « sonnent juste ». A Dorothée, au concierge Grégoire, à Pomme, à Paulette Plumard, aux soudards du *Cavalier seul* et d'*Opéra parlé*, l'auteur a su prêter une langue drue, vigoureuse, colorée, où les contraintes de la grammaire s'allègent mais où pullulent raccourcis expressifs et images savoureuses. En homme de théâtre averti, il leur a opposé les banalités fades de M. Tienne et de M. Cirqué ou la fausse décontraction des Naturels.

Dans les pièces historiques aussi, certains personnages écorchent drôlement la langue française. Jeannette et Marie Mathias, Mathieu Fricot s'expriment en un jargon patoisant émaillé d'incorrections succulentes et à fort rendement comique :

> « Quoi tu veux que je m'en farcisse de ces danseurs et jongleurs partout par là bariolés ? (...). Quante c'est-i que les savetiers sacheront combiner des souliers catheuliques ? »
>
> « Le lait, pour se le voir, convient d'attendre qu'il naisse le gamin. Et le gamin, il prend neuf mois pour sortir tout beau, tout chaud du fourneau. » (42)

Les fautes de Mathilde étaient rares, seul son accent désignait sa rusticité balourde. Jeannette, elle, accumule les accrocs à la grammaire ; mieux, elle institue un dialecte original. Ses propos ne ressemblent à aucun patois recensé. Molière, pour écrire le deuxième acte de *Dom Juan*, croque sur le vif le parler des laboureurs picards qu'il restitue ensuite avec une exactitude phonétique à laquelle les dialectologues se plaisent à rendre hommage. Fournisseur attitré de la Cour royale, il use peu du barbarisme et du solécisme. Audiberti, lui, a pris le parti de l'efficacité expressive. Il déforme son propre style, déjà nourri quand il ne le contrôle ni ne l'épure, d'images et de figures vigoureuses, à l'aide de quelques procédés caractéristiques du parler populaire. Les liaisons erronées, interversions, suppression d'articles, ruptures de construction, désinences verbales impertinentes, mots estropiés, tous ces écarts vont dans le sens d'une concentration du discours. L'unité de sens n'est plus la phrase, mais le syntagme. Celle-là se contracte, se disperse ou éclate. Jeannette altérant burlesquement la forme et le sens des mots est abhumaniste en paroles comme Joannine l'est en actes.

---

(42) *Pucelle. Op. cit.*, p. 114 ; *La Fourmi dans le corps. Op. cit.*, p. 178.

Les infractions au système lexical et au code syntaxique, là encore, s'adaptent à l'action dramatique et contribuent à dessiner le profil du personnage.

Tous les traits que l'on vient de signaler convergent naturellement dans la création de mots nouveaux. Là, en effet, peut s'exercer tout particulièrement la vive imagination linguistique d'Audiberti. M. Giroud estime à cinq mille les néologismes qu'il a éparpillés dans ses divers écrits. *Abraxas* et *Carnage* en regorgent littéralement, justifiant ce mot de Marcel Arland : « Au regard d'Audiberti, Queneau nous frappe par son respect du dictionnaire » (43). Les pièces sont sur ce point assurément moins éblouissantes pour des raisons qui tiennent essentiellement aux genres — le néologisme s'acclimate mal à la scène. Ghelderode, Ionesco, Vauthier en usent avec parcimonie. Céline est surtout romancier et Michaux poète. Sur les quelque cent soixante-sept créations que mentionne Maurice Rheims dans son *Dictionnaire des mots sauvages*, aucune n'est empruntée à l'œuvre théâtrale d'Audiberti.

L'innovation linguistique n'est pas toujours aisément mesurable. Faut-il traiter comme des néologismes la francisation d'un provençalisme (par exemple « bader », c'est-à-dire béer, qu'on rencontre dans *Abraxas, La Guillotine* et *Dimanche m'attend*), l'adjonction d'un suffixe-outil à un mot usuel, la substantivation audacieuse ? La dérivation affixale donne naissance à des vocables neufs certes, mais point inédits. Les cas de reviviscence posent un autre problème. Audiberti recrée dans *Pucelle* le mot familier de « berdouille » que Huysmans et Richepin avaient utilisé au début du siècle ; rien ne prouve qu'il l'ait tiré des *Sœurs Vatard* ou de *Miarka, la fille à l'ourse*. Le statut des néologismes littéraires est flou : l'usage les lexicalise fréquemment à l'époque de la Pléiade, plus rarement ensuite. Le départ est malaisé entre la réminiscence inconsciente, l'emprunt intentionnel et l'innovation spontanée. La référence aux dictionnaires et lexiques n'est pas toujours décisive, car le parler populaire abonde en apostrophes, jurons et dérivations qui débordent des cadres lexicaux. C'est pourquoi, sauf cas significatifs, on a exclu de cette étude tous les calques du provençal, les néologismes d'emploi (tels « oisellerie » au sens de pouvoir, de voler, « poissonnerie » que l'on cueille dans *Opéra parlé*) ainsi que les formes dérivationnelles qui, sans être lexicalisées, ne sont pas ressenties comme originales. Dans ces conditions, on a repéré au total plus de deux cents néologismes qui se répartissent inégalement de *L'Ampélour* à *La Poupée*.

Les créations verbales sont exceptionnelles dans les premières pièces qui sont les plus « littéraires », assez nombreuses dans les

(43) Marcel Arland : *Lettres de France*, p. 205.

comédies post-abhumanistes. L'invention linguistique de l'auteur explose littéralement dans *Pucelle* (pour les raisons qu'on vient de voir), plus tard *La Fourmi dans le corps* et surtout *La Guillotine*. Pourtant, la statistique rend très imparfaitement compte de la fréquence et *a fortiori* de la qualité des néologismes. Tout fait de style est à la fois comptabilisable et singulier, car immergé dans un contexte. L'accumulation des mots forgés n'a pas la même valeur que leur éparpillement. Aussi hésitera-t-on à classer les pièces d'Audiberti entre deux pôles opposés, *Le mal court*, plus classique, et *La Guillotine*, plus baroque. Si *La Fourmi dans le corps* est imprégnée d'historicité baroque, on ne peut en dire autant de cette dernière pièce ; et il existe une curieuse distorsion entre le mythe baroque de Circé et l'indigence de *La Logeuse* en néologismes.

Pour forger un vocable neuf à partir d'un signe usuel lexicalisé, il existe deux procédés simples et efficaces : la troncation et la dérivation. Audiberti utilise exceptionnellement la première ; en revanche, il forme un grand nombre de mots secondaires par dérivation affixale à partir de termes de base, substantifs, verbes ou adjectifs. L'influence du parler populaire est ici une nouvelle fois manifeste. Si on s'en tient pour le moment à la formation suffixale, on note une prépondérance incontestable des morphèmes péjoratifs -asse(r), -aille(r) et -ouille(r).

— Faignantasse, mignonnasse, paysannasse, tièdasse, crapulasse, embrouillasser, frottasser, cognasse.
— Drolichailler, traficailler, mahométaille, nonnaille, gendarmaille, froussaille, porcailler, chantonnailler, branlailler, trombonaille, flottailler.
— Ecornouiller, écribouiller, patouiller, glasouiller, tremblouille, démangeouille.

Le diminutif -et(te), cher à la Pléïade, se rencontre assez fréquemment avec un coefficient variable d'originalité.

— Tripette, chouquette, faribolette, bambinette, nouvelette, pouponnet, sapinet, guerrerette, fougassette.

Plus rarement usités, d'autres morphèmes suffixaux également chargés d'expressivité produisent : chiquard, crapulon, glandineau, blondineau. L'hypertrophie de ce type de suffixation populaire se manifeste encore dans quelques cas de dédoublement du suffixe dérivationnel :

— Frelucaillon, crottouillette, drolichaille.

L'idiome parlé par les couches les plus « cultivées » répugne pour des raisons d'économie aux suffixes encombrants et inutiles. Audiberti, lui, aime à accabler les mots sous la charge de marques sémantiquement superflues mais expressivement motivées. Il transforme ainsi « laboureur » en « labourateur » à l'aide d'un morphème parasitaire qui ne porte aucun élément de sens. Il faut voir là un effet de la volubilité méridionale plutôt qu'un souci baroque de la décoration. On peut pourtant se demander si, notamment dans *La Guillotine*, la prolifération des suffixes superflus n'a pas une fonction phatique (selon la terminologie de Malinowski et Jakobson) et ne dissimule pas l'angoisse suscitée par l'omniprésence physique et obsessionnelle de la mort. Dans ce cas, l'expressivité aurait une signification psychologique et dramatique.

L'auteur répugne, comme son héroïne Marialène, aux cascades de génitifs. Dans un souci de commodité, il forge donc des néologismes à l'aide de suffixes-outils, -eux et -erie par exemple, qui permettent des transferts de catégories grammaticales à faible rendement expressif.

— Médicamenteux, laboureux, confitureux, comméreux, rigoleux.
— Clergerie, artisterie, guérisserie, oisellerie, herboristerie, chrétiennerie, floconnerie, plumasserie, parcheminerie, parpagnasserie, jeandouillerie.

Sur le même modèle, il transpose en verbes d'action noms communs, adjectifs, et même adverbes et noms propres à l'aide du suffixe approprié -er.

— Chanoiniser, claveller, pourquoiser, grillonner, baladiner, buissonner, se gendarmiser, glapionner, bijouter, chauviner, vaubaniser, anschlousser, foxer, zanucker, movictoner, se guériter, salsifier, pastisser.

Plusieurs de ces néologismes sont inédits et même franchement inattendus. Audiberti utilise très librement un mode de création que l'idiome emprisonné dans un réseau de contraintes lexicales et grammaticales n'exploite que parcimonieusement.

Les dérivations préfixales sont plus rares. « Surmec » est de souche argotique. L'auteur fabrique plusieurs termes à consonance scientifique : « carbogazeux », « plurimétrique », « hydroporphyre ». Il emploie aussi avec une intention discrète de satire sociolinguistique les préfixes à la mode et compose « cosmonaval », « archifatal », « hyperphénoménal », « architonnerre ». Bref, il étend dans sa langue le jeu des préfixes et des suffixes qui est plus restreint dans le français dit cultivé que, par exemple, en allemand et en italien, langues où abondent les affixes sémantisés ou parasitaires. En tout cas, dans tous les exemples pré-cités, la modification des mots est minime et n'en touche pas le corps, le radical. Il s'agit plus de façons de dire que d'authentiques créations. La charge sémique en est faible et l'originalité stylistique réduite. Le rendement comique des dérivations est toutefois incontestable. Ce mode de production verbale est absent de *Quoat-Quoat* et de *La Bête noire* qu'Audiberti ne destine pas à la scène, il est prodigué à partir de *Pucelle* dans les pièces, *Opéra parlé* excepté, où les fantoches évincent les héros abhumanistes et où l'auteur cherche à faire rire par tous les moyens. Est-ce un hasard si le procédé est totalement exclu d'*Altanima* et de *L'Opéra du monde* ?

Il arrive aussi de transposer dans le champ du langage les notions baroques de déguisement et de métamorphose. Dans *La Brigitta*, l'homosexualité devient ainsi l'homorastie, par substitution au radical usuel d'un radical plus obscur. Le signifié se dissimule derrière un signifiant travesti que le contexte trahit. La déformation par substitution produit des vocables morphologiquement hétérogènes, tels « fourmisophie » et « paillosophie », que doit expliquer l'écuyer Hennoi. La juxtaposition de deux racines difficilement compatibles est un cas particulier de télescopage, procès langagier dont Audiberti est friand à l'instar de Fargue, Céline et autres grands créateurs de mots. Pomme confond drôlement mardi et madrigal en « mardrigal » ; estocade et estafilade se croisent pour former « estocaficade ». On signalera encore dans le même sens « butagacer », « mirlitonaire », « traficotage », « écribouiller », « intellectronique », « bourouflu » et « s'entrefiler ». « Noinesse » contamine savoureusement chanoinesse et nonnette. La déformation tantôt vise au calembour, tantôt cherche l'effet expressif. Transformer crapahuter en « crabepatter » réintègre l'anomie morphologique d'un signe argotique et introduit une image pittoresque. Le néologisme « canonical » qu'Audiberti forge en croisant « canonicat » et « canonial » (sans oublier l'ambivalent « canonique »), ne peut pas ne pas rappeler aussi le mot « canon » dont la polysémie s'adapte à merveille aux circonstances de l'action dramatique. Finalement les véritables inventions sont peu nombreuses. Il s'agit d'interjections à haut rendement comique : nifleninette, foutrefouillette, pristouille, chichemaille ou de reproduction onomatopéique comme « taquataquant ». Ziblume et taraillette sont éclairés par le contexte. Dans coufi-coufi et croufi-croumi, aucun référent n'est identifiable : les personnages s'amusent et l'auteur avec eux. Les harmonies imitatives n'ont guère tenté Audiberti, dans son théâtre du moins, mais il recourt volontiers au borborygme non lexicalisable, ainsi dans *La Fourmi dans le corps* et *Pomme Pomme Pomme*.

Pour conclure sur ce point, la dilatation du vocabulaire audibertien provient essentiellement des emprunts et des calques, c'est-à-dire de l'expérience linguistique de l'auteur, et secondairement de la production néologïque, donc de l'imagination linguistique du poète. Audiberti puise à divers lexiques, étend l'emploi des mots plus qu'il n'en forge d'inédits. Il manie avec souplesse une langue accueillante et ouverte, mais manifestement contraint sa verve, encore qu'il faille nuancer ce dernier jugement et tenir des phases que l'on distingue dans sa production. En résumé, l'abhumanisme linguistique se réduit à l'irruption sur la scène du langage populaire — argot, patois — et des modes populaires de création verbale. L'art d'écrire d'Audiberti l'apparente à un mosaïste, comme lui-même l'a justement constaté (43). On ne doit pas surestimer la part de la cérébralité dans un lexique personnel qui traduit moins une volonté prométhéenne de changer le monde (l'auteur y a-t-il jamais cru ?) que l'influence des parlers familiers. Audiberti se met en scène et en mots dans son théâtre. Mieux conseillé, il aurait pu être le grand dramaturge populaire de l'après-guerre : son langage en tout cas l'y prédisposait.

En quoi ce vocabulaire dont on vient d'étudier les grandes catégories lexicales mérite-t-il l'appellation de baroque ? D'Aubigné et Du Bartas n'ont pas le monopole de l'expérimentation verbale. Aux XIIᵉ, XVIᵉ, XIXᵉ et XXᵉ siècles, la langue française a été renouvelée, diversifiée et dilatée. On sait dans cette perspective l'importance de *La Chanson de Roland* et de la Pléiade. Pourtant, on ne doit pas négliger un fait capital : jusque vers 1650, le français est encore jeune et proche de ses sources, les mots techniques et dialectaux y pénètrent sans cérémonie ; sur un terreau mal tassé, le néologisme s'acclimate, s'enracine et fructifie. Après cette date, les grammairiens épurent et stabilisent la langue, la soustraient aux contingences historiques et aux innovations dialectales ou professionnelles. L'usage démotive le vocabulaire ; le français « cultivé » est désormais enserré pour longtemps dans un carcan de lois conservatrices que s'efforceront de forcer les réformateurs modernes. Balzac, Huysmans, Moréas doivent vaincre la résistance du conformisme lexical. Hugo se proclame ironiquement « le dévastateur du vieil ABCD » et déclare pompeusement : « Je mis un bonnet rouge au vieux dictionnaire ». Ce à quoi Audiberti répond froidement dans une lettre non datée à J. Paulhan : « Il n'avait mis le bonnet rouge à rien du tout ». Sa démarche, de fait, est plus stylistique que cognitive. Artaud, Michaux, au contraire, se veulent les prospecteurs de l'innommé. L'action sur le langage n'est pas séparable de l'action sur le monde. Influencé qu'il est par et Hugo et Mallarmé et les surréalistes, Audiberti se situe à l'intersection des deux traditions. Son souci de démultiplier, de moderniser le lexique, l'apparenterait aux réformateurs, son abhumanisme aux aventuriers du verbe. Sa philosophie du langage est trop ambiguë pour qu'on puisse trancher. Le poète a la nostalgie de l'ancien français, de la langue qu'écrivaient Villon, Rabelais, d'Aubigné. Pour lui, malheureusement, Vaugelas vint et après lui Boileau et les classiques qui éloignèrent l'écriture littéraire du parler des crocheteurs. C'est pourquoi il exploite toutes les brèches du code, toutes les virtualités de l'idiome héréditaire.

La procédure de dénomination qui est en cause ici, répond à une triple fonction : désigner un objet, une idée, une chose (fonc-

(43) *La Pluie sur les boulevards*, p. 22.

tion notionnelle, cognitive ou, si l'on veut, sémantique), renseigner
sur l'identité, l'origine ou la psychologie du locuteur (fonction
extranotionnelle expressive), enfin produire un effet sur l'allocuteur
ou l'auditeur (fonction extranotionnelle impressive). Le langage
scientifique privilégie la première fonction à l'exclusion des deux
autres. Dans la conversation quotidienne, les sujets parlant concilient consciemment la première et la deuxième, inconsciemment
la première et la troisième selon des modalités variables. L'écriture
littéraire, dans la mesure où elle introduit la notion de style, renforce la deuxième et la troisième aux dépens de la première. Le
théâtre et le baroque, qui révèlent là leurs affinités incontestables,
visent encore plus à la révélation expressive et à l'effet impressif.
En ce sens, le langage d'Audiberti est fortement imprégné de baroque. Le dramaturge utilise la matière phonique des mots pour faire
communiquer ses personnages, mais de surcroît, il prend un malin
plaisir à rompre les conformismes lexicaux et phonétiques, en
multipliant les intrusions hétéroclites et les écarts stylistiques. Le
point commun des dialectalismes, des argotismes, des mots étrangers,
des sabirs et des néologismes consiste dans une déviation inattendue
par rapport à la norme usuelle. La fantaisie verbale d'Audiberti se
rapproche de celle des préclassiques étudiés par Robert Garapon
dans la mesure où elle recherche un fort rendement expressif et
impressif. Son baroquisme a peu à voir, au théâtre, avec l'hermétisme raffiné d'un Gongora ou d'un Marino ; il s'apparente plutôt
à la vigueur populaire de Rabelais, à la verve puissante d'Agrippa
d'Aubigné, mieux encore à la gouaille débridée de Scarron. Pourquoi
n'a-t-on jamais rapproché Audiberti de l'auteur du *Roman comique* ?

ANNEXE

Les créations verbales dans le théâtre d'AUDIBERTI.

L'Ampélour : pantailler, patafar.

Quoat-Quoat : charentonesque, taraillette, ziblume.

La Fête noire : claveller, coufi-coufi, escourche, fougassette, guse,
mangeresse, picoussin, rabatton.

Le mal court : fricoteur, roucoulante, tsaritsa.

Les Femmes du Bœuf : maquerel, pastre-en-bringue.

Pucelle : artisterie, berdouille, clergerie, confitureux, cornemusier,
croufi-croumi, démangeouille, drolichailler, écornouiller, enfluré,
s'entrefiler, faignantasse, fenouilli, ferloquer, fourmisophie, fro-
magité, guérisserie, laboureux, luxembourgeoisieau, merdoiement,
médicamenteux, mueuse, noctambuleuse, oungrien, paillosophie,
poitrineur, pourquoiser.

Les Naturels du Bordelais : claironnage, déchard, découillous, grillonner, laryngito-philosophique, mignonnasse, mistenflute, pourlèchement, traficailler.

Le Cavalier seul : bafumet, chouquette, s'enfluer, exerciseur, mahométaille, riquimpette.

Les Patients : chromatisant, crotte trottin, frelucaillon, nifleninette, pécolle, taquataquant, tourbichonner.

Le Ouallou : amandon, barjoquer cagole, chiquard, chloffer, comméreux, enfléchure, labourateur, malèche, surmec, taffanary.

Opéra parlé : baladiner, bambinette, buissonner, cognasse, faribolette, fiérote, licornifler, nonnaille, putanat, salamandrer, topecurette.

La Logeuse : crottouillette, plumardscope.

Cœur à cuir : chrétiennerie, gendarmaille, pastécon, parcheminerie.

Le Soldat Dioclès : architonnerre.

La Mégère apprivoisée : balagouin, bordelier, capitanissimo, catherineux, crapulasse, floconnerie, se gendarmiser, macarel, pristouille, verse versa.

L'Effet Glapion : archi-fatal, bijouter, butage, bourouflu, cagarelle, descarguer, dinderon, enfiellé, glapionnage, glapionner, glapionneur, goldium, gorgerin, pouelle, poutine, raquetage.

L'Armoire classique : butagacer, chevaliner.

La Fourmi dans le corps : cacaomane, chattemenue, canonical, chanoiniser, chauviner, chichemaille, connétablat, s'enfarfouiller, ennuageur, fouterie, froussaille, gonflu, grangogner, noinesse, nouvelette, pleintue, paysannasse, porcailler, pouponnet, prétentaille, sapinet, sotiot, trémouloir.

Pomme, Pomme, Pomme : anschlousser, blondineau, chantonnailler, cosmonaval, dansoter, desappesanti, frelucher, gourdifloterie, foutrefouillette, hydroporphyre, intellectronique (ment), japinoter, plurimétrique, phosphatiné, probabilitaire.

Bâton et ruban : chamillardaille, écribouiller, glasouiller, vachard, gonfluré, vaubaniser.

Boutique fermée : bricum-à-bricus, crabepatter, embrouillasser, magnitogorsque, tantiflerie.

La Brigitta : boquillonné, carbogazeux, chameaubélière, fourmicouillant, foxer, homorastie, mesméroscope, movietoner, rabibochage, traficotage, tremblouille, urinateur, zanucker.

La Guérite : compositer, crapulon, estocaficade, se guériter, plumasserie.

La Guillotine : bader, balourdingue, bizoir, branlailler, cagagne, coupabilité, crépinette, enrocailler, esparliquer, estramaquer, flottailler, frottasser, jeandouille, jeandouillerie, mange-merde, mirlitonaire, mouchardière, parpagnasserie, pastisser, pastrouiller, rafitaille, ravaille, rigoleux, salsifier, substanter, tièdasse, trombonaille, vice-versant.

L'Opéra du monde : guerrerette.

La Poupée : emmanguer, emmangueuse, emmieller, enrageur, glandineau, hyperphénoménal, nigaudème, moucara, ouracourou, transgénital.

CHAPITRE XV

LE HASARD OU LA NECESSITE

> « Ils ne cessent pas, les mots, de
> se faire adopter, martyriser, plé-
> bisciter. » (*Les Enfants naturels*,
> p. 12.)

Armand Robin écrivait d'Audiberti : « Il déferle en océanesques
tumultes et le poème n'est « un » que comme est « une » la gorge
puissamment rumoreuse des vagues, « une » d'une unité déchirée,
à l'infini émiettée (...). Ici et là, sur les flots verbaux, des blocs de
fermes mots. » (1). L'image poétique, si suggestive soit-elle, est trop
imprécise pour qu'une science de la littérature s'en contente. Il
convient donc de se demander selon quelles procédures stylistiques,
partant linguistiques, s'organise dans les textes dramatiques la
faconde de l'écrivain. L'écriture, la langue, le style, de quelque nom
qu'on l'appelle, constitue une totalité, un système concerté dont le
lexique, précédemment étudié, n'est qu'un élément parmi d'autres.
De fait, la liberté à laquelle aspire un littérateur s'exprimera moins
dans l'éclatement, par force limité, de son lexique personnel que
dans la combinaison des mots en syntagmes inédits et en énoncés
inattendus. La copia verborum audibertienne résulte-t-elle du hasard
ou d'une nécessité ? En d'autres termes, peut-on mettre en évidence
des lois compositionnelles, des constantes stylistiques, des procédés
rhétoriques ?

Audiberti a toujours repoussé vigoureusement les accusations
de galimatias, de délire, de verbosité. « Je ne comprends pas,
déclare-t-il à G. Charbonnier, pourquoi on me taxe sans cesse d'intem-

(1) Armand Robin : « Audiberti : Rempart ». *La nouvelle N.R.F.*, n° 16
(1.4.1954). p. 519.

pérance verbale, voire de logomachie, alors que, quand j'écris, je n'ai vraiment d'autre soin et d'autre souci que d'employer les mots les plus exacts, en m'efforçant de les faire coïncider avec ce que je peux avoir de pensée » (2). Cette recherche obstinée du mot juste, de la pertinence sémantique, laisse perplexe : est-ce l'auteur de *La Brigitta* qui parle ou le poète de *Race des hommes* ? L'alternative peut se formuler ainsi : Audiberti se laisse-t-il emporter au gré d'une inspiration désordonnée ou médite-t-il soigneusement chaque réplique ? Le peu que l'on sait sur la fabrication de ses pièces incite au scepticisme. Ses meilleures, *Le mal court*, *Le Cavalier seul*, furent écrites en quelques jours ; *Quoat-Quoat* et *La Fête noire* sont manifestement travaillées ; mais que dire des comédies de la dernière période ? L'auteur, omniprésent dans son œuvre, y extériorise ses angoisses, transpose ses obsessions, mais surtout prête à ses créatures sa propre parole démultipliée. Il écrit comme il parle. Sur ce point tous les témoignages concordent. Voici celui de Henri Mondor : « Ceux qui ont eu, plusieurs fois, la bonne fortune de s'asseoir, pendant deux heures, à la même table que Jacques Audiberti ont peut-être été les mieux préparés à prendre la mesure de son génie. Jamais improvisation moins douteuse, spontanéité moins surveillée, richesse aussi prodigue. Pour l'interlocuteur, cent rires hauts, entre les extases de l'éblouissement. Sa fougue, son impétuosité restent éloquentes et l'éloquence, quelque volubilité qu'elle s'accorde, quelques trésors verbaux qu'elle entraîne, se donne imperceptiblement le temps des idées inédites et des rythmes inventés » (3). Audiberti aime, en méditerranéen, discourir longuement et à bâtons rompus. Sa volubilité est déjà théâtrale ou, si l'on préfère, théâtralisable. De vastes fragments des *Entretiens avec Georges Charbonnier*, mieux encore de *L'Ouvre-Boîte*, auraient pu s'insérer tels quels dans ses pièces. R. Kanters a heureusement souligné cet aspect du baroquisme d'Audiberti : « Il vivait émerveillé et perspicace, trouvant dans chaque minute de la vie ce qu'elle avait de mieux, ce qu'elle avait d'admirable, puis trouvant les mots pour le dire et nous faire partager son émerveillement. Ce qui risque de déconcerter celui qui s'approche de son œuvre, c'est son ambition de tout dire, ou plutôt de dire tout et presque à la fois. Dans un roman, dans un poème, mais déjà dans une page de vers ou de prose, il ne se résigne jamais à découper la réalité porteuse de révélation selon des méthodes conventionnelles, à isoler une situation, à suivre un personnage, à servir une tranche de vie bien nette. Déjà, il a saisi d'autres échos, d'autres allusions, d'autres rapports, il les dit, il relie au lieu d'isoler, il enrichit tout de tout ce qu'il trouve dans une culture omnivore. Il ne tranche qu'à regret et le plus loin possible

(2) *Entretiens avec Georges Charbonnier*, p. 85.
(3) Programme du *Mal court* (Théâtre La Bruyère, 1955).

les fibres qui font de toute la réalité vivante un seul tissu offert à la compréhension de l'homme » (4). Cette analyse conviendrait aussi à Saint-Amant et Montaigne qui font peu de cas des lois organisatrices du discours.

R. Kanters écrit dans le même article : « Son œuvre est une œuvre parlée, non point qu'il se laisse aller au flux verbal, à la dictée intérieure, au contraire il savait limer, raboter patiemment les mots, pour leur donner le plus d'efficacité possible, mais ce qu'il écrit conserve l'accent et le mouvement de la parole vivante » (4). Jean Paulhan, l'ami fidèle, écrit dans le même sens : « Il a trop à dire, il est étouffé par tout ce qu'il lui faut dire (...). Jugez de sa joie le jour où il a imaginé de confier, entre vingt personnages, à l'un le profil gauche, à l'autre le profil droit, à celui-ci la petite algue, à celui-là le pli de sable : bref à faire une pièce de théâtre » (5). De fait, les personnages d'Audiberti donnent souvent l'impression moins de dialoguer que de discuter. L'action dramatique de ses comédies boulevardières est étouffée par leur bavardage intarissable. L'exposition des *Naturels du Bordelais* s'étend sur presque tout le premier acte, celle de *Pomme Pomme Pomme* sur une bonne vingtaine de pages interminables où surnagent çà et là quelques allusions furtives à la Genèse. Les divagations verbeuses obscurcissent la trame mythique des pièces en question. L'efflorescence des conversations dénote un parti pris d'inachèvement que l'on retrouve dans les romans, sauf peut-être *Le Maître de Milan*, *La Poupée* et *Infanticide préconisé*. Audiberti se refuse à élaguer, à trancher dans le vif des répliques, à sacrifier les longueurs inutiles. Les metteurs en scène des *Naturels du Bordelais* et de *La Fourmi dans le corps* en firent l'expérience. Or l'inflation des propos incongrus contribue fortement à la dispersion de l'intérêt analysée précédemment : l'attraction du spectateur se relâche. On est alors bien loin de l'extrême tension des premiers poèmes.

La prolifération du bavardage oiseux est indissolublement liée à la multiplication des fantoches ; la parole — Jung l'a montré dans *Métamorphoses et symboles de la libido* — est assimilée bien souvent à la puissance sexuelle, le verbe à la semence (d'où le titre *Des Tonnes de semence*). Or, les grotesques semblent souffrir d'une incapacité congénitale à raisonner ; ils ne savent ordonner leur discours selon des lois compositionnelles strictes. Leurs phrases, leurs idées se développent par bourgeonnement, par mouvements tourbillonnaires. Le boniment de la mère de Guy-Loup, de Mme de Concourt, de Dadou relève d'un ordre biologique, végétal plus que

---

(4) Robert Kanters : « Il vivait émerveillé et perspicace ». *Le Figaro littéraire*, n° 1004 (15-21.7.1965), p. 3.
(5) Jean Paulhan : Présentation d'Audiberti. *Théâtre vivant*, cahier n° 1 (automne 1962).

d'un ordre rationnel. Leurs phrases s'enflent et s'éparpillent en syntagmes coordonnés de façon très lâche. Ainsi, Vévette vient de demander à Dadou quel bénéfice financier il tire de ses chansons. « Des projets, lui répond-il. Des projets, ma chérie, des tas de projets (...). Tiens ! Que je parvienne à toucher un éditeur, celui dont nous a parlé la boulangère, mais auparavant il faudra la régler celle-là, il n'y a pas plus auvergnat ! Sa fille travaille chez lui, chez l'éditeur, dans les paquets, j'exige un tirage pour commencer, de trois cent mille mètres de ruban magnétique bleu ciel, carrément, sauf que cet éditeur hésite à se lancer dans l'inconnu, dans l'inconnu qui désire, lui, qu'on le lance, auquel cas je fonde ma propre société, pour peu, naturliche, que je trouve le temps de m'inscrire au chômage, la mairie, après tout, n'est jamais qu'à cinquante mètres, d'où, si je les ajoute au trois cent mille de tout à l'heure et supposé qu'on me verse à la mairie un certain nombre de trimestres rétro-actifs, la possibilité d'un apport substantiel et positif de l'ordre de... je ne sais pas... quelques sachets de boules de gomme » (6). La cons-truction textuelle classique, on le sait, se définit par sa clôture : chaque élément du discours n'a de signification que par son inser-tion dans la totalité normalisée d'une progression logique. A cette forme fermée — discours ou phrase — on oppose, de Wölfflin à Umberto Eco, une forme ouverte, baroque. « Il y aura forme ouverte quand l'œuvre s'extravasera pour ainsi dire en tout sens, impatiente de toute limitation » (7). La tirade de Dadou se compose d'une seule phrase qui se charge constamment d'éléments superflus, autonomes, extérieurs à l'action scénique et sans rapports avec la question de Vévette. Ces éléments brisent le rythme, rompent le fil du discours. Pareilles « sautes de verbe » (8) s'apparentent aux colla-ges et à l'écriture automatique surréalistes. Une idée en suscite une autre, un mot en appelle une foule d'autres par libres associations digressives à partir d'un noyau originel. En voici encore deux exemples, toujours tirés de *Pomme Pomme Pomme* :

> « Quiconque fréquenta l'école, fût-ce trois jours, sait comment on appelle l'eau dans les manuels de chimie, cette chimie de Lavoi-sier qui, bien que de toutes parts cernée et dépassée, tient toujours comme la citadelle de Liège, jadis, devant Von Kluck. »
> « Ah ! J'allais oublier... Une cuiller de bois, pour tourner la sauce des moules, j'en ai vu chez Rhamsès, à vous couper le souffle, faubourg Saint-Honoré, les Malgaches s'en servent pour étaler le fard sur les lèvres des morts. » (9)

Alors que chez Saint-Amant par exemple l'ouverture du discours se révèle à l'analyse un mode de structuration occulte et efficace,

(6) *Pomme Pomme Pomme. Op. cit.*, p. 20.
(7) Wölfflin : *Principes fondamentaux de l'histoire de l'art*, p. 136.
(8) André Pieyre de Mandiargues : Préface à *Race des hommes*, p. 10.
(9) *Pomme Pomme Pomme. Op. cit.*, pp. 33 et 34.

dans le cas présent, elle est le fruit d'un laisser aller, d'un effritement des cadres syntaxiques qui ni mérite pas l'appellation de baroque. Les comparaisons saugrenues, les anecdotes déplacées, les généralités plates, les tautologies oiseuses, les calembours hasardeux relèvent d'une esthétique où le coq-à-l'âne approximatif tient lieu de transition logique. De semblables « déraisonnements » étaient sanctionnés dans *En attendant Godot* par l'écroulement physique de Lucky. Les fantoches d'Audiberti ont plus de chance ; écartelés entre leurs idées fixes et leur désordre intellectuel, ils s'en tirent en disant n'importe quoi. Telle est la rançon de la disparition des héros abhumanistes : dans la satire des mythologies bourgeoises s'enlisent les meilleurs idées dramatiques.

L'auteur pourtant est capable, lorsqu'il le veut, de faire effort sur lui-même, de contrôler, de canaliser son exubérance langagière grâce à une rhétorique très sûre. Si les discours des fantoches boulevardiers sont hachés, concassés, dans les pièces du cycle abhumaniste le style dramatique d'Audiberti témoigne d'une incontestable maîtrise. Mgr de Morvellon possède l'éloquence somptueuse d'un sermonnaire baroque, toute en méandres, périodes et arabesques. L'emphase du discours en respecte la coulée linéaire. Il est parfois malaisé dans *La Fête noire* comme dans *Cent Jours* de scinder les phrases tant les propositions subordonnées y sont soigneusement imbriquées les unes dans les autres par une syntaxe remarquablement ferme. Le capitaine de *Quoat-Quoat* donne aussi à ses répliques une ampleur puissante qui apparente Audiberti aux plus grands prosateurs :

> « Monsieur, un navire est un monde. Quand il marche, comme celui-ci, en même temps à la vapeur et à la voile, qu'il tire sa force et sa vitesse, non seulement de son propre fond, mais encore d'une influence extérieure, et qu'il utilise ainsi deux ordres de puissance qui pourraient être antagonistes l'une à l'autre et qui, en tout cas, diffèrent étrangement, par leur substance et leur procédé, on ne peut qu'admirer l'utilité, je dirai plus, la majesté, oui la majesté des formules qui consignent les théories mathématiques dont l'application judicieuse aboutit à l'assiette de ce navire, à sa vélocité, à son existence même. » (10)

Amédée de même distend ses phrases, ce qui lui vaut la remarque ironique de Clarisse : « Respirez... La phrase part pour être longue... Respirez » (11). La parole, en apparence débridée, est donc en l'occurrence minutieusement concertée. « Ça retombe toujours sur ses pieds, comme de l'algèbre de salon » (12). L'éloquence toute traditionnelle d'Audiberti témoigne d'un talent varié, même si elle

---

(10) *Quoat-Quoat. Op. cit.*, p. 17.
(11) *Ibid.*, p. 30.
(12) *Pomme Pomme Pomme. Op. cit.*, p. 83.

nuit parfois à la théâtralité du dialogue, surtout dans *Quoat-Quoat* et *La Fête noire* où l'inexpérience dramatique de l'auteur est patente.

Audiberti sait rendre ses dialogues nerveux, incisifs grâce aux instruments de tension consacrés que sont notamment le procédé itératif et la sentence. Corneille d'une part, Molière de l'autre, aiment à répéter les mots, syntagmes ou courtes phrases à des fins, qui d'insistance pathétique, qui d'expressivité psychologique et comique — Qui ne garde en mémoire le « sans dot » d'Harpagon et le « Rome » de Camille ? Pomme oppose avec une véhémente obstination le nom de Malakoff, symbole de ses origines plébéiennes aux rêves éveillés de l'inconstant Dadou comme un rappel à l'ordre des réalités. Le mot « mardrigal » joue plaisamment le même rôle peu après. Dans une perspective différente, Mirtus ne se soucie de délivrer le Saint-Sépulcre qu'au moment où le prêtre prononce ces mots : « Il y a quelqu'un. », que répètent la mère et le chœur des enfants. Il suffit qu'il soit précisé : « Il y a quelqu'un dans un tombeau. » pour que Mirtus s'engage dans la croisade. « Il y a quelqu'un dans un tombeau. Vous partirez avec l'armée occidentale » (13).

La sentence chère à Corneille, Rotrou et Molière est un instrument éprouvé de condensation dramatique dont les auteurs classiques raréfieront l'usage. J. Scherer la définit comme un énoncé de portée générale, formulé de façon nette et vigoureuse et qu'aucun lien grammatical ne relie à son contexte. L'adage, la maxime et le raccourci fulgurant entrent dans cette catégorie rhétorico-stylistique dont voici quelques exemples chez Audiberti :

> « La chair est la peine de l'âme mais elle en est la récompense. »
> « L'opportunité gouvernementale appareille le masculin au féminin sans se soucier des sentiments individuels. »
> « Les frontières sont faites pour qu'on les saute. »
> « Dieu vient à l'homme par la femme. » (14)

La sentence s'insère dans le flux du discours ou bien rompt le cliquetis des répliques. On le distinguera des mots d'auteur, grammaticalement liés à leur contexte :

> « Notre loi constate l'inévitable et s'efforce de l'endiguer. » (15)

et des condensations métaphoriques ou dramatiques du dialogue :

> « Aldine. — Vos yeux sont aussi beaux que le lac.
> La Hobereaute. — Mes yeux sont le lac. »

(13) *Le Cavalier seul*, pp. 57-60.
(14) *Quoat-Quoat. Op. cit.*, p. 36 ; *Le mal court. Ibid.*, pp. 161 et 174 ; *Le Cavalier seul*, p. 175.
(15) *Le Cavalier seul*, p. 200.

« Lotvy. — Qui êtes-vous ?
La Hobereaute. — Je suis ta douleur désormais. » (16)

Jamais Audiberti n'a été aussi proche d'une parole pure, débarrassée de sa gangue rhétorique que dans *Opéra parlé*, où la phrase se contracte en propositions indépendantes et elliptiques souplement coordonnées :

« Après la forêt, la route. Après l'étoile, l'église. Après la fille, la femme. »

« Les tables profondes se sont prononcées. Tu dois rentrer dans le troupeau. Un homme, ici, ce soir, viendra, il t'épousera. » (17)

Le recours aux proverbes s'inscrit dans la même pratique. Certains personnages d'Audiberti aiment à forger des devises, citer des dictons, c'est-à-dire intercaler dans leur discours des segments qui ne leur appartiennent pas en propre. Ainsi :

Joannine. — « Où il y a une fille, il y a un chemin. »
L'Homme. — « La pierre roule mieux quand la pente est plus forte. »
Jacques Cœur. — « Autant se taire que dire et ne point faire. » « En close bouche n'entre mouche. »
Marcelle. — « Avoir, c'est devoir. » « A joie sans fin succède fin sans joie. »
Pilar. — « Planque en Suisse, le diable te le rendra. »
Terremoche. — « Quand l'animal commence à refroidir, les moustiques font place au vautour. » (18)

Le procédé est caractéristique. La locution proverbiale est en effet un système de signification clos sur lui-même, partant un instrument de tension particulièremet efficace du fait de sa cristallisation. Sa substance est une vérité d'expérience, intemporelle, comme les aime le bon sens populaire et qui se fixe en une forme lapidaire et piquante. Les adages d'Audiberti ne se différencient guère par leur contenu, fort banal, des truismes qu'aiment ses fantoches. Leur forme toutefois mérite un arrêt. Greimas situe la spécificité du proverbe dans une modulation rythmique binaire (19). Cette structure de base est mise en valeur par des répétitions de mots, des rimes, des assonances et par la non-observation de l'ordre conventionnel des mots. La virtuosité du pasticheur éclate quand il déforme plaisamment, à des fins comiques, une locution existante : « Un bon tiens vaut mieux que deux tu-l'as-z-eu. » (20).

---

(16) *Opéra parlé. Op. cit.*, pp. 120 et 121.
(17) *Ibid.*, pp. 113-114.
(18) *Pucelle. Op. cit.*, p. 150 ; *Le Cavalier seul*, p. 186 ; *Cœur à cuir. Op. cit.*, pp. 21, 22, 34 ; *La Brigitta. Op. cit.*, p. 203 ; *La Poupée*, p. 77.
(19) A.-J. Greimas : « Idiotismes, proverbes, dictons ». *Cahiers de lexicologie*, n° 2 (1960), pp. 41-61.
(20) *L'Effet Glapion*, p. 221.

Faut-il voir là un trait baroque ? Vers 1640, l'usage des proverbes classait qui s'y adonnait comme ignorant du beau langage. Adrien de Montluc, un peu plus tôt, avait écrit *La Comédie des proverbes* où l'autonomie des adages se fond dans la coulée des dialogues dont ils forment l'unique substance. Les phrases toutes faites préexistent aux personnages alors que d'ordinaire se produit l'inverse. Audiberti n'a connu ni la pièce ni la figure pittoresque du comte de Cramail auquel s'intéressèrent Tzara et Iliazd. Mais plusieurs écrivains proches de lui ont traité des dictons. J. Paulhan, qui avait collaboré à l'éphémère revue *Proverbe*, publie en 1925 *L'Expérience du proverbe* ; B. Péret, associé à P. Eluard, fait paraître la même année *152 Proverbes mis au goût du jour*. Or, c'est précisément à cette date qu'Audiberti fait la connaissance du premier. Sa prédilection pour l'adage populaire s'enracine donc plutôt dans la mouvance surréaliste.

On rencontre donc dans les dialogues d'Audiberti à la fois des raccourcis nets et des excroissances verbeuses. Le cadre rhétorique ne sufit pas à unifier son style. La notion d'abondance qui est restée jusqu'ici sous-jacente est en effet imprécise, donc difficilement opératoire. L'accumulation verbale (Worthaüfung) est pour Hatzfeld un indice discriminant du baroque littéraire. Saint-Amant et d'Aubigné (après Rabelais) aiment à entasser des verbes, adjectifs, substantifs et syntagmes que relie une même fonction syntaxique dans un contexte donné. Audiberti, comme Céline, multiplie les variations sur ce tour de style. Une cascade d'injures, pensent ses héros, vaut mieux qu'une seule :

> « Crétinos de crétinoff de crétinus d'enfant gâté, gâteux, le bêta, le crétin ! Pourquoi l'ai-je laissée partir, pourquoi ? Quel idiot ! Quel crétin ! »
>
> « Les caniches, les cobras, les canards pourris, les zébrés, les maudits ! »
>
> « Vampire ! Abrutie ! Indigène ! Chapeau melon ! » (21)

La violence d'un dépit, l'intensité d'un ressentiment, une grossièreté instinctive ne peuvent expliquer convenablement ces rafales d'injures pittoresques et sonores. Leur expressivité psychologique est seconde par rapport à leur jeu phonétique. Parfois Ionesco semble prendre le relais de d'Aubigné, comme par exemple dans cet extrait des *Patients* où deux généraux s'affrontent en une joute homérique et burlesque :

> « Houg. — ...les types de l'autre bord sont des serpents...
>
> Houm. — ...des chiens... des vautours...
>
> Houg. — ...des alligators... des kafkas... » (22)

---

(21) *Pomme Pomme Pomme. Op. cit.*, p. 44 ; *La Brigitta. Ibid.*, p. 191 ; *La Poupée*, p. 13. Etc.

(22) *Les Patients. Op. cit.*, p. 237.

La pièce est de peu postérieure à *La Cantatrice chauve* et à *La Leçon*, deux pièces qu'avait aimées Audiberti. Les invectives échangées sont autant de projectiles qui transforment les personnages en pantins, en guignols. Le duel oratoire cristallise dramatiquement la symétrie, mieux l'intermutabilité des deux fantoches. Ionesco ne procèdera pas autrement dans son *Macbett* dont le nihilisme politique rappelle celui des *Patients*. L'aspect ludique de semblables joutes est souligné dans *La Mégère apprivoisée* où Catherine et Petrucchio s'affrontent périodiquement en une sorte de rituel agonistique, cathartique et guerrier (23). La verve de l'auteur s'exerce également dans des interjections épico-comiques où la créativité néologique et la quête des associations inédites se mettent au service de la spontanéité effervescente des personnages. Voici quelques expressions particulièrement savoureuses :

« Sabrefeu ! Sabrefeu de champois ripette ! »
« Quelle manade, sainte farine de la couenne d'une vache ! »
« Pute de carne de pipistrelle de la morgue ! » (24)

Les exclamations et apostrophes, on le notera, sont chez Audiberti — là est la différence d'avec Céline — rarement scatologiques et argotiques. Le patois patrial est souvent mis à contribution et plus fréquemment encore l'emphase emprunte la voie détournée de la métaphore poético-burlesque où l'on ne s'étonnera pas de la prévalence du registre animalier.

Les mêmes caractères se retrouvent dans les énoncés moins chargés d'agressivité. Les héros d'Audiberti aiment à décliner leurs titres (Dioclétien, Vauban, le colonel Prado Roth), énumérer leurs hauts-faits guerriers (Vauban), comptabiliser leurs conquêtes amoureuses (Guy-Loup, Félicien, Vauban) voire se glorifier de leurs mauvais coups (Glinglin, Estoril). L'accumulation verbale alors reflète l'esprit de parade qui fonde l'éthique baroque. L'être se justifiant par l'avoir, il n'est guère étonnant que Jacques Cœur veuille concrétiser son opulence — et son pouvoir — par l'achat de fiefs dont il énumère complaisamment la liste. Gilly, Pocopiano et même Massacre ne procèdent pas autrement. Dadou et Vévette envisagent ainsi leur future prospérité : « Nous les tenons, les diams, les yachts, les mas, les presbytères modernisés, les autogyres molletonnés, les moulins reconsidérés » (25). De l'inventaire on passe, toujours par entassement des signifiants, à une satire discrète de l'accumulation capitaliste dans *Cœur à cuir*, *La Brigitta* et surtout *La Poupée* où Pascual déclare à Mirt : « Vous, vous êtes les mines,

---

(23) *La Mégère apprivoisée*, pp. 127-128, 137 et 245 sqq.
(24) *Bâton et ruban*. *Op. cit.*, p. 140 ; *La Poupée*, p. 86 ; *La Mégère apprivoisée*, p. 268.
(25) *Pomme Pomme Pomme*. *Op. cit.*, p. 48.

la banane, le café, la morue » (26). On aurait tort cependant de chercher à tout prix une motivation critique à la Worthaüfung audibertienne qui résulte le plus souvent d'une expansion naturelle de la parole qui tend à irréaliser les signifiés accumulés.

> « Il a sur la conscience, pour faire un choix, la rentière de la Butte rose, le marchand de tapis de la place Grouchy, l'express de midi quatorze, l'avion du pacha du pétrole, les dentelles de l'abbé Gomme, trente ou quarante affaires de devises mal rimées, de voitures maquillées, de fausses traites des blanches, des noires, des premières communiantes, des batteuses mécaniques, des palmes académiques »
>
> « ... les rues latérales, collatérales, transversales et communiquantes. »
>
> « Nous, les invisibles promoteurs, nous ne débitons pas en gros la mitrailleuse et l'arbalète, la tisane des quatre voleurs et la pilule antibébé, la locomotive et la charrette à bras. » (27)

Il n'existe pas en l'occurrence de champ référentiel commun à l'ensemble des vocables entassés ; ceux-ci ne peuvent commuter dans un même contexte. L'inconséquence sémantique des signifiés crée une logique de l'absurde. Le fatras des mots signifie le chaos du monde, l'irrationalisme sans concession de l'auteur. A ce sujet, on songe immédiatement aux collages surréalistes d'objets hétéroclites, à la peinture contemporaine, de Picasso à Duchamp, à la musique de l'époque qui, loin de proscrire la dissonance, la cultive avec dilection. En seconde analyse, on pense aussi aux inventaires burlesques de Saint-Amant et à certains poèmes extravagants que cite André Blanchard (28). Quand la cohésion du discours signifie l'incohérence des choses, quand une figure ordonnée donne l'impression du désordre, on atteint au cœur de l'écriture baroque.

---

(26) *La Poupée*, p. 30.*Cf. Cœur à cuir*, pp. 37, 51, 61, 68 ; *La Brigitta*, pp. 202 et 226.
(27) *Le Ouallou. Op. cit.*, p. 177 ; *Les Naturels du Bordelais. Op. cit.*, p. 205 ; *Pomme Pomme Pomme. Op. cit.*, p. 95.
(28) André Blanchard : *Trésor de la poésie baroque et précieuse*, pp. 33-34.

Chapitre XVI

DE L'ABONDANCE

La phrase d'Audiberti, végétale, arborescente, se charge spontanément d'un poids superflu de qualificatifs, de substantifs répétés, de syntagmes erratiques, d'incidentes digressives. La démultiplication des épithètes l'apparente aux baroques Montaigne et d'Aubigné qui, comme l'a montré I. Buffum, aiment à entasser les adjectifs. La qualification ternaire est fréquente surtout dans les pièces postérieures à 1950.

> « ... le monumental, hégémonique et planétaire acolyte »
> « ... en dépit du caractère aride, économique, douanier de son objet »
> « Je ne parle pas du climat, sombre, grossier, rugueux »
> « ... Un soin unique, rectiligne, impérieux. » (1) Etc.

L'alignement des épithètes, anteposés ou postposés, juxtaposés ou coordonnés, transmet une information maximale et diversifiée en un minimum de mots. La compression de la qualification s'apprécie diversement selon le degré d'homogénéité sémantique des signifiés. Lorsque Mme de Concourt déclare : « Je vous présente Paulette Plumard. Plumard avec un D, la véridique, la fondamentale, la chameaubélière Paulette Plumard » (2), elle donne d'un coup l'identité, le domicile de l'héroïne, l'orthographe de son nom et rappelle que son existence fut contestée. De même, l'appariteur de *Cœur à cuir* décrit, à la manière d'un peintre, trait à trait en une longue phrase surchargée, le bœuf mis aux enchères ; Mme Cirqué l'asile où on va l'enfermer, son mari, les avantages de son hôtel, etc. La prose d'Audiberti est riche en adjectifs, souvent expressifs, où se concentre

---

(1) *Le Cavalier seul,* p. 85 ; *L'Effet Glapion,* p. 215 ; *Le Soldat Dioclès.*
Op. cit., p. 83 ; *La Fourmi dans le corps. Op. cit.,* p. 139.
(2) *La Brigitta. Op. cit.,* p. 245.

une information que les substantifs sont impuissants à communiquer. Accumuler les qualificatifs, c'est cerner les contours d'une chose, photographier verbalement un objet sous divers angles sensoriels. L'auteur y a recours pour rendre les odeurs, le vocabulaire français étant remarquablement indigent en la matière.

> « Ils collent leur odeur partout, cette libanaise, cette syrienne odeur d'huile, de cendre, de laine roussie. »

> « Cette odeur de fourneau, d'hôpital, de tombeau, je vais te dire, je l'entends avec mes narines, mais j'entends une odeur différente qui monte de plus en plus. La fraîcheur, la rosée, oui, la rosée de la jeunesse, les herbes, la tendresse, la rivière, le muguet » (3)

On a rarement noté l'attention minutieuse d'Audiberti aux odeurs, le flair presque animal de ses héroïnes. C'est la facette la plus originale d'un réalisme sensoriel particulièrement développé. La surcharge qualificative fait des chaînes de signifiants les comprimés allusifs des signifiés conformément au projet de *La nouvelle Origine*.

La pratique audibertienne de la qualification est caractéristique du style de l'auteur. En français moderne — c'est loin d'être le cas au XVIIᵉ siècle — l'adjectif épithète non-évaluatif se place le plus souvent après le nom qu'il qualifie, alors qu'en anglais et allemand il est obligatoirement antéposé. L'usage autorise l'antéposition des déterminants monosyllabiques. Audiberti généralise ce tour inhabituel. On lit par exemple dans *La Fête noire* « pédestre mortification », « diabolique étincelle de sa maudite singularité », « dévorante friandise », « extraordinaires services », « vénéneuse vapeur », « revêche salubrité », « pyramidal cocon », « nocturne triangle » et dans *La Fourmi dans le corps* « pontifical harem », « persévérante senteur », « monastique vœu », « indiscret voisinage », « irréprochable noirceur », « lubrique saturnale », « équivoques retours », « tortueux cheminements », « vivaces souris », « emblématique animal », etc. (4). Ce fait de style, encore mal étudié, constitue un écart typique de l'écriture audibertienne ; il témoigne d'un constant souci, archaïsant et poétique à la fois, de rompre le conformisme monotone du parler usuel. On peut y voir un résidu de la syntaxe torturée des premiers poèmes et le cas particulier d'un ordre des mots assoupli. En tout cas, déplacer un déterminant équivaut à le mettre en valeur comme s'il aspirait au rang de déterminé. Ce transfert non morphologique de catégorie lexicale est facteur de surprise, il est conforme à l'esprit du baroque.

L'entassement de verbes d'action simplement juxtaposés est un autre tour cher à d'Aubigné et Corneille — qui ne se souvient du

---

(3) *Le Soldat Dioclès*. Théâtre, t. IV, p. 118 ; *La Logeuse*. Théâtre, t. III, p. 44.
(4) *La Fête noire*. Théâtre, t. II, pp. 49, 60, 78, 88, 89 et 90 ; *La Fourmi dans le corps*. Théâtre, t. IV, pp. 138, 139, 144, 145, 157, 158, 198 et 217.

célèbre « Va, cours, vole et nous venge » de Don Diègue ? —. Audiberti, lui, fait exprimer la violence lapidaire d'un ordre — « Frappe.
Viole. Pille. Tue. » —, une succession accélérée d'actions, c'est-à-dire
le mouvement — « Il m'a fallu le défaire, le refaire, le crever, le
déplumer, le découdre, le recoudre, le retaper. » — ou le crescendo
d'une insistance pathétique — « Donne-moi, prête-moi, afferme-moi
ta bouche. » (5) Parfois aussi, il stylise un comportement — « ... tous
ces polichinelles paradant, rampant et trépidant autour de ma
sœur. » — ou démultiplie un percept pour en mieux restituer les
nuances — « Vous l'entendez crier, miauler, ronfler, rugir » (6).
L'accumulation verbale est alors un procédé énergique de condensation qui insère dans la phrase de minuscules fragments diégétiques.
Si surcharge il y a, elle n'est donc pas inutile, purement, décorative,
mais s'intègre au fil du discours. L'esprit de l'architecture baroque
est là aussi respecté.

Il est cependant des entassements de substantifs, de verbes ou
de qualificatifs que l'on peut difficilement dire informatifs. La
Worthaüfung est alors abondance désordonnée, immotivée. On a
souvent remarqué, pour s'en réjouir ou s'en irriter, le goût « baroque »
d'Audiberti pour les jeux homophoniques. L'accumulation verbale
permet toutes sortes d'acrobaties phonétiques — et Dieu sait si
l'auteur en raffolle :

> *Allitérations.* — « Il m'a buissonné... baladé... baladiné. »
> « Tout lui paraît fameux, facile, fabuleux. » (7)
> *Assonances.* — « Tous promis à la dysenterie, à la paraplégie,
> à la criminologie. »
> « ... la philosophie, l'apostasie et la saloperie. »
> « ... des monastères, des ministères, des presbytères, des cime-
> tières. »
> « Farineux ! Pustuleux ! Scrofuleux ! »
> « Dans les veines, j'ai du safran, du piment et de l'ouragan. »
> « Je la roustis. Je l'engloutis. Je la congédie. Je la pétrifie. » (8)

On remarquera que la plupart des assonances s'appuient sur
les formants suffixaux. Allitérations et assonances, bien sûr, se
combinent.

> « ... poitrines de veau, poireaux, pois cassés. »
> « ... mes salades, mes salades, mes pommades, mes branda-
> des. » (9) Etc.

La répétition étourdissante des phonèmes ou des syllabes produit un effet d'allégresse communicative. L'auditeur perçoit un

(5) *La Mégère apprivoisée*, pp. 251 et 154 ; *La Fête noire. Op. cit.*, p. 25.
(6) *La Mégère apprivoisée*, pp. 83 et 137.
(7) *Opéra parlé. Op. cit.*, p. 156 ; *La Mégère apprivoisée*, p. 34.
(8) *Le Cavalier seul*, pp. 90, 114 et 150 ; *L'Effet Glapion*, p. 201 ; *La Mégère
apprivoisée*, pp. 56 et 161.
(9) *Pucelle. Op. cit.*, p. 115 ; *La Brigitta. Op. cit.*, p. 246.

rythme, la signification des mots importe peu : il rit de la manière
dont ils s'attirent, se heurtent, s'engendrent, dégagés des servitudes
ordinaires de la communication. « Les mots, déclare un personnage
de *Pomme Pomme Pomme*, s'appellent entre eux dans nos méninges
comme dans les catacombes les égoutiers » (10). Ce court extrait
des *Patients* va le montrer de façon éloquente :

> « Houg. — ... Il ne sait pas qu'un tigre volant se compose...
> Houm. — De rayures articulées...
> Houg. — De moustaches sonorisées...
> Houm. — De griffes algébrisées...
> Houg. — De mâchoires électrisées. » (11)

Les assonances suffixales — jouant le rôle de rimes — posent
entre les mots une relation phonique qui ne se fonde pas sur un
rapport sémantique. Il n'existe de plus aucune liaison pertinente
entre les substantifs et leurs déterminants respectifs, toutefois la
série des substantifs et la série des déterminants présentent un certain degré de cohérence, ici dénotative, là connotative. L'incompatibilité sémantique de l'animalité et de la technologie est neutralisée
par le contexte. L'accumulation obéit donc aux appels ensorcelants
du son, non aux lois logiques de la pensée rationnelle.

Plus généralement la prolixité torrentueuse des locuteurs importe
à Audiberti plus que le contenu de leurs discours. Les vocables
entassés peuvent ne pas commuter dans le contexte syntaxique où ils
se trouvent, faute d'un champ référentiel commun. Dans plusieurs
des exemples cités plus haut, l'incohérence sémantique des accumulations relève de la fatrasie, de l'absurde. Celle-ci n'est pas obligatoirement immotivée. Dans l'extrait des *Patients*, le jeu burlesque
des sonorités irréalise les horreurs tragiques de la guerre moderne.
Les calembours saugrenus de Max Jacob, poète qu'aimait Audiberti,
n'exprimaient-ils pas, de façon détournée, son angoisse mystique ?
Les farandoles homophoniques que l'on rencontre de *Quoat-Quoat* à
La Brigitta s'inscrivent dans la logique de l'évasion abhumaniste. « Ce
jeu perpétuel avec les mots donne finalement l'impression d'un jeu
avec les notions et les choses qui forment, pourtant, d'habitude, un
ensemble très rigide et très peu malléable ; grâce à ce jeu, tout semble
se métamorphoser, se délivrer de la contrainte journalière : la logique
n'a plus que faire ici : on lui a donné congé en ce jour de fête (...)
Ce jeu verbal aboutit ainsi à une sorte d'ivresse verbale qui n'est en
fin de compte qu'une forme supérieure de l'évasion » (12). Il s'agit
de cela dans les meilleures pièces d'Audiberti. Mais quand s'épuise
son inspiration abhumaniste, l'incohérence langagière n'est plus qu'un

(10) *Pomme Pomme Pomme. Op. cit.*, p. 31.
(11) *Les Patients. Op. cit.*, p. 239.
(12) Robert Garapon : *La Fantaisie verbale et le comique dans le théâtre
français du Moyen Age à la fin du XVIIe siècle*, p. 60.

procédé de remplissage, le prétexte à de laborieuses élucubrations boulevardières.

Un Matamore virtuel sommeille en maint personnage d'Audiberti. Félicien, Guy-Loup, Monsieur Cirqué, Dadou se grisent, se paient de mots, avec un succès variable, pour échapper à leur condition malheureuse ou médiocre, pour dissimuler ou se dissimuler leur impuissance, leur faiblesse. Verba, non acta : jouer avec les mots peut donner l'illusion de maîtriser les choses. Eblouir l'allocuteur, c'est camoufler sa propre souffrance. Les tours de force homophoniques tentent d'imposer un monde prestigieux en trompe-l'oreille. Cette tendance apparaît, bien avant 1945, en particulier dans un poème de *Race des hommes, Chanson pour mourir un jour*. Dès *Quoat-Quoat*, Audiberti a sacrifié à sa fantaisie verbale naturelle, mais après *Le Ouallou*, il semble rechercher presque systématiquement l'effet phonétique et s'enivrer de sa propre virtuosité. L'exercice verbal mécanise le surgissement de la parole :

> « ... ni le sifflement chuchoté du martinet du fougue sous le chouquet du perroquet ni le goût anglais de la vapeur rabattue à plein goulot. »

> « ... une manière d'agir où se perpétue la puanteur d'une des périodes pires de notre récent passé. »

> « ... Des tas de projets que je nourris à leur sujet. M'arrachant à chaque instant du présent, les projets tirent de ma vie une transparente trajectoire qui file, file, file au-delà du poids de mon foie. »

> « Carnassier ! Cochon ! Corbeau ! Crève ! Casse-toi ! Craque en vrac ! » (13)

L'indéniable volupté d'Audiberti tire des allitérations et assonances déborde largement le champ des entassements verbaux. Héros et fantoches communient dans le recherche de l'effet phonétique. Le poète aime à ménager dans le galimatias des uns et le lyrisme des autres de subtiles symétries dignes d'un grand rhétoriqueur.

> « Je prescris des cataplasmes de caroube et la tisane du tilleul. »

> « Vise donc, ma vieille, le matériau rêvé pour du modelage marrant. »

> «ᵉAvec un galon de picon et un talon de citron. » (14)

Fatrasie et cliquetis verbal s'accordent aisément dès que les vocables s'émancipent des servitudes utilitaires de la dénotation. Le discours prosaïque tend à proscrire l'homophonie, génante, inutile. Les rimes intérieures introduisent dans les textes théâtraux d'Audi-

---

(13) *Quoat-Quoat. Op. cit.*, p. 23 ; *La Logeuse. Op. cit.*, p. 65 ; *Pomme Pomme Pomme. Op. cit.*, p. 21 ; *La Fourmi dans le corps. Op. cit.*, p. 166.
(14) *La Fête noire. Op. cit.*, p. 76 ; *Pomme Pomme Pomme. Op. cit.*, p. 21 ; *Le Ouallou. Op. cit.*, p. 178.

berti un élément traditionnel du langage poétique, le rythme, la cadence phonétique.

> « Et dire que de quatre jours j'ai pas démarré de mon mousqueton, que j'en tiens une crampe jusque dans le menton. Maintenant pour le galon, je fais ballon. Té ! Le mousqueton, tant pis pour le quand dira le raton ! Et le képi aussi tant pis ! »

> « Les pinceaux du matin, aimable enlumineur, frémissent en touchant la terrestre tortue et je reçois le jour avec tant de bonheur que je crie aussi fort qu'à l'instant qu'on me tue (...). L'homme et la femme issus d'un rêve sans second, debout sur leur domaine, insultent le dragon. M'attire en toi ma forme en partie étrangère qui me creuse une chair plus douce, plus légère. »

> « Barre tes T, ma beauté ! T'auras de la volonté. Boucle tes B, mon bébé. Refuse de retomber. Forme tes F tel un chef pour ne songer qu'au bénef. » (15)

Cette poétisation ludique de la prose quotidienne caractérise le théâtre d'Audiberti et suffirait à le distinguer du Nouveau Théâtre ; elle exprime la jubilation créatrice de l'auteur, son bonheur de manipuler les mots et de surcroît, puisqu'il s'agit de représentation scénique, l'euphorie, insouciante ou non, des locuteurs. Ce filon est exploité dans deux directions essentielles, le calembour et le poème à forme fixe.

Audiberti use et abuse du calembour comme son ami L. P. Fargue. On en cueille des dizaines dans son théâtre. En voici quelques-uns, de qualité fort inégale :

> « Jamais une absolution ne fut une solution. »
> « Dans le lac, le lac. » — « Le glas, mon gars. »
> « Un tanagra, ce n'est pas gras. »
> « ... le crédit, c'est le credo. »
> « Le rhume des enfants vient du rhum des parents. » (16)

Audiberti affectionne la distortion entre la ressemblance phonétique et l'étrangeté sémantique de deux signifiants. Par nature inutile sinon nuisible à la communication verbale, le calembour a valeur décorative. L'effet phonique met en relief aux dépens du contexte sa propre expressivité comique mais, à un second degré, sa gratuité témoigne de la créativité poétique de l'auteur. Dans son essai sur *Le Rire*, Bergson a justement rapproché le jeu de mots de la métaphore. Leur essence linguistique est identique. Les calembours d'Audiberti s'enracinent dans sa verve de poète. Lorsque celle-ci faiblit ou se mécanise, elle l'oriente vers les effets de cabaret, les mots d'auteur puisés dans l'almanach Vermot. L'amuseur du boulevard

---

(15) *Les Naturels du Bordelais. Op. cit.*, p. 288 ; *Pomme Pomme Pomme. Op. cit.*, p. 12 ; *La Brigitta. Ibid.*, p. 256.

(16) *Les Naturels du Bordelais. Op. cit.*, p. 214 ; *Opéra parlé. Op. cit.*, pp. 110 et 164 ; *Le Ouallou. Ibid.*, p. 183 ; *Cœur à cuir. Op. cit.*, p. 35 ; *La Brigitta. Op. cit.*, p. 230.

étouffe Saint-Amant et d'Aubigné. Shakespeare qui lui aussi aimait
les jeux faciles sut mieux contrôler son exubérance spontanée.

Si le poète est un créateur non d'idées mais de mots, si son
génie réside dans sa capacité d'invention verbale, Audiberti est indiscutablement un poète de la scène, comme Claudel, Genet ou Schéhadé.
Il demeure même obstinément fidèle au vers syllabé, à la forme
fixe, c'est-à-dire aux superstructures non indispensables du langage
poétique. « Quand la forme fixe a disparu de la scène, la poésie l'a
suivie » (17). Ceci suffirait à le distinguer, si besoin était, des surréalistes orthodoxes. Ainsi s'expliquent aussi ses préférences durables
pour Hugo, Baudelaire, Leconte de Lisle, Mallarmé et Edmond
Rostand. Il avoue dans *Dimanche m'attend* : « Rimbaud ne m'attira
jamais. D'une frappe moins sûre que celle de Baudelaire ou Hugo,
sa prosodie ne me berça jamais de viscérale parenté » (18). Aux
voyants hallucinés il préfère les artisans méticuleux. De *L'Empire
et la trappe* à *Ange aux entrailles*, il s'est essayé à tous les genres
de la poésie traditionnelle. Vers 1940, les amples coulées des premiers
recueils laissent définitivement place aux rondeaux, ballades, odes,
sonnets et chansons. Le poète manie avec un égal bonheur les mètres
imparasyllabiques et parasyllabiques, avec une prédilection particulière
pour l'alexandrin, le décasyllabe et l'octosyllabe. Il utilise tous les
modèles strophiques disponibles, isométriques et hétérométriques, le
distique, le tercet, le quatrain, le quintil, le sizain, jusqu'à l'archaïque strophe carrée. Bref il se situe ostensiblement à contre-courant
de la modernité.

Dans presque tous ses romans et pièces, Audiberti intercale
des fragments versifiés, d'inégale longueur, à l'instar de Shakespeare. Quelle fonction leur attribuer ? De par leur composition
typographique et leur organisation rythmique, ils rompent la continuité des conversations. Le vers syllabé français impose en effet
de sévères contraintes formelles — l'isométrie, la rime, les pauses —
c'est-à-dire un code de règles qui structurent le flot parolier. Audiberti aime à raffiner sur ces contraintes. « Dans ma poésie, dit-il
à K. Jelenski, j'ai toujours observé les règles de la prosodie classique française, leur perfection parnassienne. Hormis la rime, j'ai
suivi ces règles jusque dans la prose où j'utilise l'assonance, le
repère phonétique, la cadence fondée sur le nombre pair. Dans
cette prose, d'après ces préceptes, on évite l'hiatus. On évite l'énumération où il y aurait des éléments masculins et des éléments
féminins (...) Il se tisse ainsi autour de ma prose un réseau de
superstitions et de règles subtiles. Je m'emploie à répartir de la
façon la plus variée possible les couleurs des voyelles, a, e, i, o, u,
selon un symbolisme confus qui n'épargne guère d'ailleurs les

(17) *Entretiens avec Georges Charbonnier*, p. 23-24.
(18) *Dimanche m'attend*, p. 109.

consonnes (...) Mon souci majeur est celui d'une phonétique solide » (19). Les baroques n'ont pas le monopole de l'expérimentation formelle : entre les ronsardiens et Vaugelas réapparaissent des préoccupations de virtuosité bien antérieures à la Pléiade. C'est peut-être des Grands Rhétoriqueurs qu'il faut rapprocher un Audiberti qui, dès 1950, exprima son admiration pour la poésie médiévale dans sa préface à *Troubadours et trouvères* de F. Igly.

Pressé d'écrire, l'auteur sauvegarde les principes stricts auxquels il s'affirme attaché en insérant dans ses pièces des poèmes écartés de ses recueils ou composés pour la circonstance. La cristallisation des vers — suractivée par la fréquente composition en quatrains — contraste avec la dilution torrentueuse des répliques et tirades. La plupart du temps il s'agit exactement de chansons octosyllabiques. Frimoussia (*Sa Peau*) et la Poupée sont cantatrices ; Dadou compose des ritournelles ; nombre de personnages aiment chantonner, la Monique de *L'Effet Glapion*, Pomme et Paulette Plumard extériorisent ainsi leur bonne humeur ingénue, leur allégresse de vivre, Alarica la nostalgie mélancolique de ses rêves brisés. Les thèmes des chansons s'harmonisent à l'action dramatique : l'obsession érotique diffuse des naturels du Bordelais se condense dans les couplets de la Béquilleuse et de Gonfaloni. La chansonnette primesautière qui clôt le quatrième moment de *Cœur à cuir* exprime un avertissement au trop confiant marchand — derniers instants de bonheur avant l'épreuve du procès. Etc. Pendant la guerre, Audiberti s'est détourné de la poésie exigeante, torturée, mallarméenne de *L'Empire et la trappe*, *La Pluie sur les boulevards* et *Race des hommes*. Ces grands recueils ont été lus et appréciés par quelques connaisseurs, V. Larbaud, J. Cassou, M. Fombeure d'abord, puis J. Paulhan, G. Bounoure, Saint-John Perse. La notoriété est venue plus tard de son théâtre. Est-ce pour cette raison que, de *Vive guitare* à *Ange aux entrailles*, la chanson gouailleuse l'attire de plus en plus ? Il préface un disque de son ami Claude Nougaro. Les Machucambos enregistrent quelques couplets de *La Poupée*. Un refrain de lui — Tripette du *Cavalier seul*, Ketty des *Patients* — pourrait, enfin, toucher le seul public qui compte pour cet admirateur de Marianne Oswald et Edith Piaf, le public des faubourgs. Paulhan, grand responsable de cette évolution, écrit à Etiemble : « Il me semble que sur Audiberti il n'y a plus à se tromper. Il est le seul homme qui ait écrit, de nos jours, quelques poèmes populaires (ceux qu'aurait voulu écrire Aragon). Il restera comme Villon » (20). Les formes fixes, à l'origine, sont nées du mariage du vers et de la musique ; les sonnets de Ron-

(19) Kot Jelenski : « Entretien avec Audiberti sur le métier d'écrivain ». Art. cit., p. 3.
(20) Jean Paulhan : Lettre (5.1.1966). *N.R.F.*, n° 197 (1.5.1969), p. 1036.

sard, encore, étaient destinés à être chantés. En se séparant de la musique, la poésie a commencé à s'évader des formes closes, peu avant l'avènement du classicisme. Audiberti revient aux sources ; et avec quel brio parfois ! Que l'on relise l'admirable chanson de la Hobereaute où il se souvient de la structure du Balcon de Baudelaire.

> « Compagnons de la longue route
> Je regarde à peine vos jeux.
> Ce qui me plaît, ce que je goûte,
> C'est ce qui reste dans vos yeux,
> Compagnons de la longue route... » (21)

Certains poèmes ont plus d'ambition. *La Fourmi dans le corps* contient plusieurs de ces blasons qu'aimèrent les XVIᵉ et XVIIᵉ siècles : brillants exercices de style où éclate la virtuosité du pasticheur (Le talent du poète est véritablement protéiforme : Labiche aurait pu signer les couplets vaudevillesques de *L'Armoire classique* et le madrigal de Dadou est d'une délicieuse préciosité). La pièce en strophes carrées qu'une voix off anonyme — Dieu ou l'auteur — prononce au début de *La Fête noire* condense en un oracle, ésotérique au premier abord, les thèmes abhumanistes de l'œuvre : la dialectique d'Eros et Thanatos, le mystère de la vie, un panthéisme diffus. Il arrive aussi que se dilatent les passages chantés ou versifiés. Audiberti n'a pas intitulé par hasard *Opéra parlé* la première version de *La Hobereaute* ni sous-titré *Altanima* « thème lyrique en un prologue et trois actes », ni signalé explicitement que *Les Patients*, poème à voix, devait s'accompagner d'une musique de son ami Marcel Mirouze. Avec Vauthier, il aurait pu être le grand librettiste d'opéra de sa génération, lui qui confie en 1959 : « Les formes théâtrales qui ont joué un rôle dans mon œuvre ne sont pas celles du théâtre, mais celles de l'opéra et de l'opéra comique. Faust de Gounod » (22). L'aveu est capital car l'opéra, né au temps du baroque, en a perpétué les goûts et tendances. De fait on est tenté de voir dans les discours mesurés de Salvatico, Torquato, Eleonora, Lucrezia d'une part, Aldine, Lotvy, la Hobereaute, Massacre de l'autre, les partitions des grands airs où la rhétorique appelle la musique. Le rythme dramatique d'*Altanima* est ralenti par la somptuosité des chœurs et des solos (Une phrase de Torquato s'étend sur vingt et un décasyllabes) bien qu'Audiberti ait habilement préféré l'octosyllabe, le décasyllabe, voire l'hexasyllabe au trop pompeux alexandrin. Parfois cependant l'éloquence progressivement s'exténue et un lyrisme absolu jaillit, comme par exemple dans ce duo mystico-amoureux de Salvatico et Eleonora

---

(21) *Opéra parlé. Op. cit.*, p. 133.
(22) « Je suis venu au théâtre par la littérature. » *Arts*, n° 728 (24-30.6.1959), p. 8.

où passe un souvenir du *Marchand de Venise* (V, 1) et de *Romeo et Juliette* (II, 2) :

« Salvatico. — Dans l'insondé de la lumière
toi, moi, différents et pareils,
nous sommes la liqueur première
des abîmes et des soleils.
Eleonora. — Notre double extase étincelle.
Salvatico. — Nul ne nous entend, ne nous voit...
Eleonora. — L'océan de clarté ruisselle...
Salvatico. — ...Pour que je m'y perde avec toi. »

L'appareil rhétorique se désagrège, les contraintes de la syntaxe s'effacent : le crescendo du désir amoureux s'exprime par la libération d'une parole pure — musique d'images lumineuses et mystiques. Jamais Audiberti n'a été à ce point maître de l'harmonie verbale.

« — O splendeur universelle ! — Souffles confondus.
— L'éternel appelle. — Je n'existe plus...
— Concorde suprême qui me fait trembler !
— Merveilleux baptême ! — Prodige étoilé !
— Allégresse immense — L'infini
nous unit. — Le bonheur commence.
— La mort se rendort.
— Extase... Etincelle... — Ame universelle...
— Voici notre jour. — Richesse suprême.
— Moment sans retour ! — Je t'aime. — Je t'aime. » (23)

On rencontre dans *Opéra parlé* deux beaux exemples de la stichomythie chère aux préclassiques, Jodelle, Rotrou, le jeune Corneille. Assouplie, elle devient le véhicule mélodique des sentiments et passions. L'effusion platonique de Lotvy et de la Hobereaute s'exprime dans des quatrains hétérométriques d'une miraculeuse transparence musicale :

« Lotvy. — Jeune fille, jeune fille, m'aimez-vous ?
La Hobereaute. — Je vous aime.
Lotvy. — Me voulez-vous pour époux ?
La Hobereaute. — Ce soir même (...)
Lotvy. — Jeune fille, est-ce doux ?
La Hobereaute. — Je me noie.
Lotvy. — Dis-moi ce qui naîtra de nous ?
La Hobereaute. — Notre joie. » (24)

Dans le second texte, la stichomythie structure le non-dialogue de deux personnages. Massacre s'adresse à Aldine en tant que suivante — et double — de la Hobereaute, à laquelle s'identifie, rêveuse, Aldine. Le contraste est particulièrement entre les sonorités douces, verlainiennes, de la jeune fille et celles, plus rugueuses,

(23) *Altanima. Op. cit.*, pp. 240-241.
(24) *Opéra parlé. Ibid.*, p. 125.

du baron, contraste qui se double d'une distortion sémantique entre les images éthérées de l'une et les images naturalistes de l'autre. Entre deux tempéraments aussi antagonistes ne peut s'instaurer aucune communication : deux monologues se croisent comme souvent à l'opéra.

> « Massacre. — Sitôt que je t'ai vue un jour...
> Aldine. — Ma dame est belle...
> Massacre. — Moitié bélier, moitié vautour...
> Aldine. — Comme le jour...
> Massacre. — Et que j'ai juré de t'avoir...
> Aldine. — Les fleurs sauvages...
> Massacre. — Dans le grand lit de mon manoir...
> Aldine. — Le gravier bleu...
> Massacre. — Tout mon pain, tout ce que je bois...
> Aldine. — Les grandes herbes...
> Massacre. — Tout sent la profondeur des bois...
> Aldine. — L'argent, la lune...
> Massacre. — Tout mon sang, tout ce que je suis...
> Aldine. — Ma dame est belle...
> Massacre. — Tu le dévores dans la nuit...
> Aldine. — Comme le jour... » (25)

Le « dialogue lyrique » dont voilà un magnifique exemple est historiquement lié à la pastorale baroque. Les dramaturges classiques l'élimineront comme fioriture inutile. De si incontestables réussites demeurent malgré tout exceptionnelles. Les débordements lyriques, versifiés ou non, sont indissolublement liés à un type de sujets et ne survivent pas à la boulevardisation de l'inspiration d'Audiberti.

La production poétique peut fort bien se passer du vers qui en est un instrument efficace, non le véhicule obligé. Le mètre et la rime relèvent de l'acoustique, non de la linguistique. Ni les mots ni les choses ne sont spontanément poétiques. La poétisation d'un texte s'opère à deux niveaux, le premier phonique (formel), le second sémantique, que l'on va étudier maintenant. Audiberti n'est pas à l'unisson d'un temps qui valorise l'idée abstraite. L'expansion de la technocratie, l'essor des sciences humaines, la déshumanisation des rapports sociaux, l'impérialisme des idéologies, la mode structuraliste représentent les diverses facettes d'un même phénomène : la surchauffe intellectualiste dans la seconde moitié du XXe siècle. Quelques inspirés échappent à la contagion générale : les poètes. Audiberti est allergique aux abstractions froides, il reproche au code ordinaire de la parole d'être insuffisamment expressif et impressif parce que trop éloigné des sources populaires, il aime les signes motivés qui s'adressent à l'affectivité et à l'imagination du spectateur (ou du lecteur), qui l'arrachent au

(25) *Ibid.*, p. 136.

carcan des conformismes lexicaux. Au concept il préfère l'image, à la routine de la dénotation les sortilèges de la connotation. En cela il est poète même dans ses textes non versifiés, chaque fois qu'il cherche et trouve l'expression concrète, figurée, colorée.

> « ...peuples chrétiens au milieu desquels le pontife étincelle comme le clou dans un membre crucifié. »
> « Leur troupe homicide me suit comme une prolonge de fumier qui se serait attelée à un cheval coursier. »
> « Tant de grandeur de votre part me prend à la gorge. »
> « ...jusqu'au cul de mon cœur. » (26)

L'écrivain classique est soucieux de clarté : les signes verbaux qu'il coordonne en énoncés sont en règle générale monosémiques dans le contexte où il les place. L'écrivain baroque, lui, aime par antirationalisme suspendre les incompatibilités instituées par le code langagier tel que figé dans le lexique. Audiberti l'abhumaniste rafraîchit la langue française en avançant des connexions inédites, en combinant à sa façon les mots de la tribu, en désignant les choses obliquement. Ainsi :

> « J'ai l'estomac serré comme un turban. »
> « J'avais pensé me dissoudre tout vif dans le ténébreux miel oriental où l'hérésie islamique et votre schisme orthodoxe, Messieurs, sont chemise et cul. »
> « Des mots pareils, des gobelets troués ! »
> « Vos armes aboient comme des mâchoires. »
> « Dégraissons le problème. »
> « J'appelle ça de la bestialité d'astiquer encore une fois les raisons... » (27)

A une image démotivée par l'usage courant, débrouiller un problème, polir une raison, Audiberti en substitue une neuve, pittoresque, homologue. Cette infraction au code constitue un écart flagrant. L'association d'un signifiant abstrait et d'un signifiant concret ou de deux signifiants appartenant à deux champs sémantiques non contigus, comme par exemple turban et estomac, suppose que l'un d'eux change de sens, donc que soit résolu le conflit entre le sens notionnel d'un mot et sa situation contextuelle. La métaphore viole le code de la parole pour rendre pertinent le signe qui défiait la raison commune. Les écrits d'Audiberti fourmillent d'images de ce genre, drues, colorées, qui ne sont pas le produit d'une fantaisie déréglée mais prennent place dans son projet abhumaniste.

(26) *Le Cavalier seul*, pp. 44 et 192-193 ; *Le Ouallou. Op. cit.*, p. 184 ; *Opéra parlé. Ibid.*, p. 123.
(27) *Les Naturels du Bordelais. Op. cit.*, p. 215 ; *Le Cavalier seul*, p. 109 ; *Cœur à cuir. Op. cit.*, p. 61 ; *Les Patients. Ibid.*, p. 254 ; *La Guérite. Loc. cit.*, p. 1044 ; *La Poupée*, p. 35.

« Chaque mot, écrit J. Cohen, a un double sens virtuel : dénotatif et connotatif. C'est le sens dénotatif qui est porté dans nos dictionnaires. Le mot est défini selon les qualités « cognitives » du référent. Les qualités affectives n'y trouvent pas place, sauf à titre de « sens figuré », lorsque le mot fait l'objet d'une métaphore d'usage. Mais on pourrait imaginer un « dictionnaire connotatif » où les mots seraient définis à partir des qualités affectives » (28). La voila donc la « revocabulation » abhumaniste dont Audiberti jetait les fondements théoriques dans *La nouvelle Origine*. La connotation relayant la dénotation épuisée institue un nouveau code dont la cohérence est émotionnelle et non plus notionnelle. La qualité poétique des textes étudiés relève-t-elle du baroque ? A vrai dire l'auteur n'abuse pas de la figure paradoxale. Toute métaphore n'est pas baroque si l'oxymore l'est. Or cette dernière se rencontre rarement dans le théâtre d'Audiberti. On en citera deux : « sèche ondée » et « pesante légèreté ». Dans une perspective plus générale, J. Rousset et G. Genette auraient pu insérer ces quelques fragments dans leurs études sur la poétique baroque :

> « Je n'aurai pas connu la prodigieuse brûlure de l'amour au sommet du néant dans une lumière solaire aussi épaisse que la nuit, dans une chaleur plus mordante que la glace. »
> « ... Des violons volaient à l'entour des soleils. »
> « ... des blondes comme les ténèbres, des brunes comme la lumière. »
> « J'ai pour seul bien mon mal (...). Toi pour qui, tout vivant, j'expire. » (29)

Audiberti ne sacrifie pas volontiers à la poétique baroque de la contradiction surmontée par la dialectique foudroyante d'une figure.

Maintes images s'ordonnent autour de quelques pôles qui présentent une grande cohérence avec la thématique de l'auteur : elles sont donc fonctionnelles et non ornementales. La nourriture occupe une grande place dans l'œuvre d'Audiberti. L'action des *Naturels du Bordelais*, de *L'Effet Glapion* et de *La Poupée* se déroule partiellement à table. L'appétit de Joannine et de l'héroïne de *La Guérite* est gargantuesque, le cardinal de la Rosette est un fieffé goinfre, etc. (Et n'oublions pas que Benjamin Péret, ami du poète, écrivit notamment *Je ne mange pas de ce pain-là*, *La Haine du poivre, Trois Cerises et une sardine, le Gigot, sa vie, son œuvre, Le Sel répandu, La Soupe déshydratée*) On ne s'étonnera pas qu'Audiberti multiplie les images alimentaires et culinaires parti-

---

(28) Jean Cohen : *Structure du langage poétique*, p. 210.
(29) *Quoat-Quoat. Op. cit.*, p. 37 ; *Le mal court. Ibid.*, p. 148 (On reconnaît le violon ailé cher à J. Rousset) ; *La Fête noire. Op. cit.*, p. 16 ; *Opéra parlé. Op. cit.*, p. 142.

culièrement savoureuses et qui, une nouvelle fois, font penser à Saint-Amant.

> « A présent, elles ont eu, je ne dis pas le plat de résistance, mais, si vous allez par là, un hors-d'œuvre, un aperçu, les olives noires, l'anchois. »
> « Le moindre raffinement détonne, dans notre vie actuelle, comme un pet-de-nonne dans une tête de veau vinaigrette. »
> « ...la gélatine même de cette vie. »
> « J'ai quelque chose de plus comestible à vous servir : on a renseigné la police. »
> « Il demande comment en sortir de l'omelette où tu nous a foutus. » (30)

Plus instructive encore est l'étonnante prolifération des comparaisons, images et métaphores animales qui s'organisent en un réseau signifiant. Pour Audiberti, l'homme n'a pas de statut privilégié dans l'univers, n'étant qu'un animal seulement plus cruel que d'autres et à qui son intelligence donne des instruments de destruction illimités. Le langage verbal sert de support à une évasion abhumaine dématérialisée, irréelle, fictive qui prolonge et complète les métamorphoses des *Naturels du Bordelais* — et de *La Logeuse*. Or si l'on exclut des clichés banalisés tels faire le coq ou tête de cochon, on cueille près de trois cents références, mots clés qui dessinent un champ sémantique particulièrement cohérent et qui se répartissent à peu près équitablement de *Quoat-Quoat* à *La Poupée*. En voici quelques-unes extraites de cette dernière pièce et dont certaines portent des messages codés à signification sexuelle.

> « Une jument qui veut courir trouve toujours son cavalier. »
> « Que je m'encombre de cette couleuvre dialectique, de cette punaise de laboratoire ! »
> « Les femmes, voyez-vous, c'est de la volaille, tantôt poulette, tantôt palombe. »
> « Les porcs de la politique, ils sucent le peuple, comme les cochons sa (sic) mère. »
> « Quelle baleine ! Je la harponnerais volontiers. » (31)

On aurait tort de ne voir là qu'expressions toutes faites du parler populaire. Dans des indications scéniques, en principe moins chargées d'affectivité, Audiberti écrit du colonel et de Marion : « On dirait deux félins » et de l'orgie aux Anturios : « Burlesque pantomime. Retour à l'animalité, abandon de tout humanisme, rampement vers le singe, vers le chien » (32). Que cette catégorie d'images soit abondante dans les pièces écrites entre 1945 et 1955 s'inscrit dans la logique du projet abhumaniste. Mais

(30) *Les Naturels du Bordelais. Op. cit.*, p. 207 ; *Le Ouallou. Op. cit.*, p. 189 ; *La Guérite.* Loc. cit., p. 1033 ; *La Poupée*, pp. 35 et 75.
(31) *La Poupée*, pp. 13, 16, 30, 35 et 65.
(32) *Ibid.*, pp. 13 et 66.

qu'ensuite l'auteur ait persévéré dans ce registre ne peut s'expliquer que par une intériorisation à même la langue d'une thématique qu'il a par ailleurs abandonnée. Les images dont, selon la critique, il aime à s'enivrer peuvent donc être puissamment motivées, intégrées aux actions scéniques. La profonde cohésion des sujets et des procédés stylistiques a échappé aux détracteurs hâtifs du poète.

Après cette longue digression sur la qualité poétique du langage audibertien, il est temps de se retourner vers les accumulations verbales. Un trait caractéristique de la Worthäufung est sa tendance prononcée à la redondance (le mot est pris ici dans son sens classique de réitération superflue). La phrase de l'auteur, dans son expansion naturelle, s'alourdit de termes ou de syntagmes fonctionnellement inutiles. Une même idée, une même proposition est reprise plusieurs fois sous diverses formes équivalentes, sans modification de sens ni apport d'information supplémentaire.

> « ... à l'infini des circonstances, des hypothèses, des possibilités. »
> « Il suffit qu'une étincelle pénètre par cet orifice, là, ce trou, ce pertuis. » (33)

A ces exemples de redondances tautologiques on peut en ajouter d'autres, plus nombreuses, qui sont imagées :

> « Comment voulez-vous que je sois bonne, douce, pommade, huile d'olive... ? »
> « C'était affreux, le vide, le silence, le désert. »
> « Je n'ai jamais pu savoir jusqu'au fond, jusqu'au trognon ce qu'était l'effet Glapion. »
> « Un comme toi, on aurait beau chercher, fouiller, déterrer la terre, écrémer la mer... »
> « J'ai tout du sale pignouf, du grognon, du caillou, du râleur. » (34)

La redondance, synonymique ou métaphorique, est trop fréquente chez Audiberti pour être un simple tour stylistique sans nécessité profonde. Toute une théorie et une pratique de la communication se trouvent en jeu. La plupart des personnages ignorent la concision. La surconsommation des mots traduit l'inaptitude du code langagier à véhiculer adéquatement les idées et sentiments. La monosémie des signes est mutilante, leur polysémie source d'ambiguïté. « Le langage est par excellence le lieu de l'équivoque. » (35) Mais les locuteurs sont aussi en cause. Un message est destiné par nature à transmettre à un récepteur l'opinion d'un émetteur. Or ici, si l'on bavarde beaucoup, si l'on échange facile-

---

(33) *La Mégère apprivoisée*, p. 25 ; *Le Soldat Dioclès. Op. cit.*, p. 91.
(34) *La Logeuse. Op. cit.*, p. 42 et 58 ; *L'Effet Glapion*, pp. 115, 159 et 241.
(35) *Les Naturels du Bordelais. Op. cit.* p. 232.

ment des propos oiseux, chacun suit son idée, s'écoute parler, raconte son anecdote, avance un calembour hasardeux. Le discours tend au monologue, les répliques se croisent sans que se rencontrent les locuteurs. Pour que le dialogue se noue, que la communication soit possible, il faut que chaque personnage prête à autrui l'attention indispensable à la mise en relation des signes, à la reconstruction de leur sens, bref au décodage des messages. Des *Naturels du Bordelais* à *Pomme, Pomme, Pomme*, ce n'est pas plus le cas que dans un monde contemporain où l'homme est saturé de messages verbaux et visuels en tous genres, distrait par les interférences agressives de l'extérieur. A cela s'ajoute que les fantoches sont prisonniers de leurs préoccupations terre-à-terre, de leurs idées fixes, voire de leurs infirmités (la surdité du cardinal de la Rosette en est un bon exemple) alors que les héros sont tout à leur projet abhumaniste. Même quand les mots désignent les mêmes référents pour les uns et les autres, il faut les réitérer pour être compris :

> « Vous commencez à me fatiguer. Je répète. Me fatiguer. Me lasser. M'user. »
> « C'est lui qui m'a faite. C'est lui. Quand je dis faite, je veux dire qu'il m'a fabriquée, façonnée, fignolée. » (36)

La redondance pare aux conséquences de l'inattention. Mais il est une autre raison à la logomachie de certains personnages. Audiberti sublime dans son théâtre son angoisse névrotique de la solitude. Il importe à Félicien, à Guy-Loup, à la Monique de *L'Effet Glapion* de ne pas rester seuls, laissés à eux-mêmes. La peur du silence fait que le contenu des propos échangés compte moins que la volonté de prolonger la conversation, l'occasion d'un contact avec autrui.

Donc la manipulation voluptueuse des signifiants n'implique aucunement une confiance absolue en leur efficacité cognitive ; bien au contraire. Audiberti témoigne à sa façon de la difficulté à communiquer. Au fond l'expansion végétale de son verbe s'enracine sur le même constat pessimiste que la contraction de la parole beckettienne. Comme l'écrit D. Fernandez : « On sait que le théâtre le plus moderne, celui de Ionesco, de Beckett, de Vauthier, se caractérise par une défiance radicale à l'égard de la parole. Le mensonge du langage exprime le mensonge de l'existence — mais tandis que chez ces auteurs cette défiance aboutit à une raréfaction du discours, Audiberti, qui peut être considéré comme un éclatant précurseur de l'avant-garde théâtrale, gonfle le langage dans une explosion baroque de sons pittoresques et bizarres, afin de mieux l'abaisser. Cette fougue, cette verve, ce débordement, ce déferlement d'ondes sonores, ne vous y trompez pas : ils traduisent

(36) *Le Ouallou. Op. cit.*, p. 176 ; *Pomme Pomme Pomme. Op. cit.*, p. 84.

un désolant scepticisme envers l'honneur des hommes » (37). Dépouillées de leurs oripeaux langagiers, *Quoat-Quoat*, *La Fête noire*, *Les Naturels du Bordelais*, *L'Opéra du monde* deviennent des tragédies de l'impuissance humaine. L'orgie des mots accentue le non-réalisme des actions représentées. Quand Audiberti jongle avec les mots et les sons, il n'est pas du tout certain, quoi qu'il ait dit, qu'il s'en serve comme d'autre chose qu'une potion euphorisante. Ne se servirait-il pas du langage pour prouver la nécessité d'en ruiner l'imposture ? Les tendances baroques de son style traduisent peut-être moins une poétique du hasard que le nihilisme d'un gaspilleur désespéré.

« Etre baroque aujourd'hui signifie menacer, juger et parodier l'économie bourgeoise, basée sur une administration radine des biens ; la menacer, juger et parodier en son centre même et son fondement : l'espace des signes, le langage, support symbolique de la société et garantie de son fonctionnement par la communication. Dilapider du langage en fonction uniquement du plaisir — et non, comme le veut l'usage domestique, en fonction de l'information — : attentat à ce bon sens moraliste et naturel sur lequel se fonde toute l'idéologie de la consommation et de l'accumulation » (38).

(37) Dominique Fernandez : « Audiberti l'intolérant ». *L'Arc*, n° 9 (janvier 1960), p. 52.
(38) Severo Sarduy : *Barroco*, p. 109.

CHAPITRE XVII

LE BAROQUE SUR LA SCENE

D'Audiberti poète, Michel Giroud écrit : « ... Il brise tout classement hiérarchique et oblige le lecteur à un effort extrême de concentration, car il condense comme magiquement dans une période longue un univers simultané. C'est un opéra audio-visuel qui se déroule discursivement (...). Position dans l'espace, ponctuelle, centre magique absent où tout rayonne. Le poème ainsi engendre un ensemble où tous les éléments spatiaux et temporels se conjuguent » (1). De fait, les textes poétiques, par leur propre dynamique, tendent à se théâtraliser, à se transformer en récits dialogués ; ainsi, par exemple *A l'Etre admirable* et *Martyrs* qui concluent *Race des hommes*. Nommer, d'une certaine manière, c'est, a-t-on vu, faire exister, mais irréellement, immatériellement. Pour atteindre à une efficacité qui ne soit pas illusoire, le verbe doit se prolonger dans l'espace tridimensionnel par des actes concrets, des décors visibles. Si, dans un poème ou un roman, les mots ont pour mission d'instituer une fiction à laquelle adhère ou non le lecteur, au théâtre ils accompagnent, complètent, amplifient la pratique gestuelle des acteurs. G. Sandier a heureusement vu cet aspect baroquisant du langage dramatique d'Audiberti : « ... dans ce théâtre de la parole, la parole est théâtre à elle seule, c'est-à-dire organisation d'images, de rythmes et de gestes suscités par cette parole et semblant appeler d'eux-mêmes — pour pouvoir livrer leur sens — l'espace, les corps, les mouvements. Ce langage a cette double propriété de s'inscrire d'emblée dans l'espace scénique, et d'être dans l'instant où il se profère, opération, création continue d'un univers toujours en train de se faire par la grâce de l'homme, car Dieu n'a jamais pu finir le monde » (2).

(1) Michel Giroud : *Audiberti* (Poètes d'aujourd'hui), p. 37.
(2) Gilles Sandier : *Op. cit.*, pp. 35-36.

Significativement, Audiberti salue dans son essai de 1954 et dans *Les Jardins et les fleuves* en Molière l'homme de théâtre, l'acteur, le directeur de troupe dont les réincarnations contemporaines se nommeraient Charlie Chaplin et Eduardo De Filippo. La vue était relativement neuve à l'époque, encore qu'on devine dans *Molière* un écho des travaux de W. G. Moore et que la même année paraisse le *Molière homme de théâtre* de René Bray. Audiberti s'intéresse principalement non pas à *L'Avare* ou à *Tartuffe*, mais à *Psyché* et à *La Princesse d'Elide*. L'« ahurissante rugosité » des vers a une importance secondaire : « le langage ne fournit qu'un des éléments du spectacle » (3). L'auteur s'attache au mouvement, aux qualités scéniques, bref à la théâtralité des comédies moliéresques, ce qui fait écrire à Jean-Jacques Roubine : « L'homme-théâtre s'affirme contre l'impérialisme de l'homme-langage » (4).

A répéter inlassablement des personnages d'Audiberti qu'ils sont des êtres de langage, on en a oublié qu'ils sont, aussi, des êtres de chair. L'historicité des situations, la densité sociale des intrigues, la richesse de certains caractères doivent inciter à ne pas négliger le parti pris des choses au profit du compte tenu des mots. Les didascalies de *Quoat-Quoat* sont laconiques, confirmant, si besoin était, que l'auteur n'a guère songé à la représentation de la pièce. Amédée n'a aucune réalité physique ; le capitaine est ainsi décrit : « large casquette à coiffe blanche, favoris épais et pointus, grosse médaille au ruban bleu ciel » ; Clarisse est une « jeune fille Second Empire, mutine et virginale à souhait », la mexicaine « brune, vêtements légers, gorge très offerte », Mme Batrilant « mûrissante, péremptoire » (5) .Le dramaturge se contente soit d'un détail précisé soit de la conformité à la norme générale. Il en est de même dans *Le mal court*. Ni Alarica ni sa nourrice ne sont décrites. F porte « Veste de cuir. Tricorne. Manteau ». La désinvolture de l'auteur est encore plus évidente avec un second rôle. « Le lieutenant, lit-on, appartient à l'armée courtelandaise dont il porte l'uniforme. Il a près de cinquante ans » (6). Audiberti laisse donc le champ libre aux metteurs en scène et aux décorateurs, avec les risques que l'on verra dans un instant.

Dans les œuvres de la maturité, l'auteur essaie d'« organiser le spectacle », accorde plus d'attention au physique et au costume de ses héros. Il suggère ainsi des contrastes signifiants entre l'athlétique Joannine et la rustaude Jeannette, toutes deux vêtues de la même tenue. Le vêtement sobre de Mirtus s'oppose à l'accou-

---

(3) *Molière*, p. 50.
(4) Jean-Jacques Roubine : « Audiberti et Molière ». *Revue d'Histoire littéraire de la France*, nº 5-6 (septembre-décembre 1972), p. 1084.
(5) *Quoat-Quoat*. Théâtre, t. I, pp. 13, 24, 55 et 70.
(6) *Le mal court. Op. cit.*, pp. 140 et 143.

trement sophistiqué de l'autocrate et de ses courtisans. Audiberti décrit complaisamment les postiches méphistophéliques de Zozo-blastopoulos et la robe extravagante de la poupée au Gallito ou le harnachement loufoque des valets épiscopaux de *La Fête noire*. La bizarrerie du costume révèle la facticité de qui le porte. La caractérisation par le vêtement redouble efficacement la caractérisation par le langage. La physionomie des personnages est rarement définie. Audiberti se contente d'affirmer discrètement la beauté de quelques héroïnes, Alice, Joannine, Crista, Pic-Saint-Pop et de rendre provocante leur sensualité. Il souligne aussi les tares ou infirmités de quelques dignitaires, le roi béquillard et le ministre verruqueux du *Mal court*, le poète de *La Poupée*. La mère de la pucelle est disgrâciée et le nain de *La Fourmi dans le corps* rappelle certains bouffons de Ghelderode. A d'autres Audiberti accorde des attributs symboliques qui précisent leur caractère. Pic-Saint-Pop tient une cravache éminemment phallique, Mme Cirqué endosse pour séduire son locataire une robe rouge, « érogène » ; quant à sa cafetière, elle signifie manifestement ses pouvoirs maléfiques. L'impression générale est d'une efficacité sémiologique et dramatique indiscutable. Le théâtre d'Audiberti n'est pas un spectacle dans un fauteuil.

Qu'en est-il des décors ? *L'Ampélour* est précédé de copieuses didascalies d'une précision presque balzacienne. Ailleurs, l'auteur oscille entre la minutie naturaliste, le flou poétique et la simplification fonctionnelle. *Les Naturels du Bordelais* et *La Logeuse* appellent le décor traditionnel de la comédie bourgeoise dont seuls un Labisse ou un Magritte auraient pu disloquer la rigidité conventionnelle. Parfois, Audiberti ne mentionne explicitement que les quelques accessoires utiles à l'action, les deux lits et le paravent du *Mal court*, la natte des *Patients*. *Opéra parlé* constitue un cas particulier intéressant. Le décor naturel du premier acte est suggéré par le lyrisme des répliques plus que par les indications scéniques à vrai dire assez vagues. Des formules telles que « Mes yeux sont le lac », indiquent une correspondance secrète entre le lac et sa nymphe. La tâche du décorateur en est plus malaisée : seul un cinéaste — Bergman, Delvaux ou quelque autre artiste de la pellicule — pourrait rendre l'atmosphère poétique des lieux. La même constatation s'applique à *La Fête noire* où la nature participe à l'action comme chez Shakespeare parfois. Le soleil — image de Dieu peut-être — assiste, complice et muet, à l'égorgement de Mathilde. La lune de Lorca était plus loquace. Audiberti brosse avec un luxe de détails — on notera l'attention portée aux couleurs — et une surabondance de métaphores poétiques le décor bucolique du premier acte et celui, sauvage, grandiose, du second. On lit en tête de la pièce : « ... Un rocher se dresse là, gris et trapu, long et contourné, avec de l'herbe entre les pattes (...). Il regarde s'il voit venir l'enchanteur qui lui donnera du sucre. Mais n'accourent pour le moment que des nuages, blancs à même le bleu glacial de l'été. La lune diurne, rongée comme le profil du fromage, suspend sa note mélancolique au sommet de cet après-midi d'ailleurs solaire... » Ne serait-ce pas là la préfiguration du monstre, d'un monstre qui émanerait de la Création ? Il revient au peintre de traduire dans l'espace les suggestions du poète : la tâche est lourde.

A ses débuts, Audiberti est joué sur des plateaux exigus par des troupes plus riches d'enthousiasme que de moyens matériels. A l'époque héroïque de l'avant-garde pauvre, les costumes sont sobres, les décors simplifiés, les figurants rares. *La Fête noire* et *Pucelle* ont été créés au théâtre de la Huchette ! Rendant compte de cette dernière pièce dans *Combat*, J. Lemarchand fait l'éloge du peintre Marchand qui a « animé avec une habileté extraordinaire et surmontant sans effort visible toutes les difficultés que peut lui opposer le plus petit plateau de Paris, ce poème dramatique énorme et simple ». Mais comment être baroque dans ces conditions ? La notoriété étant venue, Audiberti devient le fournisseur attitré du théâtre La Bruyère où les moyens lui sont moins chichement mesurés. L'aisance malheureusement l'entraîne sur le chemin de la facilité. Pour la reprise du *Mal court*, Ludmila Vlasto et Georges Vitaly font appel à Leonor Fini. Celle-ci dompte ses tendances surréalisantes et dessine de ravissants décors qui soulèvent l'enthousiasme de la critique, Georges Lerminier, Marcelle Capron et Jacques Lemarchand en tête. Ce dernier écrit dans *Le Figaro littéraire* : « Mme Leonor Fini a conçu pour *Le mal court* un décor et des costumes qui, dès le rideau levé, ont commencé notre enchantement : le raffinement le plus sûr dans l'apparente simplicité, le détail cherché et trouvé dans la plus feinte autorité : une merveille de goût ». Jean-Jacques Gautier est encore plus explicite dans *Le Figaro* : « Le décor de Leonor Fini est un miracle de goût, de clarté, de blancheur révélée par de petits nœuds rouges du plus gracieux effet. Les costumes, également de Leonor Fini, sont exquis de lignes et de couleurs ». Bref, l'amitié peut être mauvaise conseillère. Le baroquisme de l'artiste, si baroquisme il y a, est aristocratique, maniéré, il tire la pièce vers le conte libertin rococo et, comme G. Dumur l'affirma à l'époque (7), il édulcore, en la sophistiquant, la vigueur jaillissante d'une imagerie naïve. Deux ans plus tard, Leonor Fini exécute les décors de *La Mégère apprivoisée*. Les critiques sont une nouvelle fois subjugués : Max Favalelli, André Alter, Gabriel Marcel, Georges Lerminier ne ménagent pas leurs compliments à l'artiste. J.-J. Gautier parle d'un « harmonieux décor à la Vermeer ». Pour adhérer à l'exubérance débridée du texte, il eût fallu prendre pour modèle le baroquisme truculent, excessif,

---

(7) Guy Dumur : « Le mal court ». *Théâtre populaire*, n° 17 (1er mars 1956), pp. 65-66.

populaire d'un Jordaens ou d'un Rubens, cultiver la démesure et la dysharmonie. Et pour cela Leonor Fini n'était pas la mieux armée.

L'année suivante, Jacques Noel décore *La Hobereaute* au Vieux-Colombier. L'artiste a collaboré avec Ionesco, ses affinités avec le baroque sont aussi indiscutables que son talent. Pourtant, lui aussi succombe à la tentation esthétiste. « Du Monticelli ! » s'exclame Robert Kemp dans *Le Monde*. « Cela tient des contes de Perrault et des sept châteaux du roi de Bohême : un ravissement », écrit Morvan Lebesque dans *Carrefour*. Lemarchand parle, avec un oxymoron heureux, de la « sobre richesse » du décor. La joliesse romantique du cadre affadit donc la robustesse lyrique et rabelaisienne du texte. Il en va de même lorsque André Barsacq confie à Jacques Dupont la décoration de *La Fourmi dans le corps*. Les somptueux décors gris, roses et bleus, d'un « baroquisme » éclatant, louisquatorzien, captivent le spectateur et les trouvailles de l'auteur ne passent pas la rampe. *Réforme* titre : « Quel beau décor ! » et son critique accable la pièce. C'est finalement par Benrath qu'Audiberti aura été jusqu'ici le mieux servi. Pour *L'Opéra du monde*, le peintre « fait éclater, écrit G. Sandier, sur la scène son lyrisme personnel, et l'insolite beauté des objets qui en sont issus donnait à cet opéra l'essentiel de sa grandeur baroque » (8). Les infortunes de quelques artistes incontestés posent le problème ardu des rapports entre le texte et l'espace de la scène. Ni la figuration naturaliste ni l'esthétisme même « poétique » ne sont adaptés. Pour animer joyeusement, et non meubler, le plateau, il ne s'agit pas de transposer ou de styliser ; il faut créer de toutes pièces un monde différent à l'aide de signes autonomes et concrets prolongeant le verbe de l'auteur. Pour cela, une autre pratique de la mise en scène s'avère indispensable.

L'idée d'un texte figé dans les pages d'un livre est insupportable à Audiberti et suffirait à expliquer qu'on possède de *Quoat-Quoat* et de *La Hobereaute* deux états, de *La Poupée* trois et de *La Fourmi dans le corps* quatre. Or on lit dans l'article plusieurs fois cité du *Figaro littéraire* cet aveu capital : « Il importe de ne pas tout miser sur le texte en tant que tel » (9) ; ce qu'un personnage du *Cavalier seul* traduit à sa manière : « La poésie est monotone sans la musique, la danse, la couleur » (10). On a rarement souligné l'intérêt que porte Audiberti dès *L'Ampélour*, non seulement aux décors, mais encore et surtout aux gestes et déplacements des personnages, à la bande sonore, à l'animation de l'espace, bref aux signes parallèles. Il manifeste un sens toujours plus aigu de la

(8) Gilles Sandier : *Théâtre et combat*, p. 41.
(9) « Circé ? Motus ! ». Art. cit.
(10) *Le Cavalier seul*, p. 47.

théâtralité telle que la définit Roland Barthes. « Qu'est-ce que la théâtralité ? C'est le théâtre moins le texte, c'est une épaisseur de signes et de sensations qui s'édifie sur la scène à partir de l'argument écrit, c'est cette sorte de perception œcuménique des artifices sensuels, gestes, tons, distances, substances, lumières, qui submerge le texte sous la plénitude de son langage extérieur. Naturellement, la théâtralité doit être présente dès le premier germe écrit d'une œuvre, elle est une donnée de création, non de réalisation. Il n'y a pas de grand théâtre sans théâtralité dévorante » (11).

Audiberti eut-il connaissance des écrits d'Artaud ? Les commentateurs attitrés de ce dernier restent singulièrement réticents. G. Charbonnier ne se pose même pas la question. A. Virmaux mentionne sans s'attarder une possible connexion. L'auteur avait assisté avec Gide, Follain, Adamov et quelques autres à la fameuse conférence du Vieux-Colombier. Il fut très impressionné par la personnalité d'Artaud qu'il intronisa aussitôt prophète de l'abhumanisme naissant dans divers textes de 1947, « *Le Salut par la peau* » (*K*), « *Grands et petits théâtres* » (*La Revue théâtrale*) et *Les médecins ne sont pas des plombiers*. L'hypothèse de contacts antérieurs est plausible. La revue parasurréaliste *La Bête noire* publie d'Artaud un texte « *Après les Cenci* », en 1935, et l'année suivante le poème *Martyrs* d'Audiberti. Les deux auteurs collaborent à cette époque à la *N.R.F.* et sont en relations épistolaires suivies avec J. Paulhan qui a pu, une fois encore, jouer un rôle d'intermédiaire. Mais J. De Bosschère, V. Larbaud, Y. Goll, L.-P. Fargue, qui ont des liens intermittents avec Artaud, ont pu également le présenter à Audiberti. Aucun témoignage de rencontre directe n'a été recueilli ; cela ne signifie pas qu'il n'y en a pas eu. Après la guerre, C. Bryen est un des responsables des éditions K qui publient *Ci-gît*, *Pour en finir avec le jugement de Dieu* et les derniers écrits d'Artaud. Audiberti ne peut pas ne pas les avoir lus, mais connut-il *Le Théâtre et son double* ? En tout cas, les deux auteurs ont bien des traits communs : des contacts avec le surréalisme, l'admiration pour Jarry, un intérêt émerveillé pour les cultes primitifs du Mexique, une indéniable fascination pour l'Orient, Bali d'une part, l'Inde de l'autre, des affinités avec la tradition gnostique, la passion du cinéma, l'indifférence à la politique, la volonté de dépasser les idéologies, le dédain de la composition...

Pour Audiberti, Artaud est véritablement, selon le mot de J.-L. Barrault, « l'homme-théâtre », celui qui, déchiré, cherche le théâtre dans la vie et transforme sa vie en théâtre afin de reconstruire en lui un homme nouveau, corps pur libéré de la souffrance physique et ontologique, le héros abhumaniste par excellence que lui-même, débarrassé de sa timidité, aurait pu devenir. Entre les

(11) Roland Barthes : *Essais critiques*, pp. 41-42.

deux poètes, on peut encore déceler des convergences stylistiques. Certains textes du visionnaire solitaire font apparaître quelques-uns des traits qu'on a précédemment étudiés chez Audiberti : le foison-nement des néologismes, l'entassement des images flamboyantes, une volonté tendue d'expressivité qui fait écrire à A. Virmaux : « La prolifération des métaphores suscite un univers baroque et fantas-tique où la langue théâtrale habituelle a été dynamitée, mais où le verbe continue de régner en maître absolu » (12). Le baroquisme relatif de l'écriture audibertienne résulte de la relation ambivalente, conflictuelle, de plaisir et de dérision, que l'auteur entretient avec le langage. Artaud et lui sont également incapables d'un discours rationnellement concerté et s'affirment lecteurs fervents de la kabbale qui s'attache à la valeur sonore des mots et non à leur sémantisme. Le projet du poète maudit semble plus radical puisqu'il écrit dans *Le Théâtre et son double* : « Le dialogue — chose écrite et parlée — n'appartient pas spécifiquement à la scène, il appartient au livre » (13). Jean-Désiré Lazerm n'aurait pas dit, lui : « Briser le langage pour toucher à la vie, c'est faire ou refaire le théâtre » ou confié, comme Artaud à Pauhan après les représentations de *Partage de midi* : « Un texte sur scène est toujours une pauvre chose » (14).

Artaud condamne le théâtre occidental, sa superstition de la rationalité logocentrique, sa prétention naturaliste, son goût de la psychologie, mais ne rejette pas totalement le langage verbal. « Il ne s'agit pas de supprimer la parole au théâtre, mais de lui faire changer sa destination, et surtout de réduire sa place, de la consi-dérer comme autre chose qu'un moyen de conduire des caractères humains à leurs fins extérieures » (15). A une poésie du langage articulé, il souhaite substituer une « poésie dans l'espace », une poésie concrète, efficace sur les sens. « Cette poésie très difficile et complexe revêt de multiples aspects : elle revêt d'abord ceux de tous les moyens d'expression utilisables sur une scène, comme musique, danse, plastique, pantomime, mimique, gesticulation, intonation, architecture, éclairage et décor » (16). La « compression énergique » du texte est compensée par un « spectacle total » qui implique une valorisation de la mise en scène, « sorcellerie objec-tive et animée ». Audiberti est moins audacieux car, au fond, il se sent très à l'aise dans les cadres traditionnels du théâtre occiden-

(12) Alain Virmaux : *Antonin Artaud et le théâtre* p. 88.
(13) Artaud : La mise en scène et la métaphysique. *Le Théâtre et son double*, p. 53. (Ed. Idées, 1966).
(14) Artaud : Le Théâtre et la culture. *Op. cit.*, p. 17 ; Lettre à J. Paulhan. *Œuvres*, t. III, p. 138.
(15) Artaud : Théâtre oriental et Théâtre occidental. *Le Théâtre et son double*, p. 109.
(16) La mise en scène et la métaphysique. *Op. cit.*, pp. 55-56.

tal, n'en connaissant d'ailleurs pas d'autre. Jamais il n'aurait écrit : « Toute l'écriture est de la cochonnerie » (17). Il reste qu'il applique souvent, spontanément ou consciemment, certaines idées d'Artaud, par exemple quand il remplace par des mannequins les figurants interchangeables de *La Fourmi dans le corps* et de *La Poupée* — mais peut-être se souvient-il seulement de *Lola Montès* — ou quand il veut donner un sens neuf aux choses ordinaires, la cafetière de Mme Cirqué, le couscoussier de Dadou, la motocyclette de Paulette Plumard.

L'hyperbolisation chorégraphique de gestes purs va dans le même sens. A la fin de *l'Ampélour*, « Prêtre, Aveugle et Boucher se prennent par la main et dansent en levant haut la jambe ». Une « lutte dansante » oppose Amédée et le gendarme dans *Quoat-Quoat*. *La Fête noire* s'achève ainsi : « Félicien et Alice semblent danser lentement un pas de cérémonie ». La danse, surtout quand elle est panique, renforce le non-réalisme des actions représentées. L'effet de distanciation est évident. Dans plusieurs cas, *L'Ampélour*, *La Fête noire*, *Les Naturels du Bordelais*, *La Fourmi dans le corps*, *Pomme Pomme Pomme*, une sarabande enfiévrée irréalise l'inconséquence arbitraire, fantaisiste, du dénouement. On n'est pas éloigné à la vérité du théâtre pur tel qu'Artaud l'avait rêvé (18). La violence des gestes absolus, les transes paroxystiques, le foisonnement des objets insolites arrachent le spectateur au confort de ses sens, à ses certitudes rationnelles et lui rappellent que les lois de la scène ne sont pas celles de la vie courante. Le baroquisme du rêve, de l'inconscient, de l'hallucination, sape, par exemple dans *Les Naturels du Bordelais*, les fondements du mélodrame bourgeois. Audiberti suscite physiquement, matériellement une impression de déchaînement dionysiaque, magique, dont l'efficacité déflagrante est incontestable. La plupart des metteurs en scène n'ont pas été sensibles à cet aspect des choses, ils ont gommé les éléments nocturnes, inquiétants, surréalistes de cette théâtralité exaspérée. G. Vitaly édulcore le deuxième acte du *Mal court* où Alarica était censée parader nue ; de même, il supprime malgré les protestations de l'auteur le ballet fantasmagorique des grillons qui donne aux *Naturels du Bordelais* sa signification de mythe abhumaniste. C'est qu'Audiberti a un sens spontané, populaire, du rite païen, de la cérémonie, de la fête qui, une nouvelle fois, l'apparente à Ghelderode.

Rares sont les pièces un peu longues où il n'a pas ménagé quelque séquence d'une théâtralité panique, dionysiaque où éclate une dialectique sauvage d'Eros et de Thanatos. Sa dernière œuvre, *La Poupée*, est sur ce point exemplaire. Jamais depuis *L'Ampélour* les didascalies n'ont été aussi denses et abondantes comme si, enfin,

(17) Artaud : *Le Pèse-nerfs*, p. 106.
(18) Artaud : Sur le théâtre balinais. *Le Théâtre et son double*, pp. 80-81.

Audiberti pensait aux problèmes concrets de la représentation. Que la pièce soit tirée d'un roman n'est pas indifférent, non plus que l'influence de Baratier et Maréchal s'y fasse sentir, comme en témoignent ces extraits :

> « Palmas au comble de l'exaltation va de l'une à l'autre des deux Marion. Se coiffant du diadème emplumé, il sautille frénétiquement. Imitant un rite présumé de magie primitive, il souffle et crache à petits coups saccadés. Son corps est agité d'un tremblement inspiré. Il chante une mélopée autour de Marion, celle-ci assez effrayée. »

> « Les jarrets toujours fléchis, les cuisses sans cesse ouvertes et fermées, comme des portes, comme des ailes, les paumes en avant tournant sur les poignets au bout des bras repliés en delta, la poupée, chavirant d'un os iliaque sur l'autre, s'avance sur l'éperon qui prolonge la scène, entourée des bras et des têtes des hommes qui l'acclament. »

> « Invités, policiers, serveurs circonscrivent une aire exiguë, près de l'orchestre, où la poupée, quasiment immobile, danse sur la musique classique qui, petit à petit, se transforme en un rythme original d'une sauvagerie, d'une liberté, d'une séduction inouïes. Elle retrousse sa robe, elle la noue à ses reins. La danseuse crie, un cri de gorge des vieilles guerres des tribus, les musiciens renvoient le cri... » (19)

Audiberti ne se contente pas d'indiquer les jeux de scène, il suggère des solutions techniques : « ... La substitution instantanée pourra s'accomplir derrière un paravent. Il vaut mieux éviter les jeux de lumière (....). Des mannequins pourraient avantageusement remplacer les convives (...). La fin de ce présent cinquième tableau va se dérouler à l'avant-scène » (20). Artaud aurait sans doute aimé la dernière version de *La Poupée* et le vif souci de la théâtralité que l'auteur y manifeste. Audiberti va cependant moins loin que lui dans l'investissement psychosomatique du spectateur. Entre les deux poètes subsiste une différence fondamentale. Le théoricien visionnaire, après Gordon Craig, souhaite la dépersonnalisation de l'acteur et un codage rigoureux de son jeu. Or, Audiberti, après 1953 surtout, destine ses pièces à des metteurs en scène et à des acteurs qu'il connaît souvent familièrement, Georges Vitaly en tête. *La Logeuse* est écrite pour Valentine Tessier, *La Mégère apprivoisée* pour Suzanne Flon, *Pomme Pomme Pomme* pour Françoise Vatel, *La Brigitta* pour Françoise Spira qui fut la Hobereaute. L'auteur se fait une idée cinématographique, hollywoodienne même, de l'acteur, idée qui le renvoie vers la tradition occidentale et bourgeoise du théâtre. Ses meilleures pièces, du *Mal court* à *La Hobereaute*, appellent des comédiens capables de cet « athlétisme affectif » que préconisait Artaud. Il en eut rarement à sa disposition.

(19) *La Poupée*, pp. 24 (ce passage a été ajouté au roman), 50 et 65.
(20) *Ibid.*, pp. 25-26, 60 et 77.

« La parole d'Audiberti requiert des metteurs en scène qui sachent la faire respirer et retentir dans l'espace » (21), c'est-à-dire des poètes du plateau sensibles à l'univers baroque de l'écrivain et capables d'animer ce plateau. Or avec les meilleures intentions on a trop souvent dévitalisé, classicisé ses pièces. Voici comment B. Poirot-Delpech rendit compte dans *Le Monde* des représentations de *La Fourmi dans le corps* : « Au lieu d'écheniller craintivement les métaphores trop vertes, trop insistantes ou trop incongrues et d'abréger les farandoles allégoriques, peut-être eût-il fallu jouer davantage le jeu de l'opéra délirant, assembler les morceaux en chorégraphe facétieux, mener le texte en chef d'orchestre plus soucieux d'harmonie et de rythme que de justesse instrumentale ». L'excellent géomètre de la mise en scène qu'était A. Barsacq était trop nourri de Tchekhov et de Pirandello pour ne pas figer le mouvement de cette « folle journée ». La diction ampoulée et le jeu naturellement statique des Comédiens-Français neutralisèrent, aseptisèrent la bouffonnerie corrosive du texte. Trop souvent les représentations auront été l'occasion de fêtes débridées, d'un théâtre total. *La Mégère apprivoisée* inspira à G. Vitaly une de ses meilleures réalisations dont J. Nepveu-Degas écrivit dans *France-Observateur* : « ... Au baroque concerté de l'expression verbale se surajoutait un baroque de l'expression mimique et corporelle, une démesure dans le rythme ». Cela se passait en 1957, à l'Athénée et dans des décors sages de Leonor Fini.

« Mes rapports ont été crispés avec les metteurs en scène » (22) reconnut Audiberti. Pourquoi une œuvre aussi puissamment originale n'a-t-elle pas longtemps trouvé le régisseur apte à matérialiser sur une scène la richesse des fantasmes et des conflits imaginés par l'auteur ? L'histoire récente du théâtre fournit quelques éléments de réponse. Les héritiers d'Artaud, J.-L. Barrault excepté — R. Blin demeure en marge —, n'accèdent au premier plan que vers 1960, et encore s'agit-il d'animateurs qui, pour la plupart, ont choisi de vivre Artaud avant de le lire : le Living Theatre, P. Brook, J. Lavelli, V. Garcia. Les metteurs en scène de l'après-guerre sont influencés par les hommes du Cartel et Copeau, contre lesquels précisément s'était insurgé Artaud, puis par Brecht et Vilar. Les animateurs et le public tranchent en faveur d'un théâtre philosophique et politique qu'illustrent Sartre, Camus et Brecht. La conjoncture n'est pas propice à un théâtre poétique. Audiberti, comme Pichette, vient trop tôt. De plus, les quelques initiateurs d'expériences novatrices, A. Reybaz, J.-M. Serreau, J. Mauclair, R. Blin, G. Vitaly manquent de ressources et orientent le théâtre qu'on appellera

---

(21) Gilles Sandier : *Op. cit.*, p. 38.
(22) « Je suis venu au théâtre par la littérature. » *Arts*, n° 728 (24-30.6.1959), p. 8.

d'avant-garde vers les minuscules salles de la rive gauche. Or il eût fallu d'entrée pour *La Fête noire* et *Pucelle* un vaste plateau, des moyens scéniques considérables et un poète de la scène. Au théâtre comme ailleurs, le baroque n'est guère compatible avec la pauvreté. On dut se contenter du plus petit théâtre de Paris, de maigres subsides et de G. Vitaly ; ce dernier était malheureusement imperméable au message d'Artaud — on s'en aperçut avec *Les Epiphanies* — et dépourvu de ce sens baroque du lyrisme, de la magie et de la démesure qui caractérise les premières pièces d'Audiberti. Celui-ci lia son œuvre pour le meilleur et pour le pire au seul metteur en scène qui, non sans courage, lui faisait confiance. Après avoir laissé débaroquiser ses chefs-d'œuvre et tarir son inspiration abhumaniste, il écrivit les comédies inoffensives que certains attendaient de lui. Vitrac, avant lui, avait suivi le même itinéraire qui l'avait séparé d'Artaud.

Il existait pourtant à cette époque des régisseurs lucides et mieux dotés, ne serait-ce que Barrault et Vilar. Aucun ne songea à monter *Le Cavalier seul* ou à commander de pièce à Audiberti. L'animateur du T.N.P. ne fit pas pourtant que rajeunir les chefs-d'œuvre du répertoire classique. Son goût du dépouillement, son rationalisme antibaroque ne l'empêchèrent pas de créer *Nuclea*, de Pichette, *La Ville*, *Les Bâtisseurs d'empire*, *Genousie* d'Obaldia. Audiberti n'était pas pour lui un inconnu, il le cite dans son livre *De la Tradition théâtrale* (23). *Molière* avait été publié aux éditions de l'Arche et *Opéra parlé* dans *Théâtre populaire* où la signature d'Audiberti côtoyait celles de Barthes, Dort et Duvignaud. En 1953, il écrivait de Vilar qu'il était « l'un des hommes les plus amicaux, les plus lumineux, les plus réconfortants de notre nuit parisienne » (24). Quatre ans plus tard, il le proclame « le plus tranchant des esprits confus » (25) dans un texte où il attaque violemment Brecht. L'injustice de ce jugement trahit vraisemblablement la déception qu'*Opéra parlé* n'ait pas été créé au T.N.P. Vilar qui écrivait : « Jamais les auteurs dramatiques — qu'on n'ose plus appeler poètes — ne se sont aussi totalement et absurdement dépouillés de deux au moins des privilèges de leur art : le rythme et le verbe, autrement dit les moyens poétiques » (26), Vilar avait une claire conscience de ses limites. L'échec retentissant de *Nuclea* le dissuada définitivement de faire appel, s'il en avait jamais eu l'idée, à un Audiberti qui, rompant brutalement avec *Théâtre populaire*, se trouva de fait rejeté vers le boulevard.

(23) Jean Vilar : *De la Tradition théâtrale*, p. 31.
(24) « Le Platéen tel qu'on le parle. » *Arts*, n° 392 (2-8.1.1953), p. 3.
(25) « Ecrans en vrac. » *La nouvelle N.R.F.*, n° 53 (1.5.1957), p. 949.
(26) Jean Vilar : *Op. cit.*, p. 82.

Il se peut aussi que, malgré la caution de J. Duvignaud et G. Dumur, le poète ait eu à souffrir de son apolitisme impénitent et de ses amitiés réactionnaires à *La Parisienne*. En 1958, Etiemble qui deviendra ensuite son ami, ne le classe-t-il pas encore avec Anouilh, Aymé, Blondin, Cécil Saint-Laurent, Chardonne, etc., parmi les auteurs de la nouvelle droite « pétainisante, raciste, collabo » (27). Que la voie du T.N.P. lui ait été fermée se conçoit à la rigueur. La réticence de Barrault étonne plus. Celui-ci écrit en effet dans ses *Nouvelles Réflexions sur le Théâtre* : « L'essentiel de notre tâche est de servir les auteurs modernes. Si dans nos recherches nous obéissons au goût de l'absolu, nous nous efforçons au contraire d'avoir l'esprit le plus éclectique possible dans le choix des œuvres modernes » (28). De fait, il a puissamment contribué, sans aucun a priori politique, à faire connaître les plus grands noms du théâtre contemporain, de Claudel à Schéhadé, de Vauthier à Genet, tous sauf un, Audiberti qui l'admirait, qui écrivit dans les Cahiers de la compagnie, et dont il cite favorablement dès 1949 le théâtre, « évasion par l'imagination » et « conséquence de l'angoisse que dégage notre époque » (29). S'il était un metteur en scène digne de créer *Pucelle* et *Le Cavalier seul*, c'était bien Barrault : il n'en fit rien. Peut-être la raison en est-elle tout simplement qu'entre 1951 et 1954 celui-ci connaît plusieurs échecs ou demi-succès, avec *Lazare* d'Obey, *Bacchus* de Cocteau, *Maguelonne* de Clavel, *Pour Lucrèce* et *La Soirée des proverbes*. Pour assurer l'avenir de sa compagnie, il entreprit plusieurs longues tournées. Audiberti voulut vainement lui faire jouer *Les Carabiniers* et se lia plus étroitement à G. Vitaly.

Avec Ghelderode, Audiberti est le mal-aimé des deux théâtres nationaux les plus ouverts à la nouveauté. Faut-il s'en étonner ? A dire vrai, non. Ces deux auteurs inquiètent : on ne sait où et comment les classer, rebelles qu'ils sont à tout embrigadement dans un groupe, une école, un parti. B. Dort en fait dédaigneusement les « décorateurs de la scène bourgeoise » (30). Disqualification simpliste. Cavalier bizarre et cavalier seul, ils errent entre la tradition et l'avant-garde. Des publics conformistes chahutent *Fastes d'Enfer* et *La Fourmi dans le corps*, après avoir applaudi *Escurial* et *L'Effet Glapion*. Pour s'en tenir à Audiberti, les compagnies populaires ignorent longtemps ses pièces les plus fortes. La consécration de l'avant-garde dont il fut un précurseur accentue son isolement en soulignant la timidité de ses audaces. Les tragiques de l'absurde, Ionesco, Beckett, désintègrent les structures traditionnelles, langage, personnage, action, qu'il avait seulement ébranlées. Genet

(27) Etiemble : Savoir et goût. *Hygiène des lettres*, t. III, pp. 71-72.
(28) Jean-Louis Barrault : *Nouvelles Réflexions sur le Théâtre*, p. 23.
(29) Jean-Louis Barrault : *Réflexions sur le Théâtre*, p. 141.
(30) Bernard Dort : *Théâtre public*, p. 244.

excepté, les poètes de la scène restent ou passent au second plan :
Vauthier, Schéhadé, Tardieu notamment et Audiberti. Ce dernier
ne fit, il est vrai, rien pour entretenir l'ambiguïté : « Avant tout,
je dois dire que je ne me sens pas impliqué dans un mouvement
Ionesco-Beckett-Adamov » (31). La leçon fut comprise.

Dans les années 1960, se produit enfin l'évolution longtemps
attendue. Audiberti fait la connaissance de Marcel Maréchal, admirateur passionné de son œuvre. Celui-ci décide de monter *Le Cavalier
seul*. Pour ce, il se plie avec autant d'instinct que d'intelligence à
l'univers baroque de la pièce ; au lieu de la vouloir faire entrer de
force dans les cadres du théâtre traditionnel, il laisse libre cours à
son imagination flamboyante et règle en maître de cérémonies un
spectacle profus, rythmé, dionysiaque qui prolonge dans l'espace
le vagabondage lyrique du poète. Les représentations triomphales
de 1963 et 1964 font sortir Audiberti du purgatoire où il était entré
de son vivant. Un an après, *L'Opéra du monde* constitue une nouvelle
et éblouissante réussite. Maréchal a participé au découpage du
texte comme il aidera l'auteur de son expérience pour *La Poupée*.
La comparaison de cette dernière pièce avec le film de Baratier est
d'ailleurs à l'avantage de l'animateur du Cothurne, malgré sa surinterprétation politique du dénouement. Le texte prenait, pour
ainsi dire, son essor en devenant livret d'opéra. Car, écrit justement
R. Abirached, « La Poupée, plus nettement encore que d'autres
pièces, s'apparente au genre de l'opéra ; c'est une fête énorme où
il faut chercher la vérité derrière le travesti et où le réel surgit
du jeu immense de la parole » (32). Aussi grâce à Maréchal, pouvait
se libérer, s'extérioriser le goût profond d'Audiberti pour la fête
baroque qu'est l'opéra.

L'élan est donné. Gabriel Monnet monte ensuite *Cœur à cuir*
à la Maison de la Culture de Bourges et d'une pièce radiophonique
tire une autre fête étincelante « en homme qui sait ce qu'est
l'espace scénique et l'imaginaire opération dont il doit être le
lieu » (33). Le Festival du Marais lui donne l'occasion de ranimer,
en de vastes espaces, *Pucelle* en 1971, comme il avait permis en
1966 à G. Vitaly de donner de *La Fête noire* une version moins
étriquée qu'à sa création. 1973 marque une nouvelle étape. Maréchal
fait entrer *Le Cavalier seul* au festival d'Avignon où il triomphe.
Le T.E.P. le reprend l'année suivante. Avec vingt-cinq ans de retard,
un public populaire découvre le seul dramaturge français de l'après-
guerre dont l'œuvre diversifiée pouvait satisfaire les déshérités de
la culture et les intellectuels exigeants de l'avant-garde. Le baro-

(31) « Je suis venu au théâtre par la littérature. » Art. cit.
(32) Robert Abirached : « De Sartre à Audiberti ». *La Nouvelle Revue
Française*, n° 193 (1.1.1969), p. 118.
(33) Gilles Sandier : *Op. cit.*, p. 38.

quisme spontané de Maréchal a permis au théâtre d'Audiberti de
réaliser ses virtualités en sorte que s'il n'était pas pleinement
baroque au départ, il a pu le devenir après la mort de l'auteur. On
rêve maintenant au jour où un Lavelli recréerait *Le mal court*, un
Garcia *La Hobereaute*, un Llorca *Quoat-Quoat*. Les préjugés tombe-
ront-ils alors ?

CONCLUSION

Après avoir scruté la surface et la profondeur des textes dramatiques, disséqué les personnages, démonté les rouages des actions,
interrogé l'ensemble de l'œuvre, comment ne pas dissimuler un
certain désenchantement ? La production théâtrale d'Audiberti est
diverse, d'une unité complexe. Le critique perçoit un incessant
va-et-vient entre les genres, entre les formes, entre les styles, sans
qu'aucune coupure chronologique ne s'impose de façon décisive.
Opposer les pièces historiques et les pièces modernes — comme
pour Montherlant — ou l'inspiration abhumaniste et l'inspiration
boulevardière n'est pas totalement satisfaisant. L'idée de baroque,
pouvait-on penser, résoudrait les contradictions et ferait apparaître
une dynamique cachée. Elle n'a pas, il faut en convenir, entièrement
rempli le mandat ambitieux qui lui avait été assigné. Pourtant, elle
ordonne approximativement l'œuvre d'Audiberti dans le sens d'une
plus grande cohérence interne. Successivement la Weltanschauung
de l'auteur, sa thématique, son esthétique dramatique, son utilisation du langage sont apparus réductibles à des schémas baroques.
A l'heure des bilans, on serait donc tenté au premier abord de
considérer que les analyses ont confirmé l'hypothèse de travail,
que le pari optimiste a été gagné. Et, indéniablement des pièces
aussi différentes que *La Logeuse* et *La Fourmi dans le corps* apparaissent gorgées de philosophie, d'historicité et de théâtralité baroques. Mais la multiplicité des indices accumulés prête sans doute
à illusion. La diversité des approches augmente en effet les chances
de repérer les éléments baroques dans une œuvre aussi vaste. D'une
certaine manière les aspects romantiques ne manquent pas non
plus dans *La Hobereaute* ni les traces surréalistes dans *L'Effet
Glapion*. Mais il s'agit là de détails, de points particuliers. Pour
revenir au baroque, Audiberti, on doit le reconnaître, n'a pas écrit
son *Soulier de Satin* et, vraisemblablement, il ne pouvait l'écrire :
il n'est qu'un Claudel.

L'auteur entretient des rapports superficiels, contingents avec l'âge et l'art du baroque. Sa culture d'autodidacte et ses goûts personnels ne l'entraînent pas irrésistiblement vers Puget, Gracian et Pozzo, lesquels dans le cas le plus favorable représentent pour lui de simples noms. Il connaît Saint-Sulpice, mais saisit tardivement sa connexion avec les églises romaines du xviie siècle. Les quelques rapprochements ponctuels que l'on a parfois avancés avec Shakespeare ou Calderon sont fortuits et ne prouvent pas grand-chose. L'influence de Giordano Bruno serait plus significative si on pouvait en cerner la profondeur réelle. Audiberti en tout cas ne prend pas des sources ni des modèles dans la littérature et la peinture baroques. Ses véritables inspirateurs appartiennent au xixe siècle — Hugo, Mallarmé, Zola — ou au xxe — surréalistes ou cinéastes. Si l'on s'en tient à la psychologie individuelle du créateur, la comparaison avec Claudel, Ghelderode et même Arrabal condamne sans appel ce travail. Par contre, si l'on envisage les choses d'un point de vue historique, on peut admettre qu'une des tendances dominantes du siècle réactualise puissamment les préoccupations idéologiques, thématiques et esthétiques du baroque ; Audiberti alors puise dans son temps le baroquisme de son inspiration. Qu'il connaisse mal Scarron, Saint-Amant, Vondel et à plus forte raison le Bernin et Jordaens perd de l'importance.

La connexion s'opère difficilement entre la pensée d'Audiberti et l'idéologie de la Contre-Réforme : là, il faut l'avouer, se trouve assurément la faille principale dans l'édifice de notre argumentation. Le scepticisme foncier de l'auteur s'accommode mal d'un système contraignant quel qu'il soit. L'esprit critique imprègne sa réflexion sur le monde. Qu'on le rapporte à Montaigne, à Bruno ou à un certain esprit de la N.R.F. illustré par Paulhan importe peu finalement. Il manque à Audiberti, éclectique et tolérant, la foi totalisante d'un Claudel, la conviction passionnément fanatique d'un d'Aubigné. Peut-on être dit baroque lorsqu'on n'adhère pas de toute son âme au credo catholique ? Malgré les affirmations de Mandiargues nous ne le pensons pas. Un Arrabal qui multiplie les blasphèmes rageurs, un Ghelderode dont les obsèques furent civiles demeurent traumatiquement marqués, comme au fer rouge, par l'enseignement de l'Eglise catholique qui nourrit leurs fantasmes. Audiberti, lui, manifeste trop de détachement ; son obsession ardente du Mal et de la souffrance, son authentique angoisse existentielle manquent de densité spirituelle, se rattachent lâchement à la métaphysique chrétienne traditionnelle. Son attitude face à l'histoire est identique. L'auteur ne s'élève guère au-dessus de l'événement, il demeure le reporter qui de Bourg-Madame assiste à l'agonie de la République espagnole, pour qui la capitulation de Munich se résume à un mouvement de la foule parisienne vers Daladier. Son antihégélianisme diffus en fait un chroniqueur en quête de figures héroïques ou de situations hors du commun. Son allergie résolue à un sens — théologique ou matérialiste — de l'Histoire l'amène à irréaliser les événements représentés. Or en ce domaine, le baroque ne se complait pas dans l'ambiguïté ou la demi-teinte. L'abhumanisme réunit en une synthèse doctrinale ces quelques éléments par trop étrangers aux affirmations pathétiquement triomphales de l'idéologie baroque. Il ne suffit pas de refuser le rationalisme ambiant pour devenir un autre Claudel.

On reconnaîtra volontiers, ces réserves faites (mais elles sont d'importance), que la constellation thématique d'Audiberti est fortement imprégnée de baroque. Seuls Claudel et Ghelderode se sont posé avec la même constance les problèmes de la réalité et de l'apparence. Genet, Vauthier et Arrabal n'atteignent pas à ce degré de cohérence. On a parlé d'imprégnation. C'est qu'au fond il s'agit en fait d'une odeur, d'une teinture de baroque. Aucune pièce n'en est totalement dépourvue, aucune non plus ne s'y laisse réduire. La résistance d'Audiberti à l'œuvre close, à la concentration compositionnelle le condamne à aborder anarchiquement dans la même œuvre une multitude de sujets, de thèmes, de motifs. Ce désordre, baroque si l'on veut, d'une certaine manière, dilue, exténue le baroquisme virulent de certains thèmes. Ainsi le poète n'a pas écrit de Don Juan, bien que le personnage l'ait obsédé. De même le mythe ultra-baroque de Circé s'englue dans le bavardage boulevardier d'une comédie réaliste. Audiberti traite de sujets baroques, il n'en traite pas toujours en baroque.

L'esthétique littéraire et dramatique présente avec le baroque des rapports réels mais assez lâches. « Le style d'Audiberti l'apparente aux maîtres de l'âge baroque, si le baroque est bien, au contraire du classicisme qui essaie d'imposer aux choses l'ordre statique et rationnel de l'esprit, un effort pour recréer le mouvement tourbillonnant de la vie, pour exprimer la densité et parfois la somptuosité spirituelle de la matière. Le rythme trépidant de cette admirable prose, les cadences toujours surprenantes concourent à donner à l'univers romanesque d'Audiberti les caractères de fluidité scintillante et de perpétuelle instabilité qui sont les traits essentiels du baroque » (1) On peut transposer au théâtre cette analyse d'Henry Amer. Pourtant le surréalisme et le cinéma influencent l'écrivain plus que Corneille ou Calderon. Au fond, Audiberti est surtout un empiriste qui ne se fonde pas sur une théorie du spectacle théâtral. Son art dramatique, évolutif, en mutation continue, subit la pression d'un environnement fluctuant. De *Quoat-Quoat* à *La Poupée*, ce théâtre est contemporain de la plus importante révolution qu'ait connue l'histoire de la scène. Mieux conseillé,

---

(1) Henry Amer : « Audiberti, romancier de l'incarnation ». *La nouvelle N.R.F.*, n° 47 (1.11.1956), p. 889.

l'auteur aurait sans doute donné à son œuvre un tour plus nettement baroque. Sa vie est celle d'un provincial indolent égaré dans
la jungle parisienne, d'un autodidacte complexé par l'intelligentsia
et ballotté entre des amitiés contradictoires : Paulhan, Bryen,
Joppolo, Duvignaud, Leonor Fini, pour ne citer qu'eux, le tirent à
hue et dia. S'il s'est trompé de siècle, lui qui était fier d'être né
avant 1900, le dramaturge est venu trop tôt, à une époque où la
mise en scène n'avait pas encore échappé à l'emprise prestigieuse
de la tradition. Faute d'avoir trouvé l'instrument scénique adapté,
Musset se détourne des plateaux, Pichette cesse d'écrire. Audiberti,
lui, persévère, mais au prix de compromissions mutilantes pour son
génie. La plus intéressante partie de son œuvre, on l'a vu ces dernières années, est cependant récupérable par des régisseurs néo-
baroques.

   Ces restrictions et réticences remettent en cause l'objet même
d'une pareille recherche. Postuler une compatibilité entre la définition, même souple, d'un concept historico-littéraire et une application transhistorique de ce concept, c'était, on l'a dit, engager un
pari optimiste. Au nom de quoi peut-on faire abstraction de l'idéologie ou de l'Histoire ? Quelle valeur opératoire accorder à une
notion inapplicable en dehors d'une aire chronologique restreinte ?
Le baroque permet des rapprochements saisissants, des interprétations fructueuses ; il n'est pas sûr qu'il identifie définitivement la
singularité de l'œuvre, qu'il en fournisse la clé. On peut, il est vrai,
jouer sur le contraste entre le baroque mystico-aristocratique de
Gracian et le baroque plus populaire de Scarron. Mais c'est spéculer
sur l'ambivalence du concept.

   A vrai dire, c'est la notion même d'étiquette qui pose problème.
Dans une civilisation qui préfère la classification à la compréhension, il est assurément réconfortant que les historiens de l'art
aient forgé un concept qui rende compte, parfois avec bonheur, de
maint aspect du théâtre d'Audiberti. Il n'est pas sûr qu'on doive
s'en vanter. Dans ses *Mauvaises pensées*, Valéry incite les explorateurs du champ littéraire à une salubre circonspection : « Il est
impossible de penser — sérieusement — avec des mots comme
Classicisme, Romantisme, Humanisme, Réalisme (...). On ne s'enivre
ni ne se désaltère avec des étiquettes de bouteille » (2). Quelle que
puisse être son indiscutable fécondité explicative, l'idée de baroque,
dernière née de la série, ne peut faire exception. Camille Bryen à
qui nous avions demandé son opinion nous répondit par une de ces
pirouettes dont cet homme étonnant a le secret et suggéré d'utiliser
le mot de « baroxysme ». La boutade donne à réfléchir. Peut-être
rend-on ainsi mieux compte d'une œuvre que son auteur avait voulue
étrangère à toutes les catégories existantes. Le mot de la fin sera
donc au président de l'Association des Amis de Jacques Audiberti.

(2) Paul Valéry : *Mauvaises pensées et autres*, p. 35.

BIBLIOGRAPHIE

Première section : LE BAROQUE.

Richard ALEWYN : *L'Univers du baroque*. Genève-Paris, Gonthier, 1964, 167 p.

Luciano ANCESCHI : « L'idée de baroque ». Paris, *Revue d'Esthétique*, tome XXIII (1970), fascicule 2, pp. 140-154 .

Magarete BAUR-HEINHOLD : *Baroque Theatre*. Londres, Thames & Hudson, 1967, 292 p.

Germain BAZIN : *Destins du Baroque*. Paris, Hachette, 1968, 372 p.

André BLANCHARD : *Trésor de la poésie baroque et précieuse*. Paris, Seghers, 1969, 264 p.

Imbrie BUFFUM : *Agrippa d'Aubigné's Les Tragiques: a study of the baroque style in poetry*. New Haven, Yale University Press, 1951, 151 p.

Imbrie BUFFUM : *Studies in the Baroque from Montaigne to Rotrou*. New Haven, Yale University Press, 1957, 256 p.

Philip BUTLER : *Classique et baroque dans l'œuvre de Racine*. Paris, Nizet, 1959, 351 p.

Georges CATTAVI : *Baroque et rococo*. Paris, Arthaud, 1973, 272 p.

Pierre CHARPENTRAT : *Baroque. Italie et Europe centrale*. Fribourg, Office du livre, 1964, 192 p.

Pierre CHARPENTRAT : *L'Art baroque*. Paris, P.U.F., 1967, 186 p.

Pierre CHARPENTRAT : *Le Mirage baroque*. Paris, Ed. de Minuit, 1967, 187 p.

Pierre CHAUNU : *La Civilisation de l'Europe classique*. Paris, Arthaud, 1966, 706 p.

Jean DELUMEAU : *La Civilisation de la Renaissance*. Paris, Arthaud, 1967, 719 p.

Claude-Gilbert DUBOIS : *Le Baroque. Profondeurs de l'apparence*. Paris, Larousse, coll. Thèmes et Textes, 1973, 256 p.

Gérard GENETTE : *Figures*. Tomes I et II. Paris, Le Seuil, 1966-1969, 270 p. et 298 p.

Louis HAUTECŒUR : *L'Art baroque*. Paris, Club français du livre, 1958, 147 p.

Robert MANDROU : *Introduction à la France moderne*. Paris, Albin Michel, 1961, 400 p.

Eugenio D'ORS : *Du Baroque*. Trad. fr., nouv. éd. Paris, Gallimard, coll. Idées-Arts, 1968, 218 p.

Marcel RAYMOND : *Baroque et renaissance poétique*. Paris, José Corti, 1955, 174 p.

Marcel REYMOND : *De Michel Ange à Tiepolo*. Paris, Hachette, 1912, 222 p.

Jean ROUSSET : *La Littérature française à l'âge baroque*. Paris, José Corti, 1953, 312 p.

Jean ROUSSET : *Anthologie de la poésie baroque française*. Paris, Armand Colin, coll. U 2, 1968, 2 vol. 286 p. et 341 p.

Jean ROUSSET · *L'Intérieur et l'extérieur*. Essais sur la poésie et le théâtre au XVIIᵉ siècle. Paris, José Corti, 1968, 272 p.

Severo SARDUY : *Barroco*. Trad. fr. Paris, Le Seuil, 1975, 143 p.

Victor-Lucien TAPIE : *Baroque et classicisme*. Paris, Plon, 1957, 384 p.

Marie-Louise TRICAUD : *Claudel et le baroque*. Genève, Droz, 1967, 283 p.

Henri WEBER : *La Création poétique au XVIᵉ siècle en France de Maurice Scève à Agrippa d'Aubigné*. Paris, Nizet, 1956, 775 p.

René WELLEK : *Concepts of criticism*. New Haven, Yale University Press, 1963, pp. 69-127.

Heinrich WOLFFLIN : *Renaissance et baroque*. Trad. fr. Paris, Le livre de poche, 1967, 344 p.

Heinrich WOLFFLIN : *Principes fondamentaux de l'histoire de l'art*. Trad. fr. Paris, Gallimard, coll. Idées-Arts, 1968, 287 p.

Actes des journées internationales d'études du baroque. 6 livraisons. Montauban, 1965-1973.

Deuxième section : L'ŒUVRE D'AUDIBERTI.

L'Empire et la trappe. Paris, Librairie du Carrefour, 1930, Réédition Paris, Gallimard, 1969, 183 p.

Elisabeth-Cécile-Amélie. Paris, G.L.M., coll. Repères, 1936, 11 p.

Race des hommes. Paris, Gallimard, coll. Métamorphoses, 1937, 180 p. Réédition Paris, Gallimard, Coll. Poésie, 1968, 214 p.

Abraxas. Paris, Gallimard, 1938, 289 p.

Septième. Paris, Gallimard, 1939, 224 p.

Paroles d'éclaircissement. Aurillac, La Pomme de sapin, 1940, 23 p.

Des Tonnes de semence. Paris, Gallimard, 1941, 155 p.

Urujac. Paris, Gallimard, 1941, 254 p.

Carnage. Paris, Gallimard, 1942, 254 p.

La nouvelle Origine. Paris, Gallimard, 1942, 93 p.

Le Retour du divin. Paris, Gallimard, 1943, 269 p.

La Fin du monde. Paris, Société parisienne de librairie et d'édition, 1943, 72 p.

Toujours. Paris, Gallimard, 1943, 117 p.

La Nâ. Paris, Gallimard, 1944, 362 p.

La Bête noire. Paris, Les quatre Vents, 1945, 94 p.

Vive Guitare. Paris, Robert Laffont, 1946, 94 p.

Monorail. Fribourg-Paris, Egloff, 1947, 415 p. Réédition : Paris, Gallimard, 1964, 336 p.

Talent. Fribourg-Paris Egloff, 1947, 238 p.

L'Opéra du monde. Paris, Fasquelle, 1947, 331 p.

Le Victorieux. Paris, Gallimard, 1947, 241 p.

Théâtre, tome I. *Quoat-Quoat. L'Ampélour. Les Femmes du bœuf. Le mal court.* Paris, Gallimard, 1948, 198 p.

Les médecins ne sont pas des plombiers. Paris, Gallimard, 1948, 197 p.

Cent Jours. Paris, Gallimard, 1950, 284 p.

Le Maître de Milan. Paris, Gallimard, 1950, 264 p. Réédition : Paris, Le Livre de poche, 1968, 256 p.

La Pluie sur les boulevards. Angers, Au masque d'or, 1950, 76 p.

Le Globe dans la main, tome I. L'Amour. Paris, Foret, 1950, 32 p.

Le Globe dans la main, tome II. La Médecine. Paris, Foret, 1951, 32 p.

L'Ouvre-Boîte (en collaboration avec Camille Bryen). Paris, Gallimard, 1952, 201 p.

Marie Dubois. Paris, Gallimard, 1952, 285 p.

Théâtre, tome II. *La Fête noire. Pucelle. Les Naturels du Bordelais.* Paris, Gallimard, 1952, 304 p.

Rempart. Paris, Gallimard, 1953, 137 p.

Molière. Paris, L'Arche, coll. Les grands dramaturges, 1954, 158 p. Réédition : Livre de poche, 1973, 160 p.

L'Abhumanisme. Paris, Gallimard, 1955, 226 p.

Les Jardins et les fleuves. Paris, Gallimard, 1954, 398 p.

La Beauté de l'amour. Paris, Gallimard, 1955, 182 p.

Le Cavalier seul. Paris, Gallimard, coll. Le manteau d'Arlequin, 1955, 247 p.

Les Enfants naturels. Paris, Fasquelle, coll. Libelles, 1956, 127 p.

La Poupée. Paris, Gallimard, 1956, 244 p.

Théâtre, tome III. *La Logeuse. Opéra parlé. Le Ouallou. Altanima.* Paris, Gallimard, 1956, 261 p.

La Mégère apprivoisée. Paris, Gallimard, coll. Le manteau d'Arlequin, 1957, 280 p.

Le Sabbat ressuscité par Leonor Fini. Paris, Société des amis du livre, 1957, 129 p.

La Hobereaute. Paris, Paris-Théâtre n° 146 (s. d.), pp. 12-37.

Infanticide préconisé. Paris, Gallimard, 1958, 287 p.

Lagune hérissée. Paris, Société des cent une, 1958, 173 p.

L'Effet Glapion. Paris, Gallimard, coll. Le manteau d'Arlequin, 1959, 203 p. Réédition : Paris, Le Livre de poche, 1962, pp 103-244.

Théâtre, tome IV. *Cœur à cuir. Le Soldat Dioclès. La Fourmi dans le corps. Les Patients, L'Armoire classique. Un bel Enfant.* Paris, Gallimard, 1961, 287 p.

Théâtre, tome V. *Pomme Pomme Pomme. Bâton et ruban. Boutique fermée. La Brigitta.* Paris, Gallimard, 1962, 258 p.

La Poupée. Scénario et dialogues. Paris, Gallimard, 1962, 126 p.

Les tombeaux ferment mal. Paris, Gallimard, 1963, 236 p.

La Guérite. N.R.F., n° 132 (1/12/1963), pp 1032-1055.

Ange aux entrailles. Paris, Gallimard, 1964, 154 p.

La Guillotine. Paris, N.R.F. n° 142 et 143 (1/10-1/11 1964), pp. 642-662, 841-861.

Entretiens avec Georges Charbonnier. Paris, Gallimard, 1965, 167 p.

Dimanche m'attend. Paris, Gallimard, 1965, 289 p.

La Poupée. Comédie en six tableaux. Paris, Gallimard, coll. Le manteau d'Arlequin, 1969, 102 p.

Audiberti a en outre collaboré aux périodiques suivantes :

Accords littéraires et artistiques, Age d'or, L'Année poétique, L'Arc, *Arts*, Aujourd'hui, L'Avant-scène Théâtre, Le beau Navire, La Bête noire, Biblio, Bibliothèque mondiale, Cahiers de la compagnie Renaud-Barrault, Cahiers de la nouvelle époque, Cahiers de la Pléiade, Cahiers de Paris, *Les Cahiers du cinéma*, Les cahiers du plateau, Cahiers du sud, Carrefour, Clair de terre, Commune, *Comœdia*, Confluences, Documents, Ecrits du nord, Etudes cinématographiques, Europe, Eurydice, Evidences, Le Figaro, Le Figaro littéraire, Feuillets de sagesse, Les Feuillets inutiles, Fontaine, Formes et couleurs, Gavroche, Hommes et mondes, L'Intransigeant, Journal des poètes, K, Les Lettres françaises, Le Livre des lettres, Le Magasin du spectacle, Médecine de France, Messages, Mesures, Le Milieu du siècle, Le Minotaure, Monde nouveau, La Nef, Le nouveau Candide, *La nouvelle Revue française*, Les nouvelles Lettres, Opéra, Opéra supplément théâtral, *La Parisienne*, Paris-Match, Paris-Presse, Paris-théâtre, Paysage-dimanche, *Le petit Parisien*, Poésie 42, Poètes, Le Point, Le Pont Mirabeau, La Porte ouverte, Preuves, Profils, Psyché, Pyrénées, Quadrige, 14 rue du Dragon, 84, Les quatre Vents, Le Réveil d'Antibes, Revue de la pensée juive, La Revue du Caire, La Revue nouvelle, La Revue théâtrale, R.T.F. Cahiers littéraires, Saisons, Spectacles, Le Spectateur, La Table ronde, Théâtre de France, Théâtre populaire, Théâtre vivant, La Tour de feu, La Tour Saint-Jacques, Variété, Volontés.

De cette bibliographie ont été exclues les rééditions de pièces en revues, les contributions à des ouvrages collectifs, les préfaces, les traductions et les lettres d'Audiberti. Pour tous renseignements complémentaires, s'adresser à l'*Association des amis d'Audiberti*, 1 bis, rue des Capucins 92190 MEUDON-BELLEVUE.

Troisième section : AUDIBERTI ET LA CRITIQUE.

Henry AMER : « Audiberti romancier de l'incarnation ». *La nouvelle N.R.F.*, n° 46 et 47 (1/10-1/11/1956), pp. 685-693 et 883-890.

Marcel ARLAND : *Lettres de France.* Paris, Albin Michel, 1951, pp. 199-208.

Jean-Marie AUZIAS : « Le retour au baroque chez Audiberti ». *Baroque*, n° VI (1973), pp. 13-17.

Jean-Marie AUZIAS : « Le Cavalier Seul » ou « L'anti-héros occitan ». *T.E.P.* actualité, n° 91 (février-mars 1974), pp. 2-4.

Gabriel BOUNOURE : « Jacques Audiberti ». *La Revue du Caire*, n° 181 (juin 1955), pp. 355-364.

André Deslandes : *Audiberti*. Paris, Gallimard, coll. Bibliothèque idéale, 1964, 233 p.

Pierre Drieu la Rochelle : « Audiberti », *N.R.F.*, n° 343 (1/9/1942), pp. 358-363.

Guy Dumur : « Audiberti ou le théâtre en liberté ». *Théâtre populaire*, n° 31-32 (septembre-octobre 1958), pp. 153-166.

Gérard Farcy : *Le Théâtre d'Audiberti. Dramaturgie et cosmonomie*. Paris, Université de la Sorbonne nouvelle, texte dactylographié, 1973, 711 p.

Dominique Fernandez : « Audiberti l'intolérant ». *L'Arc*, n° 9, (janvier 1960), pp. 49-52.

Jean Follain : « Le baroque douloureux d'Audiberti ». *Baroque*, n° VI, (1973), pp. 7-12.

Yves-Marie Frippiat : « Le pouvoir dans le théâtre d'Audiberti ». *Les Lettres romanes*, n° XXVII, (1973), pp. 248-298.

Michel Giroud : *Audiberti*. Paris, Editions universitaires, coll. Classiques XXᵉ siècle, 1967, 124 p.

Michel Giroud : *Audiberti*. Paris, Seghers, coll. Poètes d'aujourd'hui, 1973, 187 p.

Madeleine Hage : *Le mythe de la femme dans le théâtre d'Audiberti*. Nancy, Université de Nancy II, texte dactylographié, 1974, 201 p.

Hommage à Jacques Audiberti. Textes inédits. Témoignages. Hommages. Etudes. *N.R.F.*, n° 156 (1.12.1965), pp. 973-1146.

Robert Kanters : « Il vivait émerveillé et perspicace ». *Le Figaro littéraire*, n° 1004 (15-21.7.1965), p. 3.

Marianne Ketsing : Panorama des zeitgenössischen Theaters. 58 *litterarische Porträts*. Munich, Piper, 1969, pp. 132-136.

Jacques Lemarchand : « Audiberti dramaturge ». *Biblio*, n° 3 (mars 1963), pp. 6-7.

Jacques Lemarchand : « Ils ont sifflé Audiberti ». *Le Figaro littéraire*, n° 1004 (15-21.7.1965), p. 3.

André Pieyre de Mandiargues : *Troisième Belvédère*. Paris, Gallimard, 1971, pp. 247-254.

Léonard C. Pronko : *Avant-garde*. The experimental theater in France. Berkeley-Los Angeles, University of California, Press, 1962, pp. 180-188.

Jean-Jacques Roubine : « Audiberti et Molière ». *Revue d'histoire littéraire de la France*, n° 5-6 (septembre-décembre 1972), pp. 1081-1093.

Jean-Jacques Roubine : *Mythologie d'Audiberti*. Paris, Université de Paris-Sorbonne, texte dactylographié, 1976, 964 p.

Gilles Sandier : *Théâtre et combat*. Paris, Stock, 1970, pp. 32-44.

Paul Surer : *Cinquante ans de théâtre*. Paris, S.E.D.E.S., 1969, pp. 291-297.

George E. Wellwarth : *The Theater of Protest and Paradox*. New York, New York University Press, 1967, pp. 73-84.

La Bibliothèque de l'Arsenal a rassemblé des dossiers critiques sur la plupart des pièces d'Audiberti représentées en France. On se référera tout particulièrement aux chroniques de Jacques Lemarchand dans *Combat, La nouvelle N.R.F.* et *Le Figaro littéraire*. Celles de Robert Abirached (*Etudes, N.R.F., Le nouvel Observateur*), Bertrand Poirot-Delpech (*Le Monde*), Pierre Marcabru (*Arts*), Guy Dumur (*Théâtre populaire, Le nouvel Observateur*) présentent le plus souvent des aperçus intéressants et des vues sympathiques.

TABLE DES MATIÈRES

ACHEVÉ D'IMPRIMER
EN JUILLET 1976
SUR LES PRESSES
DE L'IMPRIMERIE DU
CHAMP DE MARS
09700 SAVERDUN
—

Nº d'impression : 7660

Dépôt légal :
3ᵉ Trimestre 1976